日本語の名詞指向性の研究

ひつじ研究叢書〈言語編〉

第92巻	バントゥ諸語分岐史の研究	湯川恭敏 著
第93巻	現代日本語における進行中の変化の研究	新野直哉 著
第95巻	形態論と統語論の相互作用	塚本秀樹 著
第96巻	日本語文法体系新論	清瀬義三郎則府 著
第97巻	日本語音韻史の研究	高山倫明 著
第98巻	文化の観点から見た文法の日英対照	宗宮喜代子 著
第99巻	日本語と韓国語の「ほめ」に関する対照研究	金庚芬 著
第100巻	日本語の「主題」	堀川智也 著
第101巻	日本語の品詞体系とその周辺	村木新次郎 著
第103巻	場所の言語学	岡智之 著
第104巻	文法化と構文化	秋元実治・前田満 編
第105巻	新方言の動態30年の研究	佐藤髙司 著
第106巻	品詞論再考	山橋幸子 著
第107巻	認識的モダリティと推論	木下りか 著
第108巻	言語の創発と身体性	児玉一宏・小山哲春 編
第109巻	複雑述語研究の現在	岸本秀樹・由本陽子 編
第110巻	言語行為と調整理論	久保進 著
第111巻	現代日本語ムード・テンス・アスペクト論	工藤真由美 著
第112巻	名詞句の世界	西山佑司 編
第113巻	「国語学」の形成と水脈	釘貫亨 著
第115巻	日本語の名詞指向性の研究	新屋映子 著
第116巻	英語副詞配列論	鈴木博雄 著
第117巻	バントゥ諸語の一般言語学的研究	湯川恭敏 著
第118巻	名詞句とともに用いられる「こと」の談話機能	金英周 著
第119巻	平安期日本語の主体表現と客体表現	高山道代 著
第120巻	長崎方言からみた語音調の構造	松浦年男 著

ひつじ研究叢書
〈言語編〉
第115巻

日本語の名詞指向性の研究

新屋映子 著

ひつじ書房

はしがき

名詞と動詞は文構成上最も重要な品詞であるが、従来、文法研究者の関心は多く動詞に向けられてきた。このことは、動詞が文構成の中核である述語となることを主要な機能とすることや、動詞の持つ形態論的なカテゴリーの豊富さを考えると、異とするに足りない。筆者も動詞研究の重要さを認識し、そこから多くを学んできた。しかしそうした中にあって一貫して脳裏にあったのは述語としての日本語の名詞の特異な振舞いである。現代日本語では動詞が名詞の領分をおかすことはないが、述語名詞の機能は動詞の領分にも形容詞の領分にも及ぶ。

本書は日本語の名詞の態様に注目した既発表の論文数編を見直し、一書にまとめたものである。いずれも書き言葉を分析の対象としている。今回、一書にまとめるに当たって、見直し、多少の改変を加えたものもある。大半は、名詞としては周辺的な機能である述語としての働きに関する論考となっている。

従来、類型論的には日本語は動詞中心言語であると言われてきた。「動詞中心」を「述語中心」と言い換えれば、その通りであるが、その述語に名詞が多用されるのが日本語である。近年、名詞に対する関心が高まってきており、多様な側面から研究が行われているが、述語としての名詞に焦点を当てた研究は多くはない。筆者の大きな関心は、日本語とはどのような表現をする言語なのかというところにある。日本語の表現は日本語話者の事態把握の仕方と深く関係するであろう。17篇を通じて底流にあるのはそうした問題意識である。蕉門十哲の一人である内藤丈草について拙い卒業論文を書いてから数十年。名詞への関心は案外遠い昔に始まっていたのかもしれない。

大原や蝶の出て舞う朧月　　丈草

本書の構成は以下の通りである。

Ⅰ　述語名詞の機能

第1章　日本語の述部における名詞の態様

意味・統語構造を基準として名詞述語文を類型化し、日本語の名詞が、名詞としては二次的な機能である述部における用法を多岐に発達させていることを述べた。

第2章　形容詞述語と名詞述語―その近くて遠い関係―

品定め文として共通するところの多い形容詞述語文と名詞述語文を比較し、形容詞と名詞の本質的な差異について考察した。

第3章　形容詞派生の名詞「〜さ」を述語とする文の性質

「彼はかなり熱心だった」という形容詞述語文に似た表現として「彼はかなりの熱心さだった」という名詞述語文がある。後者のように形容詞の語幹に接尾辞「さ」が後接した派生名詞を述語とする文の性質を、形容詞述語文と比較しつつ考察した。

第4章　名詞句の性状規定性に関する一考察

「長髪」と「長い髪」は類義の名詞句であるが、「少年は長髪だ」と言えるのに対し、「少年は長い髪だ」は不自然である。「少年は長髪だ」の「長髪」のように、主語と意味上包摂関係にない名詞句が性状規定性を持つ条件を考察した。

第5章　主体尊敬述語形式「お〜だ」をめぐって

［お＋動詞連用形＋コピュラ］で構成される「お持ちだ」のような主体尊敬述語形式について、主に文法的な観点から観察・記述した。また当該形式の生産性や使用の背景についても触れた。

第6章　文末名詞

「彼は出かける様子だ」の「様子」のように、連体部を必須とし、コピュラを伴って文末に位置し、主語と同値関係でも包含関係でもない名詞を「文末名詞」と名付け、その類型を整理すると同時に、文法的性質を考察した。

Ⅱ　名詞文の諸相

第7章　意味構造から見た平叙文分類の試み

これまで名詞述語文を対象としてなされてきた分類は平叙文一般に適用し得るものと考えられる。本章では名詞述語文の分類を動詞述語文を含む平叙文一般に拡張し、意味・情報構造に基づく新たな分類案を提出した。

第8章　ナル表現の内実

日本語はナル的言語、英語はスル的言語と言われる。その実態を朝日新聞の「天声人語」とその英訳約1ヶ月分を用いて調査し、相対的な日本語のナル的言語性、英語のスル的言語性を確認すると同時に、日本語における存在文および名詞述語文の特異な様相について述べた。

第9章　日本語の無主語文

日本語は主語を必須としない言語である。本章ではそうした日本語の性質を具現する文構造を、前章と同じ資料を用いて観察した。主語不在文を5類に分けて調査し、本来主語を持たない無主語文と名詞述語との関係に言及した。

第10章　随筆の名詞文

日本語に特有のジャンルと言われる随筆を資料として、名詞述語文の各類型がどのように機能しているかを観察した。学術論文などに比べて情意性の高い随筆という文章において名詞述語文は特有の表現性を発揮している。

第11章　名詞句独立文をめぐって
—意味的な完結性をもたらすもの—

文には述語を主要な成分として持つ「述語文」と、述語を持たない「独立語文」がある。モダリティを機能として捉えるならば、独立語文の中には述語文と同様のモーダルな機能を有するものがある。本章では名詞を末尾に持つ独立語文を「名詞句独立文」と呼び、名詞句独立文におけるモダリティのあり方を考察した。

第12章　「という」の介在する連体修飾の意味類型

連体節が「という」を介して名詞に接続するものを「トイウ連体修飾」、「という」の介在しないものを「ゼロ連体修飾」と呼び、トイウ連体修飾を11種に類型化した後、「という」の必須度について考察した。

III　「状態」をめぐって

第13章　総合雑誌に見る名詞「状態」の用法
　—約100年を隔てた2誌を比較して—

総合雑誌『太陽』と総合雑誌『アエラ』を資料として、「状態」という一つの抽象名詞について、語彙的・統語的・語用論的態様を通時的に比較すると同時に、現代の中心的な用法について考察した。

第14章　類義語「状況」「状態」の統語的分析
　—コーパスによる数量的比較—

抽象的な意味を持ち、高い類義関係にある語類はその差異を語義記述に反映させることが困難であることが多い。本章では「状況」「状態」というひと組の名詞について、コーパスを用いて統語的な角度から使用の実態を調べ、その異同を明らかにした。

第15章　直接引用形式を前項に持つ複合名詞「〜状態」をめぐって

近年「何だこりゃ状態」のように、本来であれば前項と後項の間に介在するはずの「という」「といった」などの機能語を用いない複合語を耳にすることが多くなった。本章ではこうした「（直接引用形式）状態」について、文法的な観点から考察を加えた。

IV　日本語教育と名詞文

第16章　日本語教科書の名詞文

日本語教科書における名詞述語文の指導は入門期に始まり入門期で終わるが、全体を通して会話文には多様な名詞述語文が使用されている。本章では日本語教科書に現れる名詞述語文を観察し、日本語教育における名詞述語文のあり方を考えた。

第17章　応答表現「そうです」の意味と用法

「そうです」による応答が可能であるのは名詞述語疑問文に限定されるというのが一般的な了解である。本章では非言語情報を含めた包括的な視点から「そうです」の用法分類を試み、使用の原理を考察した。

本書は平成25年度桜美林大学学術出版助成を受けている。上梓に当たってはひつじ書房の松本功氏、海老澤絵莉氏に大変お世話になった。心からお礼申し上げます。

2014年2月　著者

目　次

I 述語名詞の機能

第1章
日本語の述部における名詞の態様

1. はじめに

日本語の特質が欧米の言語と比較して論じられるときに挙げられる概念の一つに、「動詞中心的」「名詞中心的」というのがある。欧米の言語は名詞を中心に文が構成されるのに対して、日本語は動詞を中心として文が構成されるというものである。以下はそうした見解の一部である。

「西欧の言語が名詞中心構文であるのに、日本語は動詞中心の性格がつよい。「この事実の認識が問題の解決に貢献する」というのが名詞構文なら、「これがわかれば問題はずっと解決しやすくなる」とするのが動詞構文である。」（外山 1973：10）

「文章構成の原理を大きく分けると、名詞構文法と動詞構文法の二つになる。名詞構文は名詞中心に文章ができていて、ヨーロッパの言語には概してこの名詞構文法が優勢である。ところが、日本語は動詞構文が柱である。（筆者略）名詞構文は、中心概念を名詞に託すが、動詞構文法では動詞にそれがあずけられるのである。」（外山 1973：27–28）

「日本語で「節」や「副詞（形容詞）」で表現するところを、英語では抽象化して「名詞」で表現する傾向が強い。」

（楳垣 1974：296）

「西欧文は名詞を中心として展開して行く構造であるのに対して、日本文は用言を中心として展開して行く構造である」

（柳父 1979：44）

「原文（日本語文：筆者注）のほうは、動詞を中心にして、情況全体をひとまとめに、できるだけそのまま捉えようとする表現になっているのにたいして、英文のほうでは（筆者略）情況全体の中から名詞に相当するものを取り出し、そうして抽出した名詞と名詞との関係を、前置詞や動詞によって示す、という形で文章を構成している。」（サイデンステッカー、安西 1983：54）

このように、欧米の言語は名詞中心、日本語は動詞中心ということを主張する論考は多い。確かに、（1）〜（3）のような例を見る限り、こうした見方は納得のいくものである。

（1） Five years in London had still left him in poor command of English.
五年もロンドンにいたのに、英語はさっぱりでした。
（楳垣 1974）

（2） Failure drove John to despair.
失敗して、ジョンは絶望した。（安藤 1986）

（3） The long hours of unrelieved kneeling had so paralyzed his legs that he could pick himself up only with a special effort.
長い間端座の形を崩さずにいたので、努力しなければ立ちあがれなかった。（サイデンステッカー・安西 1983）

しかし、日本語が本当に動詞中心であるのかを疑わせる現象もある。下の例1はある私鉄の車内アナウンス、例2は小説の文章である。少々長くなるが、引用してみることにする。車内アナウンスの（ ）内には固有名詞が入る。下線は筆者による。

例1：私鉄の車内アナウンス

①毎度（私鉄名）線のご利用ありがとうございます。

②ご乗車の電車は各駅停車（駅名）行きでございます。

③ご乗車の電車は（駅名）止まりです。

④電車は10両編成での運転です。

⑤（駅名）、（駅名）、（駅名）、（略）、終点（駅名）の順に停車をしてまいります。

⑥途中（駅名）は通過となります。

⑦終点（駅名）到着は15時10分でございます。

⑧お出口は左側です。

⑨開く扉にご注意ください。

⑩当駅で通過電車を待ちます。

⑪ホーム工事中ですので、ご注意ください。
⑫（私鉄名）線はお乗換えです。
⑬お降りの際は足元にご注意ください。
⑭（地名）方面においでの方はこちらでお降りください。
⑮ただいま信号故障のため、運転を見合わせております。
⑯お急ぎのところたいへんご迷惑さまです。
⑰車内での携帯電話のご使用はほかのお客様のご迷惑になりますので、ご遠慮ください。
⑱乗り越し精算のお客様または特急券をお持ちでないお客様はただいまから乗務員がまいりますので、お申し付けください。
⑲長らくのご乗車、ありがとうございました。
⑳まもなく終点（駅名）に到着です。
㉑どうぞお忘れ物などなさいませんよう、お手回り品もう一度ご確認ください。
㉒お忘れ物のないよう、今一度お確かめの上、お降りください。
㉓次の発車は16時でございます。
㉔ご乗車、お疲れ様でした。

一見して気が付くのは名詞の多さである。なかでも注目されるのは、動的概念を表わす名詞の多いことである*1。文の骨格は体言と用言で形成されるのであるから、名詞の多いのは異とするに足りないかもしれないが、上例の名詞の多さは、ジャンルの特異性を考慮に入れても、注目すべきではないかと思われる。

例2：小説「太郎物語」から

「一年中、窓越しに海を見てさ。朝はちょっと早く起きるけどね。海へ出てた村の人が、やがてとれた魚を魚友に売りに来るのさ。それを買い上げながら、朝食さ」「ふうん」「何を食べてると思う？　いつか僕が見たら、さといもの味噌汁に鯵のたたきなんか食べてるんだ」「さといもの味噌汁がそんなにすごいご馳走か？」「だって、ただの味噌汁じゃないんだぜ。カワハギの身で、だしをとって、身のほうはぽいと捨てちまってさ、そこへさといもをいれて作った奴なんだ。鯵のたたきの方は、とれたてで、身がぴんぴんそり返ってるような奴。それに地味噌をいれて、たたくんだ」（筆者略）「出荷して、仕入れる。帰って来て、少し、村の船持ってない連中に魚売ったり、寄り合いの相談なんかしてると、それでもう、昼飯。とれた魚の中で、一番うまいもん食ってるからね。甘鯛の子の天ぷらとか、舌ビラメのフライとか、常ぶしの煮つけとか。それで腹いっぱいになると、爪楊枝くわえて、ごろりと昼寝さ。三時間くらい寝て、むっくり起き出すと、角力の時間だからな。魚友はカラー・テレビ真先に買ったんだぜ。それから、カラー・テレビ見ながら、少し上の空で魚売って、それで夕飯」「今度は何を食うんだ」「そうだな。冬ならハマチの刺身、いや、ブリのあらと大根を煮た奴だね。これは絶品だよ。夏ならスズキのあらいか、あわびの水貝。うん、魚友の自慢は、めざしなんだ。魚友はボロ船持ってるんだ。それを沖の方へと停めてよ、その上で作っためざしと、イカの一塩干、こいつはうめえよ」（筆者略）「清浄野菜、じゃなかった、清浄干物なんだって。蠅は一匹もたからないし、猫は来ねえしよ。天下一品だよ」感じを出すと、どうしても土地の言葉になる。「夕飯、食った後は何するんだ？」「夏は野球、冬は映画。いずれにせよ、テレビよ。若い美人のおかみさんにお茶をいれさせてさ。さし向いでテレビさ。テレビが終れば寝るんだけど、月の光が、胸のあたりまでさして来るってよ。波を子守唄だからね」

例2では、文脈上自明の要素が省かれ、情報として有用な名詞が述語として多用されることにより、テンポのよい日常会話が展開している。

例1、例2に見られるこうした現象をどう考えるべきであろうか。本章では日本語における名詞のあり様を観察し、「日本語は動詞中心」という通説を検証してみたい。

2. 名詞の統語的機能

日本語の名詞は、次のような統語的機能を持つ。

① 補語（主語、目的語、状況語）

「太郎が来た。」「パンを食べる。」「土曜日に行く。」の「太郎」「パン」「土曜日」のように、格助詞を伴って、主語・目的語・状況語などの補語になる。補語になることは名詞の基本的かつ特有の普遍的な機能である。

②主題

「太郎は学生だ。」「読書はもう飽きた。」「今回の旅行は妻が計画した。」「詳細は掲示板をご覧ください。」の「太郎」「読書」「今回の旅行」「詳細」はそれぞれの文の主題である。ただし「詳細」を除いた3名詞句「太郎」「読書」「今回の旅行」はそれぞれガ格、ニ格、ヲ格として述語と結合している。このように主題の多くは補語を兼ねている。

③述語

「兄は大学生です。」の「大学生」のように、コピュラ（だ・である・です・でございます）を伴って述語になる。英語の名詞もコピュラ（be動詞）を伴うので、日本語の名詞述語に似ているようであるが、日本語の「名詞＋コピュラ」と英語の「be動詞＋名詞」とは異質である。“Yes, I am.”は、「はい、私はです。」とはならない。be動詞は自立語であるのに対し、日本語のコピュラは付属語だからである。話し言葉では「兄は大学生。」のように、コピュラを伴わず、名詞が単独で述語となる場合も多い。コピュラは用言形成詞とも言うべく、名詞を述語用言として機能させるものであるが、日本語の名詞はそれ自体、用言性を秘めていると言える。

④連体修飾語

名詞が名詞を修飾する時のかかわり方には、言語によって直接・間接の差がある。日本語は「太郎の本」「太郎という子」の「太郎」のように、名詞は「の」や「という」などを介して他の名詞を修飾する。

⑤独立語

「太郎、こっちにおいで。」「あ、虹！」「松木村、ここで彼は生まれた。」の「太郎」「虹」「松木村」のような独立語になる。独立語は、補語・修飾語・述語などのいずれにも属さず、他の成分と直接的な関係を持たない。これも名詞の普遍的な機能である。

以上のほか、名詞としては周辺的な存在である数量詞、形式名詞には以下のような機能がある。

⑥ 連用修飾語

数量や時を表す名詞は副詞的な性質を持ち、上記①～⑤に加えて、「今日は一時間勉強した。」「りんごを三つ食べた。」「昨日、太郎に会った。」「来年、結婚する予定だ。」のように連用修飾語としての機能も持つ。

実質性の希薄な形式名詞は、名詞句形成・連用句形成・述部形成の機能を持つ。

⑦ 名詞句形成

「散歩するのは楽しい。」「泥棒が逃げていくところを見た。」「私は行かないことに決めた。」の「の」「ところ」「こと」のように、用言句を名詞化する形式名詞がある。

⑧ 連用句形成

「合議の上、決定した。」「資金が不足しているため、計画は中止となった。」「京都に行ったとき、彼に会った。」の「上」「ため」「とき」のように、名詞（+の）や用言に後接して連用句を形成する形式名詞がある。

⑨ 述部形成

「彼も来るはずだ。」「だからお金が要るわけだ。」「今来たところだ。」「私も行くつもりだ。」「よくそんなことが言えたものだ。」「風邪を引いたときはよく休むことだ。」「雨が降っているのだ。」の「はず」「わけ」「ところ」「つもり」「もの」「こと」「の」のように、用言に後接して述部を形成する形式名詞がある。いずれも多用される語類であるが、なかでも実質性の最も希薄な「の」を文末に持つ文はノダ文と言われて、頻出する*2。

また、形式名詞ではないが、「何かあった模様だ。」「どうやら無事におさまった気配だ。」の「模様」「気配」のように、実質的な意味を持ちながら、用言に後接して文末詞的な働きをする名詞もある。筆者はこうした機能を持つ名詞を文末名詞、文末名詞を持つ文を文末名詞文と呼ぶ*3。

以上のように日本語の名詞が文において果たす機能は多岐にわたっている。

3. 日本語の名詞文の類型　述部における名詞使用

文は、何を基準とするかによって、さまざまに分類される。平叙文・疑問文・感嘆文・命令文という分け方は、表現意図による分類であり、単文・重文・複文というのは構造による分類である。述語の品詞を基準にして分類すると、名詞（述語）文・形容詞（述語）文・動詞（述語）文となる。日本語は述語を柱とする単肢言語*4であり、述部が文のかなめである。本節では、述部における名詞の働きに焦点を当て、名詞の述語としての態様を観察する。

3.1　述語名詞の意味範疇

動詞は本来、時間的プロセスを持つ動きや変化を表わし、形容詞は性質や状態を表わすのに対し、名詞は具体的・抽象的なモノを表わす品詞である。従って、典型的な名詞文は（4）～（6）のように、主語*5を、時間に限定されない一定のモノとして述定する*6。

（4）荒井は元来が、人の善いのが取り柄の男で、およそ出世欲とか金銭欲に乏しい人間なのである。（女社長に乾杯！）

（5）これはすばらしいアイデアですよ！（女社長に乾杯！）

（6）秘書ってのは大変な職業なんだ。（女社長に乾杯！）

このように、主語を類別することによってその属性を述べるのが、名詞述語の基本的な機能であるが、名詞述語の中には、モノを表わすだけでなく、性質・状態のような形容詞的な意味や、動作・変化のような動詞的な意味を表わしているものがあり、そうした名詞述語は、統語的にも動詞や形容詞に似た振る舞いを見せる。名詞は体言であるから連体的な形式を受け、形容詞・動詞は用言であるから連用的な形式を受けるが、意味的に形容詞や動詞に近い名詞述語はしばしば連用的な形式を受ける。

（7）彼女はまだまだ子どもだ。*7

（8）これは相当難問だ。

（9）彼は太郎と友達だ。

（7）（8）の名詞述語はそれぞれ、連用成分である「まだまだ」「相当」という程度副詞に修飾され、（9）の名詞述語は「太郎と」という格成分を受けている。（7）の「子ども」、（8）の「難問」はここではモノを指示するのではなく、属性を表わしており、（9）の「友達」も関係という形容詞的な意味で用いられているためであり、こうした名詞本来の意味からのずれが統語的な変容をもたらしている。このような述語名詞句は、（10）～（12）のように、名詞本来の機能である格成分にはならない。

（10）*あそこに［まだまだ子ども］がいる。

（11）*［相当難問］が解けた。

（12）*［太郎と友達］が遊びに来た。

本来形容詞的な意味が名詞として顕現する例もある。（13）～（15）は意味的には形容詞文であるが、「若さ」「暑さ」「好み」は名詞である。

（13）あなたの場合、社長としては異例の若さです。

（女社長に乾杯！）

（14）昨日はこの夏一番の暑さでした。

（15）父は辛口のお酒が好みだ。

名詞らしからぬ意味を持つ述語名詞の中には（16）～（19）のようなものもある。（16）～（19）の名詞述語はそれぞれ「瀬戸際に（立って）いる」、「お預けを食らう」、「だんまりを決め込む」、「クビになる」というような慣用句ないし慣用的な表現の動詞部分が捨象され、残った名詞部分が述語として独立性を帯びるに至ったものであろう。

（16）彼は今まさに成功するかどうかの瀬戸際だ。

（17）旅行は当分お預けだ。

（18）彼はあれ以来だんまりだ。

（19）お前みたいな下っぱはまず人員整理でどうせクビだ。

（女社長に乾杯！）

(20) ～ (22) は動詞的な意味が名詞で表わされた例である。こうした語類にはスルを伴ってサ変動詞として働くものが多く、特に漢語の動作名詞が活躍する*8。

(20) 彼は原稿をほとんど棒読みだった。

(21) 長男は海外に駐在で、次男は来年大学を卒業だ。三男は中3で、そろそろ受験なんだ。

(22) 社長は在宅なんでしょう？　(女社長に乾杯！)

尊敬を表わす述語が (23) ～ (25) のように名詞述語的な形式を取るのも日常的な現象である*9。「お持ちだ」「お呼びだ」「お悩みだ」「お困りだ」「お疲れだ」など、こうした形式の多くは動詞のテイル形に代わるものであるが、そればかりではない*10。

(23) 約束をお忘れですか？　(女社長に乾杯！)

(24) 明日は何時にお発ちですか。

(25) 注文の品はお決まりですか。

これら動詞に準じる名詞は、動詞的な意味を持ってはいるが、動詞の特徴であるヴォイス、アスペクト、意志性、などは捨象されている。「禁煙です。」「ここは立ち入り禁止です。」などの名詞文が「タバコを吸わないでください。」や「ここに入ってはいけません。」よりも受け手にとって抵抗感が少ないとされるのは、名詞の使用によって「～ないでください」「～てはいけません」などの表現の持つあらわな指示性が回避されるためである。

(26) ～ (28) のように後項によって副詞的な意味やアスペクト的な意味を加味した合成名詞もある。「(炊き) たて」「(脱ぎ) っぱなし」なども同様の接尾辞である。

(26) 彼らはもう餓死寸前だ。

(27) 彼はお金を使い過ぎだよ。

(28) 妻は夫の私に家事を任せっきりだ。

以上のように、名詞述語の意味機能は、名詞本来の意味であるモノにとどまらず、本来は動詞の領分である動きや変化、本来は形容詞の領分である状態や属性へと広範囲にわたっている。金田一 (1957) は日本語文の特色の一つとして「名詞でとめた形のセンテンスの中には、動詞や形容詞でとめたのと同じ種類の述定の文の圧縮されたものがある」（p.189）ことを挙げている。動詞は主語の属性を表わすという形容詞的な機能を持つことはあるが、名詞の範疇であるモノを表わすことはなく、形容詞は動詞的な意味も名詞的な意味も表わすことはない。動詞的にも形容詞的にも拡張する名詞の述語としての意味機能はユニークである。

3.2　主語と名詞述語の意味関係

前節で挙げた名詞述語文はいずれも主語の指示対象について、その種類・状態・動態など、広い意味の属性を表わしていたが、名詞述語の意味機能はそうしたものにとどまらない。主語と名詞述語の意味関係について詳しくは第7章で考察することとし、本節ではその概略を述べる。

主語と述語の意味関係に基づく名詞述語文の下位類の主なものとして、有題叙述文、同定文、中立叙述文、指定文、間接的指定文（ウナギ文）がある。この分類には文の情報構造という観点も組み込まれている。有題叙述文、同定文、指定文、間接的指定文の主語は主題化されている。

① 有題叙述文

有題叙述文は名詞述語が主語の指示対象の属性（広義）を述べるもので、前節の例はいずれも有題叙述文である。述語名詞の意味は名詞的なものにとどまらず広範囲にわたる。

② 同定文

同定文は（29）（30）のように主語の指示対象と述語の指示対象が同一関係にあることを表わす文である。

（29）「桑田伸子って誰だっけ？」「桑田伸子、っていうのは、あのお茶くみの子だった！」　（女社長に乾杯！）

（30）それ、あのとき買った服？

③ 中立叙述文

有題叙述文、同定文は主語（主題）と述部に二分されており、主語に関して述部を情報として提示するものであるが、中立叙述文は命題が分割されることなく、全体を情報として伝えるものである。（31）は「伸子さん」について「社長」であるという情報を与えているのではなく、「伸子さん」という指示対象と「社長」という属性との結合を述べている文であり、(32) も「経費の節約が急務である」という事態をまるごと伝えている文である。

(31) へえ！　伸子さんが社長？　(女社長に乾杯！)

(32) 経営の悪化を防ぐには、まず人員の削減、それに経費の節約が急務だ。

④指定文

指定文は事象を成立させる要素のあるものを焦点として特にそれと指定する文である。(33) は「一人平気な顔をしていた」という事象についてその主体は「純子だけ」であると伝え、(34) は「皆が感激した」という事象についてその対象を「彼の態度」であると伝え、(35) は「社長 (である)」という事象についてその主体を提示している文である*11。

(33) 一人平気な顔をしていたのは純子だけであった。

(女社長に乾杯！)

(34) 皆が感激したのは彼の態度です。

(35) 社長はこの私ですよ。　(女社長に乾杯！)

⑤間接的指定文 (ウナギ文)

(36) ～ (38) はいわゆるウナギ文である。これらは主語に関して伝えるべき情報の焦点が述語名詞句の指示対象であることを示すのみで、主語と述語の意味関係は文脈に依存している。

(36) 君は卒業旅行、どこにする？　―俺はアフリカだ。

(37) 私の姉は今ダンスに夢中なんです。　―私の姉はゴルフよ。

(38) この頃腰が痛くて。　―私は肩なんです。

以上が主語と述語の意味関係を基準にした名詞述語文の主なものであるが、文における名詞述語の機能は常に一義的に決まるわけではない。例えば「あの人は誰？」というのは主語の類別を要求しているのか、名前を聞いているのか、同定を要求しているのか定かではない。あるいはそれらの複合的なものかもしれない。「うちの社長だ。」「田中太郎さんだ。」「ほら、この間新宿で会った人じゃないか。」など、さまざまな答えが想定できるであろう。

なお、名詞述語の中には次のように対応する主語を持たないものがある。(39) ～ (41) は省略された主語を想定できない、本来的な無主語文である。

(39) 尾島さんからお電話です。　(女社長に乾杯!)

(40) そこへ、この降ってわいたような騒ぎである。　(女社長に乾杯!)

(41) 山本は、今日も純子に会えるという、それだけを楽しみに、会社へ向かうバスに乗り込んだ。押し込んだ、と言った方が正確な、猛烈に混んだバスである。　(女社長に乾杯!)

以上、意味・統語構造を基準として名詞文を類型化した。日本語の名詞は、名詞としては二次的な機能である述部における用法を多岐に発達させている。

4. 述部を形成する名詞の使用度

名詞述語や、述部を形成する文末名詞・形式名詞は実際のところどの程度用いられているのであろうか。書記言語という限定された範囲での調査であるが、小説『女社長に乾杯!』の第1章を資料として述部における名詞の出現度を調べてみた。その結果は以下の通りである。

全文数　1188*13
- 述語文　999
  - 名詞述語文*12　174
  - 非名詞述語文　825
- 非述語文　189*14

このほか、形式名詞「こと」「わけ」「もの」などがコピュラを伴ってしばしば主述語に後接する。中でも圧倒的に出現数の多いのは「の」である*15。表1はこれらを含めた出現数を会話文と地の文に分けて示したものである。

表1　述部における名詞の出現数（資料：『女社長に乾杯！』第1章）

会話文784＊16	述語文602	名詞述語文126（内、名詞述語が形式名詞を伴うもの21）
		非名詞述語文476（内、非名詞述語が形式名詞を伴うもの141）
	非述語文182	名詞（＋助詞）74
		名詞（＋助詞）以外108
地の文404	述語文397	名詞述語文48（内、名詞述語が形式名詞を伴うもの4）
		非名詞述語文349（内、非名詞述語が形式名詞を伴うもの39）
	非述語文7	名詞5
		名詞（＋助詞）以外2

述語文のうち、名詞述語文は17.4％（174/999）、形式名詞を伴う非名詞述語文（180）を含めると35.4％（354/999）＊17ということになる。

また、非述語文である独立語文や言い差し文には（42）～（44）のように、名詞（＋助詞）で終わるものが41.8％（79/189）を占める。

(42) 話って？

(43) 熱いコーヒー！

(44) ねえ、大畑さん、ちょっとあちらの部屋でご相談を。

そのほか「尾島産業は一種の空白状態にあるのだ。」「電話がありましたよ。」「人員整理はあるんでしょうか？」「後の生活がありますから。」「いつも疲れた印象がある。」「あんな小娘がやれっこないんですよ。」「節約になる。」「人事が大幅に異動になった。」のように、実質名詞に形式的な動詞が後接したものや、「～ことがある」「～ことができる」「～ことこの上ない」「～ことにする」「～ことになる」「～ないことには始まらない」「～ことはない」「～ことうけあいだ」「（見るべき）ものがある」「～ものと思う」「～ものとする」「～方がいい」「～はずがない」「～わけにはいかない」「～ほかはない」等々の形式名詞を核とした合成的な述部形式もある。

以上のような名詞使用の実態は、文構成の要である述部において名詞類がかなりの比重を占めていることを示している*18。

5. 動詞中心か名詞中心か

第1節で動詞中心的か名詞中心的かという言語類型論的な見方があることを述べた。「名詞中心」の「名詞」とは主語名詞、「動詞中心」の「動詞」とは述語用言を意味する。日本語は動詞中心型とされ、これまで日本語における名詞の機能に焦点が当てられることはあまりなかったが、日本語の名詞は、補語・述語・連体修飾語・独立語という文の成分になることをはじめとして、名詞句・連用句・述部の形成に関わり、指定文やウナギ文の述語として情報構造の明示化に貢献するなど、文構成に重要な機能を果たしている。名詞述語の中には名詞本来の意味領域を逸脱して働くものもあった。また、名詞の出現度調査で見たように、動詞中心と言われる日本語の動詞＝述語の中には実質名詞や形式名詞が一定の割合を占めていた。欧米型言語が名詞を核として主語と述語の関係を明確にするという意味で名詞中心言語であるとするならば、日本語は命題を統括する述部において名詞が多様に用いられるという意味で名詞指向的な一面を持つ言語であると言える*19。

6. おわりに

日本語は述語を中心に展開する動詞中心言語であると言われるが、本章では別の角度から、日本語が名詞中心的であり、事態を名詞的に把握する側面があることを述べた。「山路来てなにやらゆかしすみれ草」のような、日本文学を代表するジャンルである俳句は、事態を名詞的にではなく名詞で把握する芸術である*20。波多野(1953)は、名詞的表現を多く使う方が文章は緊密になり、名詞のみの文章は「適当に言葉を選ばれたならば、簡潔な措辞のうちに著しい生気をもることが出来る」(pp.38–39)と述べ、『言語学大辞典』は「ある現象を時間的に変化する動的現象として表現するより、空間的な表象、静的・瞬間的な視覚として捉える印象的な文体において、名詞構文がしばしば用いられる。」（p.1329）と述べている。ウナギ文も、文脈上自明の要素は捨象して名詞と名詞のみを結合する、一種俳句のような文である。動詞で述べられるべきものが名詞に依託されると同時に動詞の持つヴォイスやアスペクトなどのカテゴリーも消滅する。尊敬語化された述語がしばしば名詞化するのは、古来、事態をぼかすことが敬意表現の一つであったことと関係があるかもしれない。日本語における名詞的把握は深いところで文化とつながっている。

＊1 「ご注意（ください）」「ご遠慮（ください）」「ご確認（ください）」なども名詞の周辺であろう。⑯の「ご迷惑さま」、⑲の「長らく」、㉔の「お疲れ様」は格成分になることはないので、名詞ではない。

＊2 ガルニエ（1994）は「少なくとも会話では「のです」の文が標準的構造となる傾向があるとさえいえる」（p.170）、「終止／連体の融合体＋「の」＋「です」が、意志形を別にすれば、現代語において真に終止形といえる唯一の構造であるということが言える」（p.171）と言っている。

＊3 塚本（2006、2012）は韓国語に比して日本語は文法化が進んでいるとし、複合格助詞、複合動詞後項、動詞連用形＋テイク／テクル、動詞連用形＋テイル、動詞連用形＋テクレルなどと並べて、位置を表わす名詞および「もの」「の」「ところ」などの形式名詞・名詞化接尾辞を挙げている。

＊4 『言語学大辞典　第6巻　術語編』で、主語と述語を文の不可欠な要素とする言語を「両肢言語」、述語だけを文の必須の要素とする言語を「単肢言語」と呼んでいる。（p.896）

＊5 多くの場合、名詞文の主語は主題化しているが、主題化している場合も「主語」と表示することにする。

＊6 佐藤（2001）は典型的な名詞文について詳しく論じている。

＊7 出典記載のないものは作例である。

＊8 こうした例は高橋（1984）でも触れられている。また鈴木（2012）は、ニュース報道に特徴的な「小椋選手が引退です。」「背景を徹底取材です。」などの表現形式や、ブログ等に見られる「フォローをよろしくです。」「夫に感謝です。」などの表現形式を取り上げ、「です」の持つ断定の意味が、注目すべき新しい情報として伝える機能や、書き手の心情として述べることにより押しつけがましさを避けるという機能を獲得していると述べている。田中（2012）は「メジャーリーグのイチロー選手が、電撃移籍です。」のような「事象名詞＋デス」という形式は10年ほど前に民放で使われ始めたもので、名詞述語文と中

立叙述のイレギュラーな組み合わせが、インパクトを与える独特の響きを生み出していると述べている。
＊9「［ご多忙の／お元気の／お暇の］ようね」のように、接頭辞「お／ご」がつくと連体形が「〜な」ではなく、名詞と同様に「〜の」となる形容動詞もある。
＊10 第5章参照。
＊11（33）〜（35）は有題後項指定文である。指定文にはそのほか陰題前項指定文、無題後項指定文がある。第7章参照。
＊12 文末名詞文を含む。
＊13 文は「。」「！」「？」などの文末符号に基づいて認定した。
＊14 述語を有する文を「述語文」、「どうぞ。」「太郎！」のような独立語文や「何を？」「駅で。」のように言い差しで終わる文を非述語文とした。
＊15「どうしたの？」の「の」ような終助詞的なものを含む。メイナード（1997）は、エッセー24篇（文総数1109）を調査し、44.09％の文に「の」「こと」による名詞化が見られると述べている。
＊16 会話文には独話を含む。
＊17 地の文よりも会話文の方が名詞文が多く、会話文では20.9％（126/602）、地の文では12.1％（48/397）であった。王（2012）は小説を資料として日本語と中国語それぞれの、述語（連体部を除く従属句を含む）における動詞、形容詞、名詞の使用率を調査している。それによると、名詞述語の使用率は日中であまり差はなく、「のだ」などの名詞系文末形式の多用が日本語に名詞述語文が多いという錯覚を与える原因となっているのではないかと述べている。
＊18 メイナード（1993）は、日本人20組、計60分の日常会話（文総数1244）に見られる文末表現を調査し、次のような結果を報告している（数字は％）。
①終助詞：35.05　②体言止め：16.40　③「じゃない」「でしょ（う）」などの助動詞：9.73　④動詞現在形：8.28　⑤動詞の「―て形」：7.48　⑥接続詞：5.63　⑦副詞句：5.55　⑧格助詞：3.78　⑨動詞過去形：3.70　⑩言いよどみの類：3.38　⑪「わけ」「もの」などの形式名詞：1.05
本章とは分類基準を異にしてはいるが、この結果によると、動詞の現在形・テ形・過去形の合計が19.46％であるのに対し、体言止め・格助詞・形式名詞の合計は21.23％であり、文末部分に名詞が多く用いられていることが分かる。
＊19 近年、言語類型論的な観点から、日本語の名詞述語使用の傾向が指摘されるようになった。特に林（1995）、井上・金（1998）、堀江（2001）、生越（2002）、金（2003）、塚本（2009、2012）、堀江・パルデシ（2009）などに見られるように韓国語との対照研究の結果として論じられることが多い。井上・金（1998）は「日本語では、名詞の潜在的な動詞性が比較的容易に名詞述語に継承されるが、韓国語では困難である」（p.458）とする。生越（2002）は「きれいな花だ」は「「きれいな花」という概念がすでにあり、話し手は対象をそれに対応する物と判断した、という形になる。いわば間接的に「花がきれいだ」ということを表わす」（p.96）のであり、間接的な表現を好むという日本語の特徴の表れかもしれないと述べている。金（2003）は日本語と韓国語の「名詞終止文」の出現頻度を比較し、「日本語の名詞終止文の頻度の高さは驚く

べきであろう。これは、日本語の名詞が、韓国語の名詞に比べ、述語としてより積極的に機能していることを物語るともいえよう」(p.59) と述べている。下表は金 (2003) による日韓両語の対比である。左列は日本語、右列は対応する韓国語を日本語に直訳したものである。

上です。	→上がっていきます。
いい部屋だ。	→家がかなりいい。
すごい人だ。	→人が本当にあまりにも多い。
何か探し物? —うん、忘れ物。	→何か探してるの?—うん、何かちょっと忘れてしまって。

また、益岡 (2007) は日本語の文は「名詞文 (属性叙述文) を基盤に据えている」(p.106) と述べている。

＊20 森田 (1998) は俳諧文学について「贅肉的叙述を極度に排する」もので、「日本語の特性を上手に生かした芸術」であると述べている (p.16)。

例文出典

『CD-ROM版 新潮文庫の100冊』(新潮社) より「女社長に乾杯!」、「太郎物語」

第2章

形容詞述語と名詞述語

その近くて遠い関係

1. 形容詞述語・名詞述語の意味機能

佐久間(1941)は「いいたて文」(演述文、平叙文)を「物語り文」と「品定め文」に、品定め文を「性状の表現」と「判断の表現」に分けた。概ね、物語り文は動詞文に、性状の表現は形容詞文に、判断の表現は名詞文に対応する。物語り文に対し性状の表現と判断の表現が品定め文として一括されていることからも窺えるように、形容詞文と名詞文は共通するところが多い。形容詞文、名詞文それぞれの特質はどのようなところにあるのであろうか。

形容詞文と名詞文とは共に何らかの事物を対象として「品定め」をする文であるから、基本的に品定めの対象が主題として表わされる有題文である。品定めの内容は形容詞文、名詞文共に多様である。

1.1 形容詞述語の意味機能

形容詞述語は主語に対して次のような意味機能を持つ。

①性質規定

・事物の内在的性質を規定するもの

氷ハ冷タイ、彼ハ女性ニ優シイ(態度)、母ハ絵ガ上手イ(能力)、猫ハ鰹節ガ好キダ(嗜好)など

・事物の外在的性質を規定するもの

私ノ家ハ駅ニ近イ(距離関係)、彼ハ友人ガ多イ(数量関係)など

②状態叙述

・事物の客観的状態を叙述するもの

風ガ強イ(自然現象)、今日ハ人ガ少ナイ(数量)、子供ガ危

ナイ（様態)、Aチームノ優勝ハ確実ダ（可能性）など

・話し手の感情・感覚を叙述するもの

（私ハ）合格デキテウレシイ（感情)、(私ハ）背中ガクスグッタイ（感覚）など

③評価

ソノ方法ハマズイ、コノ処分ハ仕方ガナイなど

「性質規定」は時間に左右されない事物の恒常的性質を表わし、「状態叙述」は時間的、空間的に局在する事物（表現主体の内面を含む）の状態を表わし、「評価」は自他の行動や事象に対する話し手の評価（狭義）を表わす。性質規定および評価はテンスから解放され得るのに対し、状態叙述はテンスを持ち、客観的な描写であれば無題文となる。状態叙述のこうした性質はそれらが動詞文に連続していることを示す。時空上に局在する事象であっても、時間性を捨象し、本質的なものとして表現されれば、それは「性質」に分類される。性質か状態かの認定は、(1）のように分明でないことが多い。

(1) 桃子の友達たちは元気でいるか？　東京の夏は暑い。夏の終りは殊に暑い。それでも日が暮れてくると日中よりはしのぎやすい……。 （楡家の人びと）

皮膚感覚によって把握された外的状況を表わす（2）のような例には外的な状態叙述、内的な感覚叙述の両面性がある。

(2) 婆やさん、こりゃ風が冷たい。 （楡家の人びと）

1.2　名詞述語の意味機能

名詞述語は主語に対して次のような意味機能を持つ*1。

①類別	珊瑚は動物だ。
②同定	あの子は息子の太郎だ。
③名称提示	この花は何ですか。　―“スミレ”です。
④性質規定	その話は事実だ。
	彼はおとなしい性格だ。
⑤状態叙述	今このゲームがブームだ。
	今経済は危機的な状態だ。

⑥ 評価　　　　それは彼の能力の問題だ。

⑦ 動態叙述　　彼は明日出発だ。

「類別」は事物の種類を表わし、「同定」は主語の指示対象に一致するものを表わす。「名称提示」は事物の内実には言及せず名称だけを表わすメタ言語的な用法である。「性質規定」は事物の恒常的な性質を表わし、「状態叙述」は時間的、空間的に局在する事物の状態を表わし、「評価」は自他の行動や事象に対する話し手の評価を表わす。性質規定、状態叙述、評価の3種は形容詞述語が本務とするものである。「動態叙述」は事物の動きや変化を表わすもので、これは動詞述語の本務である。

名詞述語が上記①から⑦のどの意味で用いられているかも一義的ではない。例えば（3）で、聞き手にとって「山本太郎」が既知の人物であれば、名詞述語は主題の同定機能を持つものであり、未知の人物であれば名称提示となる。

（3）　店頭の公衆電話の前で、太郎は立ち停り、傘をすぼめ、もう暗記している電話番号を廻した。それは、千頭慶子さんの家であった。「僕、山本太郎です」彼女の声だとは思ったが、お母さんだといけないので、一応慎しく名のった。

（太郎物語）

名詞述語の中には①～⑦とは異質な次のようなタイプもあった。

⑧ 間接的指定（ウナギ文）　　　父は囲碁だ。

⑨ 指定　　　　　　　　　　　　天才は彼だ。

間接的指定文（ウナギ文）は主題の指示対象と述語名詞の指示対象が何らかの意味関係にあることを示すだけの高度文脈依存文である。「指定」は、主題で表わされている事象（⑨では「天才である」）を構成する要素のあるもの（⑨では主体）を特にそれとして焦点化するために述語として取り出したものである。表1は以上をまとめたものである。

品詞とその意味機能は必ずしも一対一に対応するわけではない。「空は青い。」（性質規定）、「今日は空が青い。」（状態叙述）のように、同一の語が文脈により異なる意味機能を担うことはごく一般的である。しかし表1から明らかなように、形容詞述語の範囲が形容

表1　形容詞述語、名詞述語の意味機能

意味機能	形容詞述語	名詞述語
類別	＼	珊瑚ハ動物ダ
同定	＼	アノ子ハ息子ノ太郎ダ
名称提示	＼	コノ花ハ“スミレ”デス
性質規定	氷ハ冷タイ	ソノ話ハ事実ダ 彼ハオトナシイ性格ダ
状態叙述	風ガ強イ	今コノゲームガブームダ 今経済ハ危機的ナ状態ダ
評価	ソノ方法ハマズイ	ソレハ彼ノ能力ノ問題ダ
動態叙述	＼	彼ハ明日出発ダ
間接的指定	＼	父ハ囲碁ダ
指定	＼	天才ハ彼ダ

詞自らの本分にとどまっているのに対し、名詞述語の意味機能は多様であり、名詞の本分を超えて形容詞述語、動詞述語の守備範囲にまで進出している。

さて、形容詞述語と名詞述語は「性質規定」「状態叙述」「評価」という共通の意味機能を持っている。形容詞述語による表現と名詞述語による表現はどのように異なるのであろうか。

2. 形容詞述語の性質規定と名詞述語の性質規定

2.1　名詞を述語とする性質規定文の形

名詞を述語とする性質規定文には次のようなパターンがある。

A.　その話は事実だ。

B.　あの子は素直な子だ。

C.　彼は太陽のような明るさだ。

D.　彼はおとなしい性格だ。

E.　彼は熊と格闘した男だ。

形容詞文の意味機能は機能の種類にかかわらず常に述語形容詞自体

が中心的に担うが、名詞文の意味構造は複雑である。Aは述語名詞「事実」が主題の性質を表わしている。Bは述語名詞「子」を修飾する形容詞「素直な」が主題の性質を表わしている。述語名詞は主題の上位概念である。Cは「明るさ」が抽象的な概念を表わし、連体部「太陽のような」との結合によって性質を表わし得ている。Dの「性格」は主題の側面を表わす。述語名詞と形容詞「おとなしい」とは意味的に上位−下位の関係にあり、主題の性質を表わしているのは形容詞のほうである。Eは連体節「熊と格闘した」の内容が「男」を特徴づけるものとなっている。「男」は主題の上位語である。

このようにA〜Eはいずれも性質規定文であるが、意味構造はすべて異なっており、しかもこれで網羅されたわけではない。ほかにも「このハンカチは麻だ。」「彼は変人だ。」「このセーターはVネックだ。」等々、さまざまなパターンがある。名詞文がこのような込み入った様相を呈する根本的な要因は、形容詞と違い、名詞の本来の機能が性質規定にないところにある。A〜Eの述語名詞の中ではAの「事実」だけが「本当だ」というのに近く、性質を表わす形容詞的な名詞である。次節で形容詞文と名詞文の表現性の違いを観察してみよう。

2.2　性質規定と類別

（4）a.　あの子は素直だ。

　　b.　あの子は素直な子だ。

（4a）は形容詞文、（4b）は名詞文であるが、共に「あの子」の性質を表わしていて、その意味するところは実質的に同じである。（4b）の述語名詞「子」は主題「あの子」の上位概念であり、情報的に無意味だからである。このように、名詞述語はしばしば形容詞述語と同等の意味機能で用いられ、両者は互換性の高いことが多い。では次の（5a）（5b）はどうであろうか。

（5）a.　雪は白い。

　　b.＊雪は白い雪だ。

（5b）の述語名詞「雪」も（4b）の述語名詞と同じく情報価値を持

たず、(5a) と (5b) の関係は一見 (4a) と (4b) の関係と変わらないように見える。しかし (5b) は不適格である。それは、主題の指示対象と述語名詞が (4b) では包摂関係にあり、(5b) では包摂関係にないためである。(5a) と実質的に等価であるためには、例えば「雪は白いものだ。」のように、述語名詞が主題の上位語でなければならない*2。「その話は事実だ。」のように形容詞的な意味を持つ名詞を述語とする場合を除いて、名詞述語の性質規定とは、連体部が述語名詞の外延を限定するという仕方で行うものである。「白い」は「雪」の内包であって、「雪」を限定するものではない。形容詞文の性質規定が形容詞自体によるものであるのに対し、名詞文のそれは述語名詞の概念を限定、類別するという操作を介した性質規定なのである。このことは語根を共有する形容詞述語と名詞述語を比較するとさらに明らかになる。

(6) a.　彼は太陽のように明るい。

　　b.　彼は太陽のような明るさだ。

「明るい」は (6c) のように単独で述語になるのに対し、「明るさ」は (6d) のように単独では述語になれず、連体部が必須である。

(6) c.　彼は明るい。

　　d.　*彼は明るさだ。

「明るい」はそれ自体に評価性を持つが、「明るさ」は単独では述定機能を持たず、連体部による限定によって初めて評価的な値を与えられるのである。(6b) は主題と述語名詞とが包摂関係にあるものではないが、述語名詞の、連体部による類別を介した性質規定であることに変わりはない。

(7b) は名詞述語性質規定文Dのパターンである。

(7) a.　彼はおとなしい。

　　b.　彼はおとなしい性格だ。

「おとなしい」というのは性格の下位概念であるから、(7b) の「性格」には情報価値がなく、その意味するところは実質的に (7a) に等しい。(7b) は主題の性質規定が「性格」という側面からのものであることをあえて明示するもの、言い換えれば、「性格」を限定するという仕方で主題の説明をするという表現形式である。

次の（8b）は名詞述語性質規定文Eである。ただし（8a）は形容詞文ではなく動詞文である。

（8）a.　彼は熊と格闘した。

　　b.　彼は熊と格闘した男だ。

（8b）の述語名詞「男」も主題の上位概念であるから情報的には無意味であり、（8a）と（8b）の実質的な意味は同等である。しかし（8a）が単に「彼」の過去における行為を表わすのみであるのに対して、（8b）は「熊と格闘した」という特徴的な行為で「男」を限定することにより、性質規定という表現性を獲得している。このことは（8c）のような文脈において見るとはっきりする。

（8）c.　彼は熊と格闘した男だ。コソ泥をやっつけるぐらいわけはないよ。

名詞述語に（8b）のような性質規定が可能であるのも、名詞（ここでは「男」）が事象（ここでは「熊と格闘した」こと）を構成する事物（人を含める）を表わすと言う名詞の意味特性に由来する。こうしたパターンに対応する形容詞文はない。

以上、性質規定文をめぐって形容詞文と名詞文の特質を考察し、形容詞述語は形容詞自体によって主題の性質を規定するのに対し、名詞述語は基本的に連体部による述語名詞の限定によって主題の性質を規定することを述べた。形容詞文と名詞文のこうした違いは状態叙述文、評価文にも通底するところである。

3. 形容詞文の表現性と名詞文の表現性

（9a）は形容詞文、（9b）はそれを名詞文に転換したもの、（10）は逆に（10a）が名詞文、（10b）は（10a）を形容詞文に転換したものである。

（9）a.　「とにかく、青山さんは、心ここにないんだ。けさも彼女のことをぐじゅぐじゅ言いながら味噌汁の中に納豆をつっこんでいたからなあ」「情けないなあ。どうしようもないよ。ほっとけよ」（太郎物語）

　　b.　（…）「情けない人だなあ」

(10)a.　太郎がダイニング・キッチンへ入ると、圧力鍋はガス台の上で、ひゅうひゅう口笛を吹くような音をたてていた。「おもしろい鍋だね」黒谷も入って来て、興味深げに見ながら言った。　(太郎物語)

b.　(…)「おもしろいね」

(9a) の「情けない」は相手の話を聞いて発した一言で、主観の瞬間的な表出である。眼前の状況を対象とする叙述の場合、主体や対象は省略されることが多く、「情けない」は話し手の感情なのか、話題中の人物に対する評価なのか定かではない。これに対し (9b) は「情けない」という主観を媒介とした話題中の人物に対する人としての類別であり、(9a) に比べて「情けない」という主観と話し手との距離は相対的に間接的である。また、(10b) の「おもしろい」は眼前の光景に対する話し手の直接的な感想であり、「おもしろい」が話し手の感情なのか、「鍋」の評価なのか判然としない。一方 (10a) の「おもしろい鍋」は話者の知識にある既知の「鍋」を前提とした眼前の知覚対象の類別である。

このように形容詞文と名詞文を並べて観察すると、発話時の現場的な状況と発話内容との距離から、形容詞文はより直接的・現場密着的、名詞文はより間接的・概念的であると言うことができる。こうした違いは、形容詞自体を述語の意味的中心とする形容詞文、事物の類別あるいは概念の限定という形で現場の事象を認識的に表現する名詞文というそれぞれの構文形式にそのまま反映している。

形容詞文と名詞文の違いは形容詞述語のもう一つの重要な機能である状態叙述において、より鮮明になる。状態叙述は時空間性を持つ現場的なものだからである。

(11a) (12a) は名詞文、(11b) (12b) はそれぞれ (11a) (12a) から情報価値の希薄な述語名詞「音」「眺め」を取り除いて形容詞文化したものである。(11a) (12a) がそれぞれ表現主体の感情を介した「音」「眺め」の類別であるのに対し、(11b) (12b) は時空上に定位した表現主体の感情そのものの表現である。

(11)a.　ぼくが困惑したのは、テレビを通じて聴こえてきたその音が、こう言うのは申し訳ないが、そのような場にふさわしいレベルに達しているとは思えなかったからだ。むしろ大変居心地の悪い音だった。

(文藝春秋77巻5号)

b. (…)むしろ大変居心地が悪かった。

(12) a. このあいだ女性のインストラクターが家にきて道具の設定をするのを見ていたが、彼女がパソコンの画面に向ってパソコンを叩いて何かいうのが不思議に思えた。ひとりごちながらキーボードを打つのである。これは気色がわるい眺めだった。 (文藝春秋77巻7号)

b. (…)これは気色がわるかった。

話し手の咄嗟の反応を表わす次の(13)(14)のようなものが名詞文であり得ないのも以上のような事情による。

(13) 煙草を吸っている藤原の髪に、一本の白髪がぎらりと光っていたので、太郎は、それを引き抜いた。すると普段めったに感情のたかぶりを見せない藤原が、「痛い! よせ!」と怒ったように言った。 (太郎物語)

(14) (電話の)四本目は、三吉杏子さんの家だった。ベルが鳴っている間に、母が、「よくかけるわね」と言ったので、太郎は、「煩い! 黙っててよ」と口をとがらせた。 (太郎物語)

4. 名詞述語の本質と自在性

形容詞文と名詞文を比較しながら述べてきたが、性質規定も状態叙述も評価も名詞自体が本来とする機能ではない。形容詞述語の機能が形容詞本来の機能に限定されているのに対し、名詞述語は、機能も、また個々の機能を担う表現方法も単純ではない。名詞述語の本分は、(15)のように名詞自体の内包によって規定する主題の類別にある。

(15)「これは女か男か?」正二郎は女子ハードルの写真をさしながら言った。「女だよ」 (太郎物語)

(16)のような一見無意味な名詞文や(17)のような同語反復表現は名詞の内包をことさらに強調するものとなる。

(16) 彼も人の子だ。裏切られて悲しくないわけがないだろう。

(17) チンパンジーはチンパンジーだ。人間と同じようにはいかないよ。

では、名詞述語の、本分を超えた自在な機能を可能にする要因は何であろうか。

名詞は森羅万象をモノとして概念化する。概念化された事物のなかには「優しさ」のような性質も、「留守」のような状態も、「出発」のような動態も含まれる。こうした名詞の一部が形容詞述語的ないし動詞述語的な機能を獲得する。

抽象的な名詞の中には（7b）の「性格」や、(18）の「気持ち」、(19）の「状況」のように文末名詞としても働くものがある。文末名詞は述定の実質に範疇的な枠組みを付与し、形容詞文、動詞文を名詞文化する。

(18) 私は誇らしい気持ちだ。

(19) 彼は今睡眠時間も十分に確保できない状況だ。

名詞の表わす事物と、事物に関わる事象との関係はさまざまで、そのために名詞は質量ともに多様な連体修飾を受け得る。単に「若い」ではなく「小学校高学年くらいの年頃だ」「そろそろ難しい年頃だ」「箸が転んでもおかしい年頃だ」など、名詞述語が意味を細かく表現し分けられるのもそのためである。

また、名詞は事物を指示する指示機能と、指示対象に説明を加える叙述機能という両機能を持つ上に、名詞文においては主語（主題）と述語の二項が共に名詞である。このことも名詞文の多様性に与っている。

さらに、(20）のように慣用的な表現は長く使用されている間にしばしば全体が名詞に収斂し、残りの部分が省略されるようになる。名詞の象徴性も名詞述語の多様性に寄与している。

(20) お前なんか、もうクビだ！（＝クビにする）

5. おわりに

形容詞述語は性状規定を本分とし、名詞述語は類別を本分とするが、形容詞述語の整然とした振舞いに比べ、名詞述語は奔放と言ってもよいほどの多様性を見せる。しかし類別という判断過程を含み持つという点で名詞述語にも一貫したものがある。

それにしても日本語には（21）のようにそれ自体情報価値のない名詞を文末に持つ文や、（22）のように主題（主語）を持たない名詞文が珍しくない。一文を名詞で締め括りたがるこうした傾向は何を意味するのであろうか。

(21) 実は、わたしは日常的にパソコンに話しかけるヒトなのであります。 （文藝春秋 77 巻 4 号）

(22) 自然の美しさをしみじみと感じる今日この頃です。

＊1 形容詞述語との比較であるため、前章 3.2 節での名詞文分類よりも細かくなっている。①類別、③名称提示、④性質規定、⑥評価は有題叙述文述語の意味機能であり、②同定は同定文述語の意味機能であり、⑤状態叙述、⑦動態叙述は有題叙述文述語または中立叙述文述語の意味機能である。

＊2 「最近の雪は環境汚染のせいで煤けてきたけど、今日の雪は白い雪だ。」のような文は主題と述語が包摂関係にあるから適格である。

例文出典

『文藝春秋』「巻頭随筆」77 巻 4 号〜81 巻 8 号

『CD-ROM 版 新潮文庫の 100 冊』（新潮社）より「太郎物語」「楡家の人びと」

第3章

形容詞派生の名詞「～さ」を述語とする文の性質

1. はじめに

文は何を基準とするかによってさまざまに分類される。動詞述語文、形容詞述語文、名詞述語文というのは文を述語の品詞によって分類したものである。典型的には、動詞述語は主体の動きや変化を、形容詞述語は主体の性質や状態を、名詞述語は主体の種類や同一物を表わすが、語の中には品詞的な境界を越えて、他品詞が本来とする機能を担うものがある。(1a) ～ (3a) はそのような例である。

(1) a.　部屋の中は熱帯のような暑さだった。

(2) a.　辺りは、店に入る前とは見違えるほどのまばゆさだった。　(若き数学者のアメリカ)*1

(3) a.　安田と石田部長の結びつきは、外部で想像した以上の深さでした。　(点と線)

(1a) の「暑さ」、(2a) の「まばゆさ」、(3a) の「深さ」は、いずれも名詞でありながら、コピュラを伴い、それぞれ「部屋の中」「辺り」「安田と石田部長の結びつき」の状態を表わす述語として働いている。これらは本来 (1b) ～ (3b) のように形容詞述語で表わされるところであろう。

(1) b.　部屋の中は熱帯のように暑かった。

(2) b.　辺りは、店に入る前とは見違えるほどまばゆかった。

(3) b.　安田と石田部長の結びつきは、外部で想像した以上に深かった。

本章では (1a) ～ (3a) のように、形容詞*2 の語幹に接尾辞「さ」が後接した「暑さ」「まばゆさ」「深さ」のような派生名詞によって事物の性状を述べる、形容詞述語文的な名詞述語文について、意味的・統語的・機能的側面からその特徴を考察し、形容詞述語にない独自性を明らかにしようとするものである。以下、形容詞の語幹に接尾辞「さ」が後接した形を「「〜さ」」、述語として用いられた「〜さ」を「「〜さ」述語」、「〜さ」を主名詞とする述部を「「〜さ」述部」、「〜さ」述部を持つ文を「「〜さ」文」と呼ぶことにする。なお、「主体的だ」「現代的だ」など、語幹が「的」で終わる形容動詞は通常「〜さ」にならない。また、(4)(5)のように、「さ」の前接部が現代語では形容詞の語幹とは言えないものがあるが、こうしたものも考察の対象とした*3。

(4) スープも、ちょっとしたレストランで食べたら1000円を超えそうな本格さだった。

(5) ほんとうにどこからか女のすすり泣く声がきこえてくるような、無気味なしずけさだった。（塩狩峠）

2.「〜さ」の統語的性質

(1c)〜(3c)は(1b)〜(3b)から修飾部を除いたものであるが、これらが適格であることから明らかなように形容詞は単独で述部を構成し得る。

(1) c.　部屋の中は暑かった。

(2) c.　辺りは、まばゆかった。

(3) c.　安田と石田部長の結びつきは、深かった。

しかし、「〜さ」を述語とする次の(1d)〜(3d)は不適格である。

(1) d. *部屋の中は暑さだった。

(2) d. *辺りは、まばゆさだった。

(3) d. *安田と石田部長の結びつきは、深さでした。

このように、「〜さ」は意味的に形容詞に近いにもかかわらず、単独で性状規定文の述語になることはできず、性状規定文の述語になるためには(1a)〜(3a)のように、「〜さ」を修飾する連体部が必須である。

「〜さ」を述語とする文であっても、性状規定文ではない(6)(7)のようなものの場合は、単独での「〜さ」の使用が可能である*4。

(6) 彼に欠けているのは我慢強さだ。

(7) 「町づくりのビジョンを真剣に考えよう」という自治意識が浸透しているのが強さだ。 (朝日新聞2004.12.22)

(6) は「彼に欠けているの」という叙述名詞句を主題とし、主題に該当するものを述語でそれと指定する文であり、(7) は「「町づくりのビジョンを真剣に考えよう」という自治意識が浸透している」という現象をすなわち「強さ」であると抽象名詞で概念化したもので*5、主体の性状規定をする (1a) 〜 (3a) の「〜さ」とは性格を異にする。

形容詞はそれ自体、属性としての評価的な値を持つために、(1b) 〜 (3b) のように単独で述語となり得るのに対し、性状規定文の述語としての「〜さ」は値が空虚であるために単独では性状を規定する述定機能を持ち得ず、述定の内実を連体部に負うことによって述語となり得る。(6) (7) のように単独での出現も可能な「〜さ」述語と異なり、性状規定文の述語としての「〜さ」は、連体部を必須とするという意味で、形式名詞的である。

3.「〜さ」述部の中立的用法と評価的用法

森田 (1980) は「〜さ」について、「「すばらしい」「おかしい」「痛い」のように、対義語を持たない形容詞の場合は問題ないが、「面白い/つまらない」「かわいい/憎い」「重い/軽い」のような対義関係の語をペアとして持つ場合には問題がある。(筆者略) 重量・標高・強度といったプラス方向の程度のみを問題とする場合は対義語で置き換えることが出来ない。」とし、「同じ「〜さ」にも、程度性を表わす用法と、あるレベルにあることを示す用法と、二種類があるのである。程度性はプラス方向の絶対的度合いを問題とし (例えば身長や標高など)、レベルの指示は標準に対する相対的程度を問題とする (ノッポやチビなど)。」(p.166) と述べている。「荷物の重さを量る」「富士山の高さは3776メートルだ」などが絶対的度合いを問題にする例として挙げられ、「背の低さが災いして新弟子検査にしくじった」「あの背の高さが彼女の縁を遠くしている」

などが相対的程度を問題とする例として挙げられている。

森田は本章の対象である述語用法については述べていないが、「〜さ」述部にも「〜さ」の絶対的・相対的に対応する用法がある。

(8) 三原は奥まった座敷に通された。八畳ぐらいのひろさである。 (点と線)

(9) 辰次の頭蓋骨は人並の大きさであった。 (楡家の人びと)

(10) アルコールランプの火がコッフェルの下から、四人の膝のあたりまで照らし出していた。四人の顔つきまでは見えないけれど、誰が誰だかわかる程度の明るさだった。

(孤高の人)

(11) あの日、軍刀を手に胸を張って、私たちの前に現れた"武人"は、八十歳とはとても見えない若々しさだ。

(文藝春秋 80 巻 15 号)

(12) 函館駅に着いたのは、六時すぎという早さだった。(点と線)

(13) それを当たりまえとして生きていることは怖るべきセンエツさだ。 (文藝春秋 78 巻 12 号)

(8) 〜 (10) の「〜さ」はゼロを基準とした絶対的な度合いであり、(11) 〜 (13) の「〜さ」は標準的な程度を基準とした相対的な用法である。

絶対的な度合いの「〜さ」は程度を客観的に規定したもので、評価的には中立であるのに対し、相対的な程度を問題とする「〜さ」は話し手 (書き手) の持つ一定の価値観を規準として程度を規定するのであるから、話し手 (書き手) の評価を含んでいる。以下では「〜さ」述語が絶対的な度合いを示す用法を「中立的用法」、相対的な程度を示す用法を「評価的用法」と呼ぶことにする。

中立的用法の「〜さ」は対義語を持つプラス方向の「〜さ」(「小ささ」ではなく「大きさ」、「軽さ」ではなく「重さ」など) であることが多いが、中立的か評価的かは必ずしも対義語の有無には対応せず、そのどちらであるかの解釈は文脈に依存する。「6 畳の広さである」が居間の話であれば中立的用法の可能性があり、犬小屋の話であれば評価的用法の可能性が高い。(14) の「痛さ」は対義語を持たないが、中立的用法と解釈され、(15) の「長さ」は「短さ」という対義語を持つが、連体部と「〜さ」が「という」で連結されていることからも評価的用法の解釈が可能である。

(14) 今日接種した注射は蚊に刺されたくらいの痛さだった。大したことなかったよ。

(15) 今回の地震では、周期が極めて長い、ゆっくりと揺れる地震波が発生した。米ハーバード大の解析では、周期200秒という長さだった。 (朝日新聞2004.12.29)

ただ、データに見られる中立的な「〜さ」は「暑さ」「重さ」「広さ」「高さ」「速さ」「大きさ」「長さ」「明るさ」「深さ」など、対義語を持つ属性形容詞に由来するものばかりであるのに対し、評価的な「〜さ」にはそうした制限はなく、「悪質さ」「生きのよさ」「一途さ」「うかつさ」「ガラガラさ」「ぐちゃぐちゃさ」「好調さ」「寂しさ」「すさまじさ」「節操の無さ」「ダルさ」「情けなさ」「必死さ」「古めかしさ」など、非常にバラエティに富む。主に新聞、小説から収集した220例の「〜さ」文を見ると、中立的用法か評価的用法か判然としない数例を除いて、中立的用法が約1割で、大半が評価的用法と解釈されるものであった。また、小説には会話・独言のような会話体の文と地の文とがあるが、「〜さ」文は3対1の割合で地の文に多く、「〜さ」文の使用域が書き言葉に偏っていることが分かる*6。

4.「〜さ」述部の2用法と形容詞述語

第1節の例文（1a）は（1b）と、（2a）は（2b）と、（3a）は（3b）と意味的にほぼ等価であった。これは（1a）〜（3a）の「〜さ」が評価的な用法であるためである。「〜さ」と形容詞は品詞が異なるが、評価的な「〜さ」と形容詞とは、述語として性状を評価的に述定するという共通の意味機能を持つ。では中立的用法の「〜さ」はどうであろうか。(8’）は（8）を、（9’）は（9）を形容詞述語にしたものである。

(8’) 三原は奥まった座敷に通された。八畳ぐらいで広い。

(9’) 辰次の頭蓋骨は人並に大きかった。

(8)（9）の「〜さ」はそれぞれ広いか狭いか、大きいか小さいかという評価に関しては中立であるのに対し、(8')の「広い」は、狭くなく、広いという評価性を持ち、(9')の「大きかった」も、「人並みに」という副詞句があるにもかかわらず、小さくなく、大きかったという一定の評価性を保っており、(8)（9）とは意味的に異なっている*7。性状の程度を中立的に表わす「〜さ」はある意味、評価性を免れない形容詞述語と補完的に機能していると言ってもよい。

5. 評価的な「〜さ」文の性質

本節では評価的な「〜さ」文の機能について、形容詞文と比較しつつ考察する。以下、評価的な「〜さ」を単に「〜さ」と表記することがある。

5.1 文脈的前提

形容詞を述語とする（16a）（17a）は、談話の冒頭文であっても自然な文である。

(16)a.　1月は大変寒い。

(17)a.　花子は女神のように美しい。

しかし、これらの形容詞を「〜さ」に換えた（16b）（17b）は、冒頭文としてはどこか不自然である。

(16)b. #1月は大変な寒さだ。*8

(17)b. #花子は女神のような美しさだ。

これらは文脈を加味して（16c）（17c）のようにすると自然さが増す。

(16)c.　北海道の冬は厳しい。特に1月は大変な寒さだ。

(17)c.　一心に祖母の世話をしている時の花子は女神のような美しさだ。

このように、「〜さ」述部が適切であるためには、（16b）の「1月」というのが北海道の話であること、（17b）の「花子」は一心に祖母の世話をしている時の花子であること、というような文脈的付加が必要である。次の（18）では「〜さ」の文脈的前提が、述部に前接する従属節に、（19）では「〜さ」文に先行する文に、（20）ではそれらが混合した形で表わされている。このように、「〜さ」述部の文脈的前提の現れ方は多様であるが*9、いずれにしても事物の性状を暗示する先行文脈を受けて、その性状のあり様を明らかにする、あるいは先行文脈で規定された性状をあらためて確認するといった表現性が「〜さ」述部の特性と言える。

（18）末紀は風のなかでその髪のたてがみを曳いてライオンのようなしなやかさで走り、ぼくを追いぬきそうな速さだった。
（聖少女）

（19）加藤は黙っていた。なにをいわれても、聞いているような、いないような、不可解な笑いを浮べながら、眼は美しく燃える炉の火を見つめていた。五人のパーティーを無視しきったようなふてぶてしさだった。（孤高の人）

（20）海は近いのに海からの風は、研修生たちの住んでいる寮までは吹いてこなかった。夜になると、ぴたりと風はやみ、寮の中は蒸風呂のような暑さだった。（孤高の人）

形容詞が独立して事物の性状を表わし得るのに対し、評価的な「〜さ」は事物の性状を端的に規定するには適さない。それは、形容詞文の評価性が形容詞によって表わされる性状の「存在」そのものに向けられているのに対して、「〜さ」文の評価性は連体部に示される性状の「あり様」に向けられているためである。「〜さ」文に「うれしい！」のような直接的な感情表出文がないのも、「大変寒い。」に比べて「大変な寒さだ。」の方に強調のニュアンスが感じられるのも、また連体部が程度の大小に関わらない多様な内容を持つのも、いずれも性状の存在を既定のものとした上で、そのあり様を述べるという「〜さ」述部の意味的な特性に求められる。

（21）〜（23）は先行文脈に性状の存在が明示的に述べられ、後続する「〜さ」文は、既出の性状規定を敷衍するものとなっている。「〜さ」文にはこのような重複的な例が非常に多い。

（21）尾島の表情は、驚きとも何ともつかない、複雑なものだった。当惑と驚愕と衝撃と憤りと感激を足して五で割ったような、とでも言う他のない複雑さだった。（女社長に乾杯！）

(22) あの匿名の投書の筆蹟は下手くそだった。おそるべき下手くそさだった。（ブンとフン）

(23) 確かに、ビアズレーの絵には厳しさがある。点をとっても線をとっても、殆ど職人的な厳しさである。

（文藝春秋77巻8号）

5.2 性状の主体

「〜さ」述部によって叙述される性状の主体は、具体・抽象を問わず、幅広い。(24) における「きらびやかさ」の主体は「極彩色に彩られた料理」、(25) における「美しさ」の主体は「スタジオの窓越しに見る鹿島灘」、(26) における「クサさ」の主体は「二人のやりとり」である。

(24) 極彩色に彩られた料理は、食べ物と言うよりは創られたオブジェのような感じすら受け、これらが食べられるのだろうかという疑問すら持ってしまうほどのきらびやかさでした。

(25) 青い海と空、白い波。スタジオの窓越しに見る鹿島灘は、エーゲ海と変わらない美しさだ。（朝日新聞2005.12.16）

(26) 確かに二人のやりとりは、見ていて恥ずかしくなるくらいのクサさだったね。

ただ、「〜さ」文にはこのように主体の明示されているものよりも、(27) 〜 (29) のように主体があいまいな形になっているものの方が多い*10 。

(27) 駆け出しバイヤー時代には、ビデオ市場向けの低予算映画も買った。シナリオは読まず粗筋とポスターのイメージなどで決める。素材も知らずに料理を注文するような乱暴さだ。（文藝春秋81巻8号）

(28) かがみ込んで、コンロの火をいじっている、女の後ろ姿は、変におどおどとしていて、その意味を理解するのに、しばらく手間どった。黴だらけの本のページを、むりにめくっ

ているような、まどろこしさだった。　(砂の女)

(29) 突然、宮村が走り出した。道はあったが、暗くてよく見えなかった。それでも彼は走った。加藤が追っても追いつけないほどの速さだった。　(孤高の人)

意味的には、(27) では「シナリオは読まず粗筋とポスターのイメージなどで決める」こと、またはその行為者が「乱暴さ」の主体であり、(28) では「意味を理解する」過程、またはその経験者が「まどろこしさ」の主体であり、(29) では「彼 (宮村)」、またはその走るという行為が「速さ」の主体であるだろうが、主体を決定する統語上の裏付けはない。いずれも性状の主体は非明示的で、先行事態と「〜さ」との関係づけは聞き手 (読み手) の解釈に委ねられる。

このように「〜さ」文に性状の主体の非明示的なものが多いのは、形容詞文に次の (30) 〜 (32) のように主語ないし主題の形で主体が明示されているものが多いのと対照的である*11。

(30) パーソナリティ秀島史香さんのキュートな声が素晴らしい。　(文藝春秋 80 巻 11 号)

(31) 黄色い蝶が一羽、よどんだ油のような庭を横切っていく。蝉がうるさい。　(文藝春秋 78 巻 9 号)

(32) 作品は、いわゆるロードムービーの体裁を取りつつ、ドイモイ政策前のベトナムを縦断していくわけだが、この故郷へ帰る道程が凄まじい。　(文藝春秋 78 巻 3 号)

「〜さ」文の多くはこうした形容詞文と異なり、文中に性状の主体が顕現せず、先行文脈の意味に依存する。主体が明示されている場合も、「〜は」という既知情報の主題としてであり、(30) 〜 (32) のように主体が中立叙述的に表わされることはない*12。

5.3 文末形式

評価的用法の「〜さ」文の実例を観察すると、「〜さ」に続く文末形式のバリエーションが少ないことに気が付く。大半は肯定確言形式の「〜さだ／〜さである／〜さです。」または「〜さだった／〜さであった／〜さでした。」という形であり、非肯定確言形式は次のような数例に過ぎなかった。

(33) 女は、うるんだ声で、しかし、まるで男の失敗を弁護するような、力がこめられている。なんていうみじめなやさしさだろう。 (砂の女)

(34) 気持ちのいいアナーキーさではないか。 (文藝春秋77巻9号)

(35) かれ、あのときのうれしさは忘じがたいと、いまでもよく申しています。天にも昇るうれしさだったそうだ。

(虚構の春)

(36) もう、それは、戦争のような慌ただしさだったという。

(朝日新聞2005.12.18)

(37) 教員1年目って覚悟が必要。尋常じゃない大変さらしい。

(k＊13 : Yahoo! ブログ : 2008)

文末が肯定確言形式に傾くという使用の実態は、評価的な「〜さ」文の基本的な機能が既定の事態に対する言及であることと関係があるであろう。肯定確言形式を持つ「〜さ」文のうちでは、約1対2.6の割合で非過去形よりも過去形が多くなっており、このことは「〜さ」文の表わす状態が時間軸上に位置づけられる一時的な状態に偏ることを示している。非過去形であっても、(38) 〜 (40) のように一時的な状態を述べたものが多いことは、このことをさらに裏付けている。

(38) 紐を手でおさえたままの姿勢で、女は男のわきを通りぬけ、部屋に上り、モンペを脱ぎはじめる。前からつづきの動作を、そのまま続けているような、よどみのない自然さだ。

(砂の女)

(39) まだ春は遠いはずなのに、肌に触れる空気は春風の柔らかさだ。 (若き数学者のアメリカ)

(40) 五輪から帰国してからは、目の回るような忙しさだ。

(朝日新聞2004.12.26)

一方、形容詞文の場合、(41) のように一時的な状態を表わすものと、(42) のように恒常的な特性を表わすものとの間で使用に偏りは見られない。また、形容詞文は約1対3.7の割合で非過去形が多くなっており、この点でも「〜さ」文と対照的であった。

(41) 今日は忙しい。

(42) 政治家は夜も忙しい。　(文藝春秋 80 巻 6 号)

なお、5.1 節で「〜さ」文は冒頭文としては不自然であると述べたが、(16b)(17b) をそれぞれ (16d)(17d) のように過去形にすると、それほど不自然ではなくなる。これも、過去形によって文脈的背景が暗示され、一時的状態の表現となることによるものと思われる。

(16) d.　1 月は大変な寒さだった。

(17) d.　花子は女神のような美しさだった。

5.4　連体部と「〜さ」の意味関係

(1a) 〜 (3a)(いずれも再掲) はそれぞれ (1b) 〜 (3b)(いずれも再掲) と意味的にほぼ等価である。

(1) a.　部屋の中は熱帯のような暑さだった。

b.　部屋の中は熱帯のように暑かった。

(2) a.　辺りは、店に入る前とは見違えるほどのまばゆさだった。

b.　辺りは、店に入る前とは見違えるほどまばゆかった。

(3) a.　安田と石田部長の結びつきは、外部で想像した以上の深さでした。

b.　安田と石田部長の結びつきは、外部で想像した以上に深かった。

このことは、(1a) 〜 (3a) における連体部と「〜さ」との関係が、それぞれ (1b) 〜 (3b) における連用部と形容詞との関係に匹敵することを意味しており、「〜さ」文と形容詞文とは相互に移行し得る関係にあるかに見える。しかし次の (43a)(44a) の連体句は連用句に移行し難い。

(43) a.　あの夏の合宿は私の半生で最も記憶に残るハードさでした。

(44) a.　暖かいどころか、加藤にしてみると、腹の底にしみる寒さだった。　(孤高の人)

これらはそれぞれ (43b)(44b) のように「ほど」「くらい」「まで

に」などの程度を表わす接続助詞を補えば形容詞の修飾句となり得る。しかし、(43a)(44a)の連体部が「〜さ」をそれぞれ「私の半生で最も記憶に残る」もの、「腹の底にしみる」ものとして類別規定しているのに対し、(43b)(44b)の連用句は性状の程度規定である。

(43) b.　あの夏の合宿は私の半生で最も記憶に残るほど／くらい／までにハードでした。

(44) b.　暖かいどころか、加藤にしてみると、腹の底にしみるほど／くらい寒かった。

さらに、次の(45a)〜(47a)は連体関係でしかあり得ず、それぞれ(45b)〜(47b)の意味するところは(45a)〜(47a)とは乖離してしまう。

(45) a.　「学生の身分でベンツは分がすぎるでしょう。国産車の丈夫なのでいいじゃないだか」と理一は父に言ったが、悠一はききいれなかった。「宇野家の跡取りはベンツがいい」年よりの頑固さだった。　(冬の旅)

b.　?年よりで頑固だった。

(46) a.　村に赤痢が広まった。岩吉は、そんな患者の家を激励に回り、自らも感染。それが腸チフスに変じて、1894年、この世を去った。39歳の若さだった。

(朝日新聞 2005.12.11)

b.　?39歳で、若かった。

(47) a.　何時何分ということが、あまり意味をもたない。浮世のよしなしごとにわずらわされず、ひたすら外界の変化とともに過ごす心地よさである。　(文藝春秋78巻6号)

b.　?浮世のよしなしごとにわずらわされず、ひたすら外界の変化とともに過ごし、心地いい。

(45a)〜(47a)の「〜さ」の連体部はそれぞれ「頑固さ」「若さ」「心地よさ」を下位類化するものであるが、(45b)〜(47b)のようにすると、連用句と形容詞とが並列的に述定する関係になり、連体部と「〜さ」との一体性、緊密性は失われる*14。形容詞に対する連用修飾は基本的に性状のあり方を程度的に規定するものであるのに対し、「〜さ」に対する連体修飾は性状をモノとして類別するものであり、連用と連体の修飾—被修飾の関係は異質である。連体句が「〜さ」を程度的に、あるいは比喩的に類別するという一部分でのみ連用への移行が可能と見えるに過ぎない。

形容詞とその連用部との意味関係に比べて「〜さ」と連体部との意味関係は多様であり、連体部の構造も語レベルのものから節レベルのものまでさまざまである。連体部と「〜さ」との意味関係は、截然と分けられるわけではないが、主に次のようなものがある。

①連体部が「〜とは思えない」「〜とは見えない」「気持ちがいい」「がっかりする」「〜のもうなずける」のような感覚・感情・思考などの主観的な表現によって「〜さ」を評価的に規定するもの。データ中、最も多く見られたタイプである。

(48) このお母さんが一番の人気者で、フト気がつくと姿が見えない。慌てて目で探すと、なんと先頭を切って、ずっと前のほうを歩いておられる。雲の上に浮かぶように見える、山上都市「コルド・シュル・シエル」(天空のコルド)でも、急な坂をヒョイ、ヒョイと上っていく。信じられない身軽さであった。 (文藝春秋77巻8号)

②連体部が具体的な事例で「〜さ」を規定するもの。「〜さ」の側から言えば、「〜さ」は連体部に表わされた事態に対する評価を表わすものとなる。

(49) 現在、市会議員に立候補中のオニールは、金のためには手段を選ばぬ人間であり、その上、建設会社のボスとして恐るべき人間でもある。低賃金で労働者を長時間酷使し、不平、文句を一言でも言おうものなら、ただちに首切りというひどさで、彼の下で働いたことのある人々は誰でも、彼が冷酷非情な獣であることを知っている。

(若き数学者のアメリカ)

③連体部が範列的な事態との比較という側面から「〜さ」を規定するもの。

(50) 何となく息苦しく感じたので、ドアを開け放したまま廊下に出てみると、そこは先ほどの雑踏とは打って変わった静

けさだった。　(若き数学者のアメリカ)

④連体部が比喩によって「〜さ」を規定するもの。

(51) ディズニーのテーマ・パークの設計者が設計したというだけあって、川あり、滝あり、まさにアドベンチャー・ランドにいるような楽しさだ。　(文藝春秋 78 巻 15 号)

⑤連体部が具体的な事例で「〜さ」を程度的に規定するもの。連体部は「〜ほどの」「〜くらいの」などの程度を表わす接続語句で「〜さ」に連結する。

(52) 突然、エディがパンツだけの格好でリングに飛び込み、内藤を叱った。「なにしてるの。みっともない練習しないでよ！」ジム中をしんとさせるほどの鋭さだった。　(一瞬の夏)

形容詞述語の多くは（53）のように単独で現れるか、（54）のように程度副詞を伴う程度の簡潔な述定であり、意味の中心はあくまで形容詞部分にある。

(53) この息子さんがすばらしい。　(文藝春秋 79 巻 13 号)

(54) 彼女も結構厳しい。　(文藝春秋 81 巻 3 号)

一方、「〜さ」述部には長い連体部を受けるものが非常に多く、意味的に重心が置かれるのは「〜さ」よりも専ら連体部の方である。そのような文では「〜さ」自体は省略されても文意を大きく損なうことはなく、意味的にも形式性が高い。

6. まとめ

以上、「〜さ」文の性格について形容詞文と対比しながら考察した。「〜さ」文のうち、中立的な「〜さ」文は性状の程度をニュートラルに規定するものであり、それは形容詞文にない機能である。また評価的な「〜さ」文は、評価的な性状規定という意味・機能を形容詞文と共有しながらも、文脈的な前提のもとに性状のあり様を詳述するものである点で形容詞文とは性格を異にしている。評価的な「〜さ」文は、性状の主体を明示しないことが多く、文末は肯定確言形式に傾いているが、これも「〜さ」文の敷衍的な表現性に由来する。文の中には談話の冒頭文となり得る独立性の高いものと、しかるべき文脈の中ではじめて機能を発揮する文脈依存性の高いものがある。評価的な「〜さ」文は後者の一つである。「〜のだ」「〜からだ」「〜ためだ」などの有標の結束形式を持つ文は別として、無標の確言形式の文にも文脈上の階層性があることが分かる。

「〜さ」が述語であるために必須の連体部は、そのバラエティによって「〜さ」文にさまざまな性状規定のあり方を可能にしている。形容詞の修飾句には、「ビショビショと冷たい」のようなものはあるにしても、それほどの多様性はない。「〜さ」文は、形容詞的な性状規定性を持ちながら、連体部との結合の自由さによって形容詞にない豊かな内容を獲得している。名詞文であることと形容詞文であることのはざまに位置しつつ、両者の二面性を持つ文である。

7. おわりに

述語であるために連体部を必須とする語彙は「〜さ」だけではない。佐久間（1940）の「吸着語」の中には「〜ぶり」（例文55）、「〜具合」（56）、「〜かた」（57）などの、動詞を語基とする派生語があり、これらも「〜さ」と似た性質を持つ。

(55) 桃子はかなりおませのくせに、こんな子供っぽい遊戯にも夢中になる性格で、小鼻のわきに汗までかきかねない熱中ぶりだった。（楡家の人びと）

(56) 南の島特有のどーんとした分厚い暑さの中で、頭の中も心地よい感じのとろけ具合だった。（文藝春秋79巻9号）

(57) 常さんは加藤を十年の知己のような笑顔で迎えた。炉に薪をどんどんとくべ、彼が生活の糧のために獲った岩魚をおしげもなく加藤のために出してくれた。客人をもてなすというよりも、親友のために、ありったけのふところをたたくといったふうな張り切り方だった。（孤高の人）

高橋（1975、1984）は「やぎは性質がおとなしい。」の「性質」のように「主語のあらわすもののどの側面を述語がのべるかをしめす文の部分」（1984 p.39）を「側面語」と呼んでいる。中立的な「〜さ」は側面語の意味に当てはまり、「この棒は5メートルの長さだ。」は、「この棒は長さが5メートルだ。」と言える。ただし常にこのような言い換えができるわけではない。「彼は中肉中背の体つきだ。」「もうみんな集まっている様子だ。」の「体つき」や「様子」のような文末名詞は「〜さ」よりも抽象度が高いが、「〜さ」文の「〜さ」も文末名詞の一種と考えてよいのではなかろうか。

＊1　出典の記載のないものは作例または個人的に得られた実例である。「〜さ」に下線＿＿を、問題となる箇所に波線〰〰を施す。
＊2　いわゆる「形容動詞」を含めて「形容詞」と呼ぶことにする。
＊3　高橋（1984）は名詞述語文における主語と述語の意味的な関係を整理した論考であるが、その中で本章の「〜さ」述語を「性質づけ」の中の「量・ていどづけ」の1種として挙げている。名詞述語文を包括的に扱った論考であるため、「〜さ」文に対する詳しい記述はない。
＊4　「国家神道の中核的な存在だった靖国神社だからこそ、政教分離にはいっそう厳格さが求められる。」（朝日新聞2005.10.1）、「もし臆病であるがゆえに、優しさを獲得できるのだとすれば、勇気など必要ないのかもしれない。」（朝日新聞2012.10.13）のように、述語以外で用いられる場合も単独での使用が可能である。
＊5　（7）の「強さ」は「強い点」や「強み」と置き換えられる。
＊6　中立的用法、評価的用法の使用率と文体との間に相関関係は見出せなかった。
＊7　「八畳程度には広い。」「人並には大きかった。」と、副助詞「は」や「〜程度に」などの語を使用すれば、評価性は抑制される。
＊8　「#」は、単独では不自然であるが、文脈により適切な文となることを表わす。
＊9　非言語的文脈に依存する場合もある。
＊10　データの中で「〜さ」文が性状の主体を示す語句を含む割合は約40％であった。
＊11　形容詞文のデータ485例のうち、主体を示す語句を含む割合は約87％であった。ただし形容詞文のデータは随筆のみを出典としている。
＊12　中には「どうしても太れない、と嘆いていた一カ月前が嘘のような肉づきのよさだった。」（一瞬の夏）、「聞けば、監督の元には多いときで段ボール三箱分のファンレターが届き、スタッフがその中からよりわけた一部がご本人に渡るのだそうだが、実際それに目を通し手ずから返事を書くとなると実に天文学的確率の低さであるという。」（文藝春秋80巻8号）のように「〜さ」の主体が連体部内に現れることもある。ただしこれらはいずれも部分主語的と言うべきかもしれない。

＊13　例文の後の（k:～）は、国立国語研究所作成『現代日本語書き言葉均衡コーパス』内の～というタイトルの文章であることを示す。以下の章においても同様である。
＊14　程度副詞の中には対応する連体形式を持つものと持たないものがある。「なかなか」「大変」「けっこう」「非常に」「かなり」「相当に」などには「なかなかの」「大変な」「けっこうな」「非常な」「かなりの」「相当な」のように対応する連体形式があり、「ごく」「めっぽう」「やけに」「実に」「とても」「本当に」「はるかに」「まことに」「きわめて」「やけに」などには対応する連体形式がない。語彙的にも連体と連用は乖離している。

例文出典

『朝日新聞』（朝日新聞社オンライン記事データベース『聞蔵』による）
『文藝春秋』「巻頭随筆」77巻4号～81巻8号
青空文庫（http://www.aozora.gr.jp/）より「虚構の春」
『CD-ROM版 新潮文庫の100冊』（新潮社）より「一瞬の夏」「女社長に乾杯！」「孤高の人」「砂の女」「塩狩峠」「聖少女」「点と線」「楡家の人びと」「冬の旅」「ブンとフン」「若き数学者のアメリカ」
国立国語研究所（2011）『現代日本語書き言葉均衡コーパス 少納言』（http://www.kotonoha.gr.jp/shonagon/search_form）

第4章

名詞句の性状規定性に関する一考察

1. はじめに

本章のテーマについて考察するきっかけとなったのは、西山(2003)を評した坂原(2005)の記述の一部である。西山(2003)は日本語の名詞句の用法を精緻に分析したものであるが、その中で名詞句と名詞句が「の」で結合された「NP_1のNP_2」におけるNP_1とNP_2の意味関係に以下の五つのタイプがあるとする。

タイプA：NP_1と関係Rを有するNP_2(洋子の首飾り、北海道の俳優)

タイプB：NP_1デアルNP_2(コレラ患者の大学生、ピアニストの政治家)

タイプC：時間領域NP_1における、NP_2の指示対象の断片の固定(東京オリンピック当時の君、着物を着た時の洋子)

タイプD：非飽和名詞(句)NP_2とパラメータの値NP_1(この芝居の主役、第14回ショパン・コンクールの優勝者)

タイプE：行為名詞(句)NP_2と項NP_1(物理学の研究、この町の破壊)

本章に関係するのはこのうち、タイプAとタイプBである。坂原(2005)は、上の分類に従った場合、下の(1a)は(1b)のように言えるからタイプB、(2a)は(2b)が不自然であるからタイプAとなり、近い意味を持つ「長髪の少年」と「長い髪の少年」が別のタイプになることを問題点の一つとして指摘している。

(1) a.　長髪の少年

b.　長髪である少年

(2) a.　長い髪の少年

b. *長い髪である少年

本章の関心は「NP_1 の NP_2」の分類の是非を問うことにはなく、類義の「長髪」と「長い髪」の統語的性質の違いにある。意味的には、(1a) の「長髪」も (2a) の「長い髪」も、主名詞「少年」の性状を表わしている点で変わりはない。しかし西山 (2003) によれば、タイプBの NP_1 は「NP_1 デアル」という叙述的な意味を持つ名詞句であり、タイプAの NP_1 にはそうした叙述性がない。言い換えれば、(1a) の「長髪の」は連体修飾節の述語で、「の」はコピュラ相当であり、(2a) の「長い髪の」は、連体修飾節の述語ではなく、伝統的に連体助詞と呼ばれている「の」が名詞句に後接したものということである。下の (1c) が自然な表現であるのは「長髪」が叙述性を有するためであり、(2c) が不自然なのは「長い髪」には叙述性がないためである。

(1) c.　少年は長髪だ。

(2) c. *少年は長い髪だ。

しかし、「長髪」も「長い髪」も名詞であることを考えると、少年はヒトであり、長い髪はモノであるから、(2c) の不自然さは不思議ではない。(1c) の「長髪」が不自然でないのはなぜであろうか。また、「長髪」と「長い髪」は意味的に近い関係にありながら、一方に主体の性状を規定する叙述性があり、他方に性状を規定する叙述性がないのはなぜであろうか。さらに、性状規定的叙述性のない「長い髪」が (2a) のように言えることをどう考えればよいであろうか。本章では、こうしたことを考察し、名詞句が性状規定的叙述性を持つ条件を明らかにしたいと思う。以下、「主体の性状を規定する叙述性」を単に「性状規定性」とする。また、「長髪」のように複数の形態素からなる名詞を「複合名詞」*1 と呼び、「長い髪」のように複合語化していない名詞句を単に「名詞句」と呼ぶことにする。

以下、第2節では「長髪」と「長い髪」が実際のところどのように用いられているのか、統語的な観点からその使用実態を見、「長髪」と「長い髪」の語彙的意味の違いを考察する。第3節では「長髪」と「長い髪」の問題が複合名詞と名詞句の問題に敷衍し得ることを述べる。第4節では複合名詞の性状規定性について考察する。

第5節では名詞句の性状規定性について考察する。第6節で複合名詞と名詞句が性状規定性を持ち得る条件をまとめる。

2.「長髪」「長い髪」の使用の実態

国立国語研究所作成のコーパス「少納言」により、「長髪」143例*2、「長い髪」221例*3 のデータを得た。表1はそれらを統語上の用法により分類したものである。

表1 「長髪」と「長い髪」の統語機能比較

	長髪	長い髪
格成分	54（38%）	173（78%）
述語	26（18%）	3（1%）
連体成分	35（25%）	29（13%）
その他	28（19%）	16（7%）
計	143（100%）	221（100%）

表中の「格成分」にはガ格相当およびヲ格相当の主題「長髪（は）」「長い髪（は）」も含まれる。また、「述語」には主節の述語のほか、連用節の述語も含まれる。「連体成分」としたのは両形式が「の」を介して名詞句に前接しているものである。「述語」に連体節の述語を含まなかったのは、(2a) の「長い髪」の叙述性が問題となるためである。「長髪禁止」「長髪族」のように「長髪」が複合名詞前項となっているものや、「撫で付けた長い髪。」「はんぶん白い長髪。」のような独立語文、「長い髪で。」のような言い差し文など、格成分・述語・連体成分のいずれにも該当しないものを「その他」とした。

表1によると、「長い髪」は大半（78％）が格成分であるのに対し、「長髪」が格成分として用いられている割合は38％に過ぎず、その分、述語用法や連体用法が多くなっている*4。中でも差が著しいのは述語用法であるが、数だけでなく、主語との意味関係にも違いが見られる。(3) ～ (5) は「長髪」、(6) ～ (8) は「長い

髪」の例である*5。

(3) わたし（女子）は、けっこう長髪で、これからももっと髪の毛伸ばそうと思ってるんですが、毛先が本当に痛んでてて*6、こう波打ってるんです。 (k:Yahoo!知恵袋:2005)

(4) 賊の一人は目出し帽を被っていたが、もう一人は長髪で何も被っていなかった。 (k:海のテロリズム)

(5) 七人ほどの若者で、みんな長髪でジーパンをはいていた。 (k:虹の彼方に)

(6) バスルームの洗面台で顔を洗い、鏡を見ながらスイミングキャップを慎重に取る。トレードマークの長い髪だが、もっと扱いやすいように短くしたい。 (k:恋の危険地帯)

(7) それにお前はさっきから女の毛だと断定し、今は若い女と勝手に言ってるが、なんの根拠があるんだい」「ただの直感で根拠はない。でも靴からむしりとるとき、かなり丈夫だったからさ。雨にうたれているはずなのに、あれだけしっかりした長い髪だからねえ、そう思っても不思議はない」 (k:海が呑む)

(8) 十歳になる娘が無心に加恵の毛先を揉み洗いながら、「長い髪やの。私のはいつになったらこないになるのやろか」と云うのをきいていると、加恵はひょっとするとこれが親子の別れになるかもしれないと、熱いものがこみ上げた。 (k:華岡青洲の妻)

佐久間（1941）は事象を描写したり、判断を述べたりする演述機能を担う「いいたて文」を「物語り文」と「品定め文」に、「品定め文」を「性状の表現」と「判断の表現」に分け、「性状の表現」は「何々はどんなかだ」という性状規定を表わすものであり、「判断の表現」は「何々は何かだ」という判断を表わす表現であるとした。この分類に従えば、「長髪」の述語用法26例はすべてヒト名詞を主語とする「性状の表現」であったのに対し、「長い髪」に僅かに見られる述語用法はいずれも「判断の表現」と解釈されるものであった。述語用法に見られるこうした結果は性状規定性における「長髪」と「長い髪」の対照性を明らかに示すと共に、「長い髪」にはそもそも叙述的な用法そのものが乏しいことを示している。名詞の第一の機能は格成分になることであるが、格成分の多さからも、「長い髪」は極めて名詞的な名詞句と言える。以下、「性状の表現」を「性状規定文」、「判断の表現」を「類別文」と言い換えることにする。

では、連体成分としての「長髪」「長い髪」はどうであろうか。「長髪」の25 %、「長い髪」の13 %が連体成分としての使用であるが、その差は述語用法ほど大きくはない。問題となるのは、「長い髪」の連体用法である。述語用法の「長い髪」には主体の性状を規定するというものはなかったが、連体用法では（9）（10）のように主名詞の性状を規定するものが19例あった。これについては第6節で改めて取り上げることにする。なお、（11）（12）のように「長髪」が主名詞の性状を規定しているものは全部で28例あった。

（9） 長い髪の女の子の目が、ちょっと光った。 (k: 模倣犯)

（10） お正月はやはり特別で、長い髪の人は島田髷に結ったものです。 (k: 帝国ホテルが教えてくれたこと)

（11） 長髪だった私は、サングラスをかけ、当時人気があったフィンガー5の中心メンバー、アキラ君の物真似をして、さらに人気者になりました。 (k:「他人の目」を気にせずに生きる技術)

（12） そのすぐ近くの壁に長髪の若い男が寄りかかって立っていた。 (k: 月は幽咽のデバイス)

次に格成分としての「長髪」と「長い髪」を見てみよう。

表1に示したように、格成分としての「長髪」は54例、「長い髪」は173例であった。これらを調べたところ、「長い髪」は大半（156例：90 %）が「なびく」「まとめる」「垂らす」「束ねる」「切る」「貼りつく」「編む」「揺れる」「乱れる」などの動詞と結びついて、動きの主体や、実際に手にとって操作する対象としてのモノ（実体）として表現されていた（例（13）（14））。村木（1998）の言うように、「具体的なものは名詞であり、これが他の品詞になることはない」（p.48）。意味の面でも「長い髪」は極めて名詞的な表現形式である。

(13) 美和子は長い髪を、金具を使って頭の後ろで止めていた。

(k: 私が彼を殺した)

(14) 軟らかそうな長い髪を揺らし、笑顔の佐恵美さんは現れた。

(k: この地球で私が生きる場所)

一方「長髪」の場合、モノとして表わされているものは28例（52%）にとどまり、48%は髪型、髪が長いこと、のような、より抽象的な対象として表わされている（例（15）～（17））*7。1本の非常に長い髪の毛を拾い上げて、「長い髪だ」と言うことはあっても「長髪だ」とは言わないであろう。

(15) 職業がなんだろうと社会人である以上、過度な茶髪や長髪、不潔な身なりは見苦しいです。 (k:Yahoo! 知恵袋 : 2005)

(16)「こちトラ自腹じゃ」の中で井筒監督が「ローレライ」の役所広司の髪にえらく怒っていましたが、あの時代のあの役は長髪はおかしいのですか？ (k:Yahoo! 知恵袋 : 2005)

(17) 長髪が似合う人、短髪が似合う人…人それぞれです。自分に合った髪型が見つかると良いですね。

(k:Yahoo! 知恵袋 : 2005)

また、「長髪」「長い髪」の主体が男性か女性かを調べてみると、両形式で表2のような顕著な差異が見られた。

表2 「長髪」「長い髪」の主体の性別

	長髪	長い髪
男性	117	15
女性	9	190

「長髪」が専ら男性に用いられているのは、通常男性は短髪であるという旧来の社会通念を踏まえ、短髪ではない有標な髪型として表わされているためであり、「長い髪」が主に女性に用いられているのは、髪型ではなく、平均的な女性の髪の長さを基準とした物理的な長さを問題にすることが多いためであろう。このように、「長髪」と「長い髪」は語彙的な意味でもずれのあることが明らかになった。

3. 複合名詞と名詞句

これまで「長髪」「長い髪」という2形式に限定して述べてきた。「長髪」は一単語としての複合名詞であり、「長い髪」は形容詞に名詞が後接した名詞句であるが、「長髪」と「長い髪」に見られる上述の問題は、複合名詞と名詞句の問題に拡張して考えることができるであろうか。

「長髪」と類似の語構成を持つ複合名詞に「小顔」「美脚」「短足」などがある。(1a)(1b)(1c)の「長髪」をこれらの語で置き換えてみよう。

(18) [小顔/美脚/短足] の少年

(19) [小顔/美脚/短足] である少年

(20) 少年は [小顔/美脚/短足] だ。

(18) ～ (20) から、「小顔」「美脚」「短足」は「長髪」と同様に叙述性を持つ名詞であることが分かる。また、これらの語例に対応する「長い髪」と同様の構成を持つ名詞句は「小さい顔」「美しい脚」「短い足」であるが、これらも (21) ～ (23) に見られるように、(2a)(2b)(2c)の「長い髪」と同様、叙述性を持たない。

(21) [小さい顔/美しい脚/短い足] の少年

(22) *[小さい顔/美しい脚/短い足] である少年

(23) *少年は [小さい顔/美しい脚/短い足] だ。

さらに、形式上の明確な対応のない「福耳」と「福々しい耳」、「猪首」と「猪のような(短い)首」、「げじげじ眉」と「げじげじのような眉」等々にも同様の統語的な違いがある*8。(24) ～ (26) は複合名詞の例、(27) ～ (29) は名詞句の例である。

(24) [福耳/猪首/げじげじ眉] の少年

(25) [福耳/猪首/げじげじ眉] である少年

(26) 少年は [福耳/猪首/げじげじ眉] だ。

(27) [福々しい耳/猪のような首/げじげじのような眉] の少年

(28) *[福々しい耳/猪のような首/げじげじのような眉] である少年

(29) *少年は［福々しい耳／猪のような首／げじげじのような眉］だ。

以上のことから、「長髪」と「長い髪」の文法的差異は複合名詞と名詞句の問題に敷衍し得ることが分かる。複合名詞と名詞句のこのような差異は何に由来するのであろうか。

4. 複合名詞の性状規定性

(30a) の「大男」、(31a) の「美人」は、(1c) における述語「長髪」と同じく、主体の性状を表わしている。

(30) a.　彼は大男だ。

(31) a.　彼女は美人だ。

ただ、「大男」も「美人」も、主語と同じ〈ヒト〉という意味範疇であり、主語と述語が意味上包摂関係にある点で、(1c) と異なっている。(30a) (31a) はごく一般的な名詞述語文（類別文）であり、述語名詞の後項に自立性があれば (30b) (31b) のように言い換えることができる。

(30) b.　彼は大きい男だ。

(31) b.　彼女は美しい人だ。

しかし、主語と複合名詞述語が意味上包摂関係にない場合、通常は (32) (33) のように不自然な文となる*9。

(32) *太郎は高級車だ。

(33) *太郎は豪邸だ。

主語と述語が包摂関係にない (1c) のような名詞述語文が成立するためには一定の構文的な条件が必要となる。その一つは述語名詞の指示対象*10 が主体と分離不可能な関係、ないしはそれに準ずる関係にあること、今一つは述語名詞が、性状に関わる前項を持つ複合名詞であることである*11。

人間を主語とする性状規定述語となり得る名詞には、前節に挙げた人間の部分を表わすもののほか、(34) のように主体の質的な側面を表わすもの、(35) のように主体の能力を表わすもの、(36) のように行動に関わる特徴を表わすもの、(37) のように家族構成を表わすものなどがある*12。いずれも主体の恒常的な性状を規定するものである*13。

(34) 太郎は［職人気質／肥満タイプ／腎臓病］だ。

(35) 太郎は［ゴールド免許／英検1級／囲碁三段］だ。

(36) 太郎は［丸文字／長風呂］だ。

(37) 太郎は［大家族／3人兄弟］だ。

さらに、主体から分離可能なものであっても性状規定述語になることがある。(38) はそうした例である。眼鏡や車椅子は主体が恒常的に装着しているものであるため、分離不可能なものに準ずると考えられる。

(38) 太郎は［ダテ眼鏡／車椅子］だ。

高橋（1984）は主語に対する名詞述語の意味的関係を「動作づけ」「状態づけ」「性格づけ」「同一づけ」に分け、「性格づけ」をさらに「性質づけ」と「種類づけ」に分けている*14。高橋も述べているように、名詞述語文の本性は「種類づけ」であり、「性質づけ」は形容詞述語文を典型とする。(34) ～ (38) のような性状規定文の述語となる複合名詞は形容詞的な性質を帯びているわけである。複合名詞がこうした質的変化を起こすのはなぜであろうか。

ゆもと（1977）は、複合語の意味には、「砂糖ぬきココア」のように構成要素の意味から組み立てられる「くみあわせ」的なものと、「どろぼう」のように要素の意味からは引き出すことのできない「ひとまとまり」的なものがあり、大多数の複合語がくみあわせ性とひとまとまり性を共存させているとし、単語の要素のくみあわせ（＝複合語）と単語のくみあわせとは異質なものであると述べている。一見、同義語と感じられる「長い髪」と「長髪」との間にも単語と複合語の間にある差異が存在する。「長髪」の持つ「長い髪」に等しい意味はくみあわせ的な意味、より抽象的な意味はひとまとまり的な意味である。影山（1993）は語彙部門で作られる名詞には「意味の慣習化」が生じていると言う。また、斎藤（2004）は、語構成要素が語になるために必要不可欠な質的転換作用を「単語化」と言い、「単語化には、語構成要素の意味的側面に作用しそれを語の語彙的側面へと質的転換させる作用と、語構成要素の機能的側面に作用しそれを語の文法的側面へと質的転換させる作用との2種類の作用が含まれる」(p.9) と言う。「長い髪」になく、「長髪」に備わった抽象性は意味の慣習化による「ひとまとまり的な意味」であり、単語化によって生じた2種類の質的転換の結果である。複合名詞と、それに対応する名詞句との意味的な隔たりは一様ではないが、事情は同じである。「長髪」「小顔」「美脚」「短足」などは「福耳」や「猪首」などに比べると意味の透明性は高いが、それぞれ「長い髪」「小さい顔」「美しい脚」「短い足」と同義ではない。普通、幼児の「小さい顔」を「小顔」と言ったり、大人より短い子供の足(脚)を「短足」と言ったりはしないし、脚の肌が美しくても「美脚」とは言わないであろう。これに対し、複合語化していない「長い髪」は「長い」と「髪」という別々の語の結合である。「かなり長髪」の「かなり」は「長髪」を修飾するが、「かなり長い髪」は「[かなり長い] 髪」であり、「長い」の形容詞性が「髪」と一体化することはない*15。

このように、性状を示す前項を持つ複合名詞であること、および、名詞の指示対象が主体と分離不可能な関係、ないしそれに準ずる関係にあることという条件を備えた名詞は性状規定性(形容詞性)を持つことができる。

5. 名詞句の性状規定性

複合名詞に質的転換が起こり得るのに対し、類義であっても名詞句は名詞にとどまっていた。しかし主体と意味上包摂関係にない名詞句も性状規定性を帯びることがある。

その一つは(39)のような、述語が文末名詞の場合である。澤田(2010)は名詞を文末に置く(39)のような構文が優勢となるのは、名詞((39)で言えば「性格」)が内容補充節を取り得る場合であり、内容補充節を取りにくい名詞の場合は(40)のような二重主語文になると述べている。

(39) 彼は親切な性格だ。

(40) 彼女は目が青い。

では、本章で問題とする「長い髪」のような名詞句の場合はどうであろうか。高橋（1984）は（41）〜（43）を「性質づけ」の名詞述語文とし、下に引用するように「長い髪」のような名詞句が性状規定性を持たないことに言及している*16。

(41) 伸子はそういう不自然さに、ながくたえられない性質なのであった。

(42) ことに権兵衛殿は（略）桑門同様の身の上であった。

(43) もっともそれァだれが見たって、おかみさんてえ人は、なんとなく底のあさい感じでしてね。

「この「性質」「身の上」「感じ」などの類概念名詞は、主語のさししめすモノとの関係でいえば、そのモノの側面をあらわしている。つまり、伸子の性質、おかみさんの感じなのである。側面だけでなく、部分やもちものの存在・不存在や特徴も性格の内包になるのであるから、側面のかわりに、そういうものがでてきてもよいのであり、連体のばあいには、「ながいかみの青年」「あかいかばんの少女」などということができるのだが、述語のばあいには、「ながいかみをしている」「あかいかばんをもっている」のようになって、ふつうは、名詞述語文にならない。」（高橋 1984: 25）

高橋はさらに部分や持ち物が性状規定性を持つこともあるとして、(44)（45）のような例を挙げているが、「ながいかみ」や「あかいかばん」が性状規定文の述語にならない理由については何も述べていない。

(44) 脇差は一尺八寸、直焼無銘、横やすり、銀の九曜の三ならびの目貫、赤銅縁、金ごしらえである。

(45) わけても闘犬の性質をもった一ぴきは非常な力であった。

（高橋 1984: 25）

しかし（2c）のような構文が不自然でない場合もある。澤田（2010）は（46）は不自然であるが、（47）のように「ある属性を自ら見出し付与し評価しようとする姿勢に基づく」（p.265）場合は容認性が高まると述べている。

(46) ??彼は大きい手だ。

(47) 　この赤ちゃんはおっきな手だねえ。

（48）～（50）は筆者がウェブ上で見かけた例である。

（48）大きなお耳だね。君は。*17

（http://id33.fm-p.jp/353/watchout0904/）

（49）奥さんいい足だね、背筋を伸ばして羨ましいよ。

（http://www.geocities.jp/shizunintisho/hitokoto9.htm）

ただ、（47）～（49）を（2c）と同じ構造の文とするのはやや躊躇されるところもある。（47）～（49）は、対象を目の前にして発した表出の文であり、日常的な話し言葉のスタイルである点で共通しており、そのことは終助詞「ねえ」「ね」、（47）の俗語「おっきな」、（48）の主題倒置、（49）の無助詞主題などの表現形式にあらわれている。こうした文体では、一文はかならずしも「AはBだ」という規範的な論理関係で結合されているとは限らない。日本語の話し言葉では、「いいお天気ですね。」、「素敵なブラウスですね。」、「静かな部屋ですね。」のような、本来主語を持たない文が多用される。これらは意味的には「お天気がいいですね。」、「そのブラウスは素敵ですね。」、「この部屋は静かですね。」と同等であり、いわば述部内部に主語相当の名詞を含む文である。（47）～（49）は、「おっきな手だ」「大きなお耳だ」「いい足だ」という無主語文が構造の中核で、これらにそれぞれ「この赤ちゃん」「君」「奥さん」が単にトピックの提示として付加されているに過ぎないと解釈することも不可能ではない*18。（48）で主題が倒置され、（49）で主題が無助詞で提示されていることもそうした判断を促す材料となる。「長い髪」の場合も（50）のように言えば容認できるであろう。

（50）ほう、随分長い髪だねえ、君は。

しかし少なくとも形式的には（47）～（49）は（2c）と同様の型を示している。

さらにもう一つ（2c）の型が不自然でない場合がある。（51）（52）は井上（2010）に挙げられている例である。

（51）あの人は甲高い声だ。

（52）彼は丸い顔だ。

（51）（52）は眼前描写の表出文ではないが、自然な文である。（2c）が不自然で、（51）（52）が自然であるのは、話し手が対象の何に注目して特徴づけを行うかという語用論的な要因によるところが大きい。「その人、どんな人？」と聞かれたときに声の質や顔の形など、知覚しやすい部分を特徴として挙げるのはごく自然なことである*19。主体の特徴づけを行う際に着目されやすい部分を表わす名詞は、「大きな目」「低い声」「細長い顔」などと連体部を伴った形で慣用されることによって名詞句としての語結合が性状規定表現として定着し、形容詞性を帯びていくと考えられる。(2c) や (53) (54) が不自然なのは、通常は (2c) の「髪」、(53) の「首」、(54) の「足」などが主体を特徴づけるものとして一般的に用いられるものではないからであろう*20。

(53) *彼は太い首だ。

(54) *あの人は大きな足だ。

ただし、通常はヒトの主要な特徴として着目されない部分であっても、人の注目を集めるに足るほどの異状なものであれば、あるいは何らかの瞠目すべき状況があれば、(55) ～ (57) のように性状規定文の述語として機能し得る。

(55) 少女は床に届くほど長い髪だった。

(56) あの男はびっくりするほど太い首だ。

(57) 彼は雪男も顔負けの大きな足だ。

次の例を見られたい。(58a) (59a) は不自然であるにもかかわらず、(58a) と同じ述語名詞句を用いた (58b)、(59a) と同じ述語名詞句を用いた (59b) は自然である。(58b) では「高い鼻だ」に「三枝子そっくりの」という連体修飾句が加わり、(59b) では「自分のような足だ」に「全員」という数量詞が加わっている。共に述語名詞句を強調する効果を挙げ、(58a) (59a) の不自然さを軽減している。このように名詞句が性状規定的な叙述性を持つか否かは文脈に左右されるところが大きい。

(58) a. *高石三枝子の母親は、高い鼻だが瘦せて貧相な顔をしている。

b. 高石三枝子の母親は、三枝子そっくりの高い鼻だが瘦せて貧相な顔をしている。 (k: 木馬館)

(59) a. *以前、本人に会ったとき、家族が自分のような足だっていっていたのを覚えている。

b. 以前、本人に会ったとき、家族全員が自分のような足だっていっていたのを覚えている。

(k: サッカー攻めのスーパーテクニック)

本節の最後に、(2c) が不自然であるにもかかわらず、(2a) が自然であることをどう考えればよいかという問題について考えてみたい。(2a) (2c) を再掲する。

(2) a. 長い髪の少年

(2) c. *少年は長い髪だ。

(2c) が不自然であるということは、(2a) は西山 (2003) のタイプAであり、「〈NP_1 と関係Rを有する NP_2〉という言語的意味を有しており、Rの値はコンテクストにおいて語用論的に補完される」(西山2003：18) ことになる*21。この場合、(2a) は「にきびの少年」「野球帽の少年」「青いかばんの少年」などと同様で、(2a) の「長い髪」が「少年」の性質と解釈されるのは、「長い髪」と「少年」の関係としてはそうした解釈が最も連想しやすいからであると考えることができる。名詞句には本来、性状規定述語となり得る叙述性はないため、「の」を介して名詞と結合する表現形式はこのように西山 (2003) のタイプAと考えて不都合はないはずである。

しかしながら、一方でそうした解釈を躊躇させる現象もある。(60a) は (2a) の「長い髪」をさまざまな名詞句で置き換えてみたものであるが、適格性が一様ではないのである。(2a) (60a) を西山 (2003) のタイプAと考えると、名詞句によって「NP_1 の NP_2」の適格性に差があることの説明がつかない。

(60) a. ［甲高い声の／丸い顔の／?太い眉の／?広い肩幅の／?細い血管の／?敏感な肌の／?細い手首の］少年

(60b) は (60a) の名詞句を主述語とした場合の適格性を見たものであるが、(60a) の名詞句間の適格性の差と (61b) のそれとの間に一定の対応が見られる。

(60) b. 少年は［甲高い声だ／丸い顔だ／*太い眉だ／*広い肩幅だ／*細い血管だ／*敏感な肌だ／*細い手首だ］。

(60a) の「?」と (60b) の「*」の差は、連体用法には主節述語用法ほど強い制約が働かないことを示しており、そのことは (2a) と (2c) の適格性の差に対応する*22。

名詞句の連体用法には (61) ～ (65) のように人の特徴として指摘しやすい「声」「顔」などを主名詞とする例が多く、特に「顔」を主名詞とする例は枚挙に暇がない*23。

(61) やさしい声の奥様が答えてくださった。

(k: 出会いのときめき)

(62)「あっ、ちょっと待て」小さい声のクニムが立ち止まった。

(k: 縄文の風)

(63) 青白い顔の男が、うなずいた。　(k: タイムマシン)

(64) 十人くらいの小さな広告代理店で、当時、五十代の四角い顔の社長が、俳句好きだった。　(k: ルーガ)

(65)「あらまあ」と浅黒い顔の女は大袈裟に唇を動かした。

(k: もう頬づえはつかない)

以上のことから、名詞句の連体用法の適否にも述語用法と同様の語用論的な要因が関わっていると考えられる。

6. まとめ

「長髪」と「長い髪」という表現形式を中心に、主語と意味上包摂関係にない名詞句が性状規定性を持つ条件を考えた。まとめると以下のようになる。「性状を持つ主体を表わす名詞」をX、性状規定性を問題とする「長髪」「長い髪」のような名詞句をYとする。〈1〉および〈2–2〉〈2–3〉の条件は基本的に「YのX」という連体構造にも適用される。

〈1〉 Yの指示対象がXと分離不可能な関係、ないしそれに準ずる関係にあり、かつ、Yが、性状に関わる前項を持つ複合名詞である場合、性状規定文「XはYだ」が成立する。

〈2〉「長い髪」のような名詞句の場合、主名詞がXと分離不可能な関係、ないしそれに準ずる関係にあるという条件に加えて、〈2–1〉～〈2–3〉のような条件が成立していれば、「X

はＹだ」の性状規定文としての容認度が高まる。

2–1: 眼前の状況に驚いて思わず発したという表出文の場合

2–2: Ｙの主名詞が、Ｘの特徴づけを行う際に一般的に着目されやすい部分を表わすものである場合

2–3: Ｙが人の注目を集めるに足る個性的・特徴的なものであることを示す文脈がある場合

複合名詞と名詞句の性状規定性について考えた結果、考察の範囲は語彙論、統語論、語用論と多岐にわたる結果となった。名詞と形容詞が連続的であったように、「長い髪」のような名詞句が性状規定文の述語となり得るか否かの境界も画然とはしておらず、語用論的な要因が関わっている。益岡（2012）は「属性叙述研究の遅れの一因は、文法論の観点と語用論の観点を有効に結びつける方法が十分に開発されていないことにある。」という。この言は名詞句の性状規定性についても当て嵌まるであろう＊24。

＊1　単純語どうしの組み合わせを複合語とするなら、「長髪」の「長（ちょう）」も「髪（はつ）」も独立した単純語ではないから、「長髪」は複合名詞とは言えなくなる。

＊2　形式上重複する1例を除く。

＊3　「長い髪の毛」11例を除く。

＊4　ちなみに、同じく「少納言」によって検出された「丸顔」116例と「丸い顔」30例について同様に調査をしたところ、以下のように、「長髪」「長い髪」よりも更に顕著な差を示す結果となった。

	丸顔	丸い顔
格成分	25（ 22%）	22（ 73%）
述語	35（ 30%）	1（ 3%）
連体成分	41（ 35%）	1（ 3%）
その他	15（ 13%）	6（ 20%）
計	116（100%）	30（100%）

＊5　出典は作例を除き、すべて「少納言コーパス」に拠る。出典を記載していない例文は作例である。下線は筆者による。

＊6　原文のママ。

*7 国立国語研究所編纂の『分類語彙表』を見ると、「長髪」は「体の類」の「洋髪」の分類項目に「七三」「オールバック」「ワンレングスカット」などと並んで記載されており、物理的なモノとしてではなく、より抽象的な髪型というカテゴリーに入るものとして挙げられている。
*8 ほかに、「おちょぼ口」「馬面」「ビール腹」「蟹股」「オカッパ頭」「なで肩」「もち肌」「柳腰」「ずん胴」「鳩胸」「どんぐり眼」「瓜実顔」「鷲鼻」「吊り目」「偏平足」「敏感肌」など、この種の複合名詞は少なくない。「長い髪」のような名詞句形成は統語的結合であるから、自由に生産できるが、対応する複合名詞には限界がある。「小さい目」に対する「小目」、「高い鼻」に対応する「高鼻」、「長い首」に対する「長首」などはなく、「長髪」と「長い髪」のように形式的に対応した組み合わせは多くはない。
*9 いわゆるウナギ文の場合は別である。
*10 性状規定述語は属性を表わすので、モノとしての指示対象は持たないが、ここでは本来の名詞句としての指示対象を指す。
11 坂原（2005）は「長髪」と「長い髪」の類例として「ちょび髭」と「髭」を挙げている。「ちょび髭の太郎」「太郎はちょび髭だ。」「ちょび髭である太郎」と「髭の太郎」「 太郎は髭だ。」「* 髭である太郎」の適格性の差も、複合名詞「ちょび髭」が性状規定述語として品詞性を拡張させた例と考えられる。また坂原（2005）は「太郎は、あのちょび髭だ。」「太郎は、あの髭だ。」という例文も挙げている。これらはメトニミーによる主述同一指示の文である。
*12 こうした性状規定文は人間を主体とする場合に限らない。「この風呂敷はローケツ染めだ。」「このラーメンは塩味だ。」「この地域は亜熱帯性気候だ。」「この魚は変種だ。」「この車は［スタッドレスタイヤ／右ハンドル／ツードア］だ。」「あの家はトタン屋根／板塀だ。」など。
*13 「丸顔」「馬面」「福耳」などにしても、「職人気質」「肥満タイプ」などにしても、性状規定述語となるこれらの複合名詞の多くは格成分として名詞らしい機能を発揮するよりも述語となることの方が多いのではないだろうか。そうであればこれらは村木（1998）の第三形容詞に近い語類とすべきかもしれない。
*14 高橋（1984）は詳細な記述であるが、「長髪」のような複合名詞述語の場合には言及していない。しかし第3節で挙げたように複合名詞が性状規定文の述語になる例は少なくない。
*15 村木（1998）は、「がらあき」「上々」「大荒れ」のように、連体形式は「～の」であるが、格の体系を持たず、機能的には形容詞に一致する語群を「第三形容詞」と呼んでいる。「長髪」は形容動詞でも第三形容詞でもなく、格の体系を持つ名詞でありながら、モノと性状という意味的な二面性を持つ複雑な様相の語である。影山（2002）は「太っ腹な」「悪趣味な」「長髪の」「美声の」などにおける「腹」「趣味」「髪」「声」などの名詞は「人間の身体部分や性格などを表わすために、人間の特徴を表現する形容詞に変化しやすい。形容詞への変化を助長するのが、前に置かれた修飾語である。」（pp.136–137）と述べている。また影山（2009）は、「太っ腹（な）」「大柄（な）「悪趣味（な）」などの語について、意味の透明性を保っているが、「太い」「大きい」「悪い」と同様の形容詞でも、「腹」「柄」「趣味」と同様の名詞でもなく、主要部を欠いた混合範疇であり、主述関係（腹が太い、柄が大きい、趣味が悪い）という

意味構造に支えられて形容動詞（影山では「形容名詞」）として成り立っているという。モノとしての「長髪」は右側を主要部とする複合名詞であるから、“意味と形態のミスマッチ”は起きていないが、性状規定文の述語としての「長髪」には、意味は形容詞的、形は名詞という“ミスマッチ”が起きている。中川・定延（2006）は、漢字の音訓に具体と抽象の差が現れるとし、「車の窓」と「車窓」、「あしあと」と「そくせき」などの例を挙げている。「長い髪」は和語、「長髪」は漢語である。名詞句と複合名詞との意味上の差異には語種も関係しているかもしれない。

＊16 例文番号を除き、下線や「(略)」などの表記は高橋（1984）の原文通りである。

＊17 「大きなお耳だね。」は「大きなお耳だね、」（句点→読点）と同等に解釈した。

＊18 （49）では「いい」という特殊な形容詞が用いられていることも考慮に入れる必要がある。「いい」を述語とした「奥さん足がいいね。」は不自然である。また、（49）の「奥さん」を呼び掛け語と解釈すれば、（49）は「いいお天気ですね。」と同タイプである。

＊19 何に注目したり、何に驚いたりするかは文化的な背景によっても異なる。

＊20 主体の根源的属性（佐藤 2003）であれば、（53）（54）のような「〜ダ」による表現は不適格でも、「彼は太い首をしている。」「あの人は大きな足をしている。」のように「〜ヲシテイル」による表現が可能である。

＊21 西山（2010）によると西川（2009）（西川賢哉（2009）「「X は Y が Z（だ）」構文の意味構造：「象は鼻が長い」を中心に（補）」第 2 回慶應意味論・語用論研究会発表資料）は西山（2003）の 5 タイプにタイプ F（譲渡不可能名詞 NP_2 とその基体表現 NP_1　例：「少年の髪」）とタイプ F'（譲渡不可能名詞句 NP_1 と基体表現 NP_2　例：「長い髪の少年」）を補充したという。ただし、このことは本章での議論には影響しない。

＊22 筆者の周りには、「長い髪の少年」に抵抗を感じ、「髪の長い少年」とすべきだという日本語母語話者もいる。

＊23 進藤（1965）には平安期から現代までの「〜顔」の用法が記されている。

＊24 （2b）が示すように、「長い髪」のような名詞句は「である」を介して主体を表わす名詞句を修飾することはないが、ここではこの問題に踏み込むことはできなかった。

例文出典

国立国語研究所編（2004）『分類語彙表　増補改訂版』大日本図書
国立国語研究所（2011）『現代日本語書き言葉均衡コーパス 少納言』（http://www.kotonoha.gr.jp/shonagon/search_form）

第5章
主体尊敬述語形式「お～だ」をめぐって

1. はじめに

「お（待ち）になる」「(待た）れる」のように敬語が文法化していることは日本語の特徴の一つとされる。こうした動詞の敬語形について考えるとき、あまり正面から取り上げられることのない、しかし気になる表現形式がある。「お客様がお待ちだ。」「部長がお呼びだ。」のような「お～だ」という形式である。敬語の研究は枚挙にいとまがないが、多くの論考で「お～だ」という敬語形式に関する記述はなされていないか、そのために割かれたスペースは非常に少ないというのが現状である。「お～だ」とはどのような表現形式なのであろうか。本章は「お～だ」を文法的な観点から観察・記述することを目的とするものである。

辻村（1967）は敬語を素材敬語と対者敬語に分類した。前者には事態の主体に対する敬意を表わす主体尊敬語と事態の客体に対する敬意を表わす客体尊敬語がある。主体尊敬を表わす述語は以下のように類型化される。

A. ［お／ご］＋［動詞連用形／漢語動作名詞］＋になる：「お待ちになる」「ご着席になる」

B. 動詞語幹＋（ら）れる：「待たれる」「着席される」

C. ［お／ご］＋［動詞連用形／漢語動作名詞］＋コピュラ：「お待ちだ」「ご着席だ」

D. 尊敬を表わす特定の動詞：「いらっしゃる」「おっしゃる」「なさる」

A、B、Cは文法的な形式、Dは語彙的な形式である。以下Aを「お～になる」、Bを「～られる」、Cを「お～だ」、Dを「特殊形」、「お～だ」を述語とする文を「お～だ」文と呼ぶことにする。本章では「お～だ」のうち和語動詞連用形を含むものを対象とする。

2. 主体尊敬述語形式の生産性

「お～になる」「～られる」「お～だ」は文法的な形式ではあるが、すべての動詞がこうした形を取れるわけではない*1。動詞の連用形が1拍の場合だけでなく、「?お貸しだ」「?お消しだ」など「お～だ」には不自然と感じられるものが多いが、「～られる」「お～になる」にも「?分かられましたか」「?お遅れになるそうです」など適格性に疑問のある例がある。そこでヒト名詞を主語に取る和語動詞20語について、「お～になる」「～られる」「お～だ」の3形式を自然と感じるか否かというアンケート調査を行ってみた。対象は20歳前後の日本語話者31名、調査語は「愛する」「要る」「怒る」「買う」「隠す」「着せる」「蹴る」「叫ぶ」「示す」「知らせる」「棄てる」「足す」「付ける」「泊まる」「濡れる」「測る」「離す」「干す」「剥く」「呼ぶ」である。尊敬語として自然は2点、不自然は0点、どちらとも言えないものは1点として集計したところ、全体で「お～になる」818点、「～られる」833点、「お～だ」340点であった。個人差や慣用性の問題も無視できないが、ひとまず「～られる」>「お～になる」>「お～だ」の順に文法形式度の高さが示唆された。すなわち「お～だ」にはかなりの制約が働くという結果である。ただ満点は2点×20語×31名=1240点であるから、「お～だ」の点数の低さもさることながら、「お～になる」「～られる」もそれほど自由ではないことが窺われる。

では実際のところ主体尊敬述語の各形式はどの程度用いられているのであろうか。『現代雑誌200万字言語調査語彙表』(国立国語研究所2006)*2における使用頻度上位の動詞10語について『現代日本語書き言葉均衡コーパス』(国立国語研究所2009)で用例を調査したところ、全体として多い順に「お～だ」1594>「お～になる」1079>「～られる」798という、上記アンケート結果に逆行する結果となった。語彙ごとの個別的な偏りは大きいが、「お～だ」は語形成上の制約が強いにもかかわらず、一定の動詞には高頻度で用いられることが分かる。内訳は表1の通りである*3。

表1　「お〜だ」「お〜になる」「〜られる」の使用頻度
（資料：『現代日本語書き言葉均衡コーパス』）

	「お〜だ」	「お〜になる」	「〜られる」
ある	130	44	0
つくる（作・造・創）	1	60	47
なる	13	31	295
やる	1	138	0
考える	576	408	20
使う	109	61	63
思う	51	85	222
持つ	461	71	89
取る	1	36	62
わかる（分・解・判）	251	145	0
計	1594	1079	798

3.「お〜だ」は名詞述語か

「お〜だ」はコピュラによって述語性を獲得しているため、形態的には名詞述語であるが、「お餅だ」「お祭りだ」のような通常の名詞述語とは異なる。「お餅だ」「お祭りだ」は名詞とコピュラの結合であるから、名詞部分は「お餅が／お餅を…」「お祭りが／お祭りを…」のように補語になり、「おいしそうなお餅」「楽しいお祭り」のように連体形式で修飾され、「これは餅だ。」「明日から祭りだ。」のように、接頭辞「お」を切り離すことができる。しかし (1) (2) の「お〜だ」の「お〜」の部分は、(3) のように補語にならず、(4) のように連体形式で修飾されず、(5) のように「お」を取り除くこともできない。

(1)　お客様がお待ちだ。

(2)　お客様がそのことをお聞きだ。

(3) *お待ちが／お待ちを　　*お聞きが／お聞きを

(4) *長いお待ち　　*熱心なお聞き

(5) *お客様が待ちだ。　　*お客様がそのことを聞きだ。

ただ「お〜」は、「お待ちになる」「お聞きになる」のように「なる」とニ格で結合し、「お待ちをいただく」「お待ちを願います」のように「いただく」「願う」などとヲ格で結合する。この点で「お〜」にもいくぶんかの名詞性は認めなければならない*4。また、連用形の中には「勤め」、「生まれ」など、すでに名詞に転成しているものも多い。それらは、(6) のように接頭辞「お」を付加し得るものと、(7) のように「お」を付加できないものがあるが*5、共に「お〜だ」用法は可能である。ただし、「お〜だ」になった場合、(8) のようにいずれも「お」を取り除くことはできない。

(6) お勤めが（を）　お生まれが（を）　お悩みが（を）　お疲れが（を）　お怒りが（を）

(7) *お読みが（を）　*お向きが（を）　*お感じが（を）　*お急ぎが（を）　*お勝ちが（を）

(8) *彼はテレビ局に勤めだ。
*あの方は中国語の新聞を読みだ。

このように、述語「お〜だ」は「〜」部分の名詞化いかんにかかわらず、通常の名詞述語と同じものとは言えない。「お〜だ」は、動詞連用形を中核とする名詞述語形式の述語、「お〜だ」の「お」と「だ」は、両者が相俟って主体尊敬述語を形成する要素なのである*6。

4.「お〜だ」の統語機能

(9)(10) のように、「お〜だ」は格を支配し、連用修飾を受ける点で、統語的には動詞性の強いものである。

(9) あの方が重そうに荷物をお持ちだ。

(10) 先生がカラオケで楽しそうに歌をお歌いだ。

しかし動詞述語文の場合、意志動詞によって話し手の意志を表わし、あるいは聞き手の意志を問うことができるが、「お〜だ」は意志動詞に由来するものでも、意志を表わすことはできない。動詞述語文である（11a）（12a）は聞き手の意志を問うているが、「お〜だ」文である（11b）（12b）は事実を問うものでしかない。

（11）a.　ご自分でお持ちになりますか。

　　b.　ご自分でお持ちですか。

（12）a.　先生もお歌いになりますか。

　　b.　先生もお歌いですか。

また（13）〜（16）のように意志性の表現形式を後接することもできない。

（13）政府としては今後どういう方針を［おとりになる／？おとりの］つもりなのか。

（14）真剣に［お考えになる／*お考えである］べきじゃないか。

（15）ほかに［お聞きになり／*お聞きであり］たいことはございませんか。

（16）どのような対応を［おとりになろう／*おとりであろう］としているのか。

さらに、形態上の制約から、意向形、命令形、可能形をはじめ、「〜（し）そうだ」「〜（した）ばかりだ」「〜（する／した／している）ところだ」「〜（し）ながら」「〜（し）ている」「〜（し）てしまう」「〜（し）ていく／くる」「〜（し）始める」「〜（し）続ける」等々のアスペクト諸形式も持たない*7。

「お〜だ」に欠落している意志性や時間性は、動詞を形容詞・名詞から区別する際立った特徴である。「お〜だ」は動詞を核とするものでありながら、文法カテゴリーにおいては貧しく、非常に制約の大きい表現形式であることが分かる。結局、「お〜だ」の持つ文法カテゴリーは肯否（17）、丁寧さ（18）、テンス（19）であり、「お〜だ」に後接できるのは判断のモダリティ（20）、説明のモダリティ（21）、伝達態度のモダリティ（22）であり、これらは名詞述語に関わる文法カテゴリーそのままである。

（17）お待ち［だ／ではない］

（18）お待ち［だ／です］

（19）お待ち［だ／だった］

(20) お待ち［のようだ／らしい／だろう／かもしれない…］

(21) お待ち［なのだ／の（な）わけだ…］

(22) お待ちです［か／ね／よ…］

「お～だ」は、意味、格支配、被連用修飾性において動詞述語的で、形態論的には名詞述語という二面性を持つ特異な述語である＊8。

5.「お～だ」の表わす時間性

5.1 「お～だ」のテンス

テンスは動的述語と静的述語で異なる。動的述語の非過去形＊9は未来を表わし、静的述語の非過去形は現在を表わす。「お～だ」は動的動詞に由来するものであっても非過去形が現在を表わし、テンス的には静的述語として振舞う。動詞述語文の（23a）（24a）は未来の動きであるが、「お～だ」文の（23b）（24b）は現在の状態である。

(23) a. 彼女は出かけます。

b. 奥様はお出かけです。

(24) a. メンバーが全員公民館に集まります。

b. メンバーの方々が全員公民館にお集まりです。

（25）（26）のように未来を示す語句や文脈上の支えがあれば「お～だ」が未来を表わし得ることも静的述語と同様である。

(25) 明日お発ちですね。

(26)「いつ、お帰りですか。」「来週の火曜日です。」

過去形が過去を表わすことは動的述語か静的述語かに関わらない。（27）（28）における「お～だ」の過去形も過去の事態を表わす。

(27) ご尽力いただいて、セリーナ王女も大変お喜びでしたよ。

（k: プリンセスにお手上げ）

(28) ホテル、どこにお泊まりだったんですか？

（パパはニュースキャスター）

また、（29）は現在の勤めについて「お勤めだった」と過去形を用い、（30）は現在の状況を「お持ちでしたか」と過去形で表現している。（31）は過去の事実に関する発話時での確認である。「お～

だ」の過去形は文脈によりこうした想起や発見などと言われるムード的な用法を持つ。これも静的述語の特徴とされる用法である。

(29) 私は仕事で、これから御影や三宮の方の観光スポットをチェックしていくんだけれど、これは仕事よ。でも、あなたは商事会社にお勤めだったわねえ。 (k: 飛鳥・神戸殺人旅情)

(30) あ、通行証をお持ちでしたか。

(31) この氏の体験は、伝記小説『夕あり朝あり』に書いています。由香理さんはこれはお読みでしたね。 (k: 新しき鍵)

5.2 「お〜だ」の内包する時間性

(32a) は動詞述語文、(32b) は「お〜だ」文である。(32a) と (32b) を比較すると、(32a) は継起的で時間の流れが感じられるのに対し、(32b) は同時的で、動作が複数生起したことの指摘にとどまっている。

(32) a. Aさんがお笑いになった。Bさんもお笑いになった。そして皆様がお笑いになった。

b. Aさんがお笑いだった。Bさんもお笑いだった。そして皆様がお笑いだった。

また、(33a) と (33b) を比べると、(33a) には動きが感じられるのに対し、(33b) には動きが感じられない。

(33) a. 今あの方がお話しになっている。

b. 今あの方がお話しだ。

こうした表現性の違いは、「お〜だ」が (32a) のような完成相も (33a) のような継続相も持たず、動詞の持つプロセス性を具えていないことによる*10。しかしながら、「お〜だ」は動詞に由来するアスペクト性を内包しており、文脈の中で以下のように多様な時間相を示す。

A. 現在持続中の行為を表わすもの

(34) さきほどからお客様が、入口の受付けでお待ちだよ。 (k: 蘭の皮膜)

(35) どなたかお探しですか。 (k: 駆ける少年)

B. 過去に終了した動きの結果としての現在の状態を表わすもの

（36）伯父上は、すでに70歳におなりです。（k:三国志）

（37）みなさん、クリスマスのご予定は、お決まりですか？（k:Yahoo!知恵袋）

C. 現在の思考・感情などの主観のあり方を表わすもの

（38）学校様はお怒りだ！（k:オール）

（39）「婆になったと、お笑いなのでございましょう」「かくも年老いたわしが、そちのことを笑えるか」（k:女人切腹）

D. 現在の反復、習慣などを表わすもの

（40）あの方は毎日隅から隅まで新聞をお読みです。

（41）同じような髪質の方、シャンプーは何をお使いですか？（k: Yahoo!知恵袋）

E. 長期的な状態を表わすもの

（42）みなさまおかわりなくお過ごしでしょうか。

（43）どちらにお住まいですか。

F. 眼前の状況を意味づけるもの

（44）おや、もう、お帰りですか、ありがとうございます。また、ごひいきに。（k:クレヨン王国道草物語）

（45）社長室を出ると、もう四十過ぎの貫禄充分の女性秘書が欠伸をしていた。「あら、社長、お出かけ？」と、落ちついたもんである。（k:親しき仲にも殺意あり）

（46）やあ、今お着きですか。（k:紀州ミステリー傑作選）

（47）エレベーターの中。乗り込んだ文子、竜太郎がいて、ビックリ。竜太郎「今晩は」 文子「（ドキドキして）今晩は」竜太郎「今お帰りですか」（パパはニュースキャスター）

アスペクトの観点から言えば、（44）（45）は動きの始発の局面、（46）は動きの実現の局面、（47）は動きの過程の中であるが、いずれも時間性よりも眼前の状況の意味づけという意味合いが強い。「おや」「あら」などの感嘆詞を伴うことが多いのも特徴である。これらは状況叙述的という意味で名詞述語文的であり、主体が連体形式で表わされている（48）（49）のような名詞述語文に隣接する**＊11**。

（48）守屋が山道を下りると、吾君のお戻りだ、と音が部下に叫

んだ。　(k: 磐舟の光芒)

(49) やあ、名探偵のお出ましだ！　(k: ユーモア・ミステリー傑作選)

G. 過去の動作を問題にするもの

(50) 平三郎が筆を走らせた紙を手に、蘭剣は鎧櫃ごと外へ出ていき、それきり戻らないという。「何の絵をお書きです？」「いや」と平三郎は言葉を濁し、腕を組んだ。　(k: 蘭剣からくり乱し)

(51) (中村君がリクエストした曲をオンエアしたあと：筆者注)「中村君、頑張りましたね。リクエストをお聞きでしょうか」　(k: 目覚めのバロック)

以上A〜Gは、動詞述語であれば非過去形、過去形、テイル形など、形態の違いによって表わし分けられるものであるが、「お〜だ」ではそうした形態の違いは捨象されている。非過去形が時間相の異なりや時間性の濃淡を超えて多様な文脈に対応しているわけであるが、その分過去形の出番が制限されてもいる。例えば上記B(過去に終了した動きの結果としての現在の状態を表わすもの)は動詞述語であればテイル形ないし完了を表わす過去形で表わされるところであるが、「お〜だ」の過去形は(36')のように、現在時に視点を置いた完了用法にはならない。(36')はそれ以前に終了した変化の結果としての過去の状態である。「伯父上はもう70歳になった。」のような完了の過去形に対応するのは「お〜だ」の非過去形である。

(36') 伯父上は、すでに70歳におなりでした。

また、G(過去の動作を問題にするもの)は現在から切り離された過去の動きを対象としながら、非過去形が用いられている。動詞述語であれば「何の絵をお書きになったのですか」「リクエストをお聞きになりましたか」のように過去形で表わされるものである*12。

A〜Gはアスペクト的な異なりであるが、いずれも非過去形である。「お〜だ」にはアスペクトのカテゴリーはないが、テンスのカテゴリーはある。しかし実際資料に見られる「お〜だ」の大半は非過去形であった。主体尊敬述語形式が非過去形で用いられているか、過去形で用いられているかについて、表1に挙げた動詞について同資料を調べてみると、「お〜だ」は非過去形が925例で過去形は僅かに16例である*13。「お〜になる」が非過去形602例、過去形146例、「〜られる」が非過去形326例、過去形168例であったのと比べても「お〜だ」の過去形の少なさは際立っている。「お〜だ」は基本的に非過去形が、多様な時間性を内包しつつ、現在の状況を表わすのに用いられているものと考えられる。

6. 視点制約の緩和

前節で見たように「お〜だ」はアスペクトのカテゴリーを持たないため、「どうお思いになりますか」と「どうお思いになっていますか」は共に「どうお思いですか」となり、「毎日1時間お歩きになる」と「毎日1時間お歩きになっている」は共に「毎日1時間お歩きだ」になるというように、完成相と継続相が中和される。「お〜だ」のこうした性質はアスペクト面だけではなく、表現と、表現する立場との関係にも影響を及ぼす。

日本語には、知覚・思考を表わす動詞が非過去形言い切りで用いられた場合、知覚・思考の主体は平叙文では1人称に限られ、疑問文では2人称に限られるという制約があり、この制約を解除するには動詞をテイル形にする、モダリティ形式を付加するなどの有標な形式が必要とされる。2人称または3人称主語で動詞の非過去形を述語とする（52a）（53a）が不適格で、（52b）（53b）が適格なのはそのためである。

（52）a.　いいえ、私には分かるのです。*あなたはそう思います。

b.　いいえ、私には分かるのです。あなたはそう思っています。

（53）a.　*彼は心から友の成功を望みます。

b.　彼は心から友の成功を望んでいます。

しかし「お〜だ」を述語とする（52c）（53c）は人称制約を免れている。

（52）c.　いいえ、私には分かるのです。あなたはそうお思いです。

(53)c.　あの方は心から友の成功をお望みです。

これは「お〜だ」に動詞の非過去形とテイル形に相当する対立がなく、「お考えだ」「お望みだ」などが発話時現在に限定されないためである。

また、次のような現象も見られる。

(54)a.　あの方は高価な商品をお買いになりました。

　　b.　あの方は高価な商品をお買いになっていました。

(54a) と (54b) の述語形式の違いは事態に対する話し手の立場の違いを反映している。すなわち (54a) は出来事の当事者、例えば店員の発話としてふさわしいのに対し、(54b) は第三者的、観察者的立場からの発話であり、販売に関わった当の店員の発話としては不自然である。では (54c) はどうか。

(54)c.　あの方は高価な商品をお買いでした。

(54c) は当の店員の発話としても、あるいは目撃者の発話としても適切であり、動詞の完成相、継続相が帯びる視点の違いは解除されている。動詞の形態の欠落はこうした面にも影響を及ぼしているわけである。

7.「お〜だ」使用の背景

「〜られる」「お〜になる」という文法的な主体尊敬語形式があるにもかかわらず、また、動詞のカテゴリーの多くを欠く不自由な姿であるにもかかわらず、「お〜だ」が多用されるのはなぜであろうか*14。

一つには日本語の敬語の持つ性質が考えられる。日本語の敬語は主体の意志性を背景化する表現であると言われる。例えば益岡 (2009) は「お〜になる」という形式に関して「尊敬構文の重要な意味的特徴は所与の事態に自発性を付与することにより、さもなければ与えられるであろう行為性を抑制する（背景化する）ことである。事象の発生という意味での自発性を付与することにより、事態の主体である行為者（広義）が背景化されることになる。それが事態の主体に対する敬意につながるものと見られる」(pp.10–11) と述べている*15。動詞述語と「お〜だ」は時間性だけでなく意志性の有無においても大きく異なる。「ご主人はおでかけになります」が意志を含意するのに対し、「ご主人はお出かけです」には全く意志性がない。後者は〈ご主人は外出という状況だ〉という、いわば状況叙述である。行為性の抑制という観点から考えると、「お〜だ」は形式的には「〜られる」「お〜になる」よりもさらに徹底した尊敬表現と言い得るかもしれない。(55a) は主体尊敬述語 (尊敬語) であり、(56a) は客体尊敬述語 (謙譲語) であるが、尊敬語 (55a) に対応する「お〜だ」文 (55b) があるのに対し、謙譲語 (56a) の「する」をコピュラに代えた (56b) のような「お〜だ」文はない。このことは、謙譲語が「なる」とは対照的に「する」という行為性を明示する形式であることと関係があるであろう。

(55) a.　あの方が [おいでになる／なっている]。

b.　あの方がおいでだ。

(56) a.　私はあの方をお誘いする。

b. *私はあの方をお誘いだ。

「お〜だ」が使用されるもう一つの背景として日本語の名詞述語指向性がある。(57a) (58a) は名詞述語文、(57b) (58b) は「お〜だ」文であるが、両者の素材的意味は同じである。

(57) a.　先生はどういうお考えなんですか。

b.　先生はどうお考えなんですか。

(58) a.　あの方は東京のお生まれだ。

b.　あの方は東京でお生まれだ。

このように動詞の連用形が名詞化している場合、名詞述語文と「お〜だ」文とで素材的意味に齟齬のない例は非常に多い。また、(59) (60) の下線部は「お〜だ」なのか名詞述語なのか判然としない。

(59)「桑田伸子様」やっと呼ばれて、伸子は急いでカウンターへ走った。「お引き出しですね」　(女社長に乾杯！)

(60) 今日課長はお休みです。

これらは (61) のような名詞述語文に連続的である。

(61) (航空機の乗務員に会って：筆者注)「お早うございます。

フライトですか」　　　　　　　（パパはニュースキャスター）

3節で述べたように「お〜だ」は名詞述語とは言い切れないが、機能面から見た「お〜だ」の実態は限りなく名詞述語に近い。

「お〜だ」が選好される背景には、近年指摘されることが多くなった日本語の名詞指向性に加えて、簡潔に現在を表わし得るという形態上の特徴が挙げられる。「お〜だ」は非過去形によって現在を表わすものが大半であった。また、時間軸上への位置づけよりも専ら眼前の状況を叙述するという趣のものや、テンスに無関心なものもあった。無標の非過去形で表わされ、事態内容や事態生起の認否のみに関心を示すものである。「お〜だ」の高い使用頻度の背景には「お〜だ」独特のこうした用法がある*16。場面の裏付けがあれば、動詞の持つ多様な文末形式の分化はむしろ不要である。脱動詞性こそが「お〜だ」の定着を促進しているとも考えられる*17。

8. 日本語教育の観点から

日本語教育では、特殊形、「お〜になる」、「〜られる」の体系的な導入は図られても、「お〜だ」が正面から取り上げられることはあまりない。「お〜だ」が重要視されていないのは、動詞特有の文法カテゴリーの欠如、文法化度の相対的な低さという「お〜だ」の文法的な性質や、品詞的な曖昧さに起因するところが大きく、止むを得ない面がある。しかし「お〜だ」は母語話者に日常的に用いられている。その背景には、名詞述語形式への指向に加え、発話動機面での要請、形態もアクセントも単純であるという形式的な簡潔さもあるであろう。菊地（1994）は「お〜だ」について、「「…ている」の尊敬語として、なかなかすっきりしたスマートな語形である。先に、長い語形ほど敬度が高く映る傾向があると述べたが、それは一般論で、この「お/ご〜だ（です）」は「お／ご」が付いているためであろう、短くても「お／ご〜になる」に準じるぐらいの敬度が感じられる、重宝な敬語である。長めな割に敬度のさほど高くないレル敬語系の「呼んでおられる」とか「呼ばれている」よりもよほど気が利いていて、敬語を使い慣れている人はよく使う形である。

使いこなしていない向きには、習熟をお勧めしたい」(p.235) と述べている。動詞述語でもなく、名詞述語でもない。時間性は多く文脈に依存し、アスペクトや視点の中和も見られるという、品詞的にも用法的にも曖昧であることが運用上はむしろ効率的に働く可能性もある。頻度の高い語彙や頻度の高い発話機能・場面を中心に、日本語教育において「お〜だ」の積極的な導入が図られてもよいであろう。

---

*1 菊地 (1994) は「〜られる」は「人間を主語として使うほとんどすべての動詞について機械的に作ることができ、この点で制約がほとんどない」とし、「お〜になる」に関する語形の制約として、「お〜になる」の「〜」の部分が1拍 (かな1字分) の場合、外来語や擬音・擬態語系の語の場合、意味・文体的特徴、複合動詞の場合などを指摘、「お〜だ」は「お〜になる」に準じるが、「お〜になる」よりある程度狭いようだと述べている。

*2 1994年発行の月刊誌における出現頻度7以上の約97万3千語についての語彙表である。

*3 表1には、特殊形が中心の「する」「言う」「来る」「見る」「行く」、動詞の補助動詞用法、補助動詞用法が中心の「できる」「しまう」、語幹が1拍の「出る」、受身・可能・自発と区別のつきにくい「〜られる」は含まれていない。ちなみに特殊形は「おっしゃる」3951、「ご存じ (ご存知／御存じ／御存知) だ」2203、「いらっしゃる」1435、「なさる」602、「おられる」586、「おいでになる」150、「おいでだ」75、「ご覧になる」144、「召し上がる」95、「お見えになる」119、「お見えだ」26であった。「ご存じだ」と同意の「知っていらっしゃる／知っておられる」は僅かに55例であった。「ご存じだ」「おいでだ」「お見えだ」は「お〜だ」の形であるが、「存じ (ず) る」「おいでる (いづる)」「見える」という基本形が一般的ではないため、特殊形とした。

*4 これらは「お待ちいただく」「お聞き願う」のように容易に複合動詞化するものである。

*5 窪田 (1993) は、「お」の付加は名詞性を強化するものであり、「敬意の接辞「お」や「み」や「ご」はもともと〈体言・名詞〉に付くのが本来の機能である」(p.327) と述べている。

*6 「お〜になる」は「お〜だ」の中の動詞連用形が「なる」と結合した形になっている。なお、高橋 (1984) は「お〜だ」は「動詞の尊敬語形か名詞かわからないもの」(p.30) と言っている。

*7 「さあ、お食べ。」「どうぞ、おあがり。」のような形は「お〜だ」の命令形のようであるが、尊敬語とは言えない。ただし、「お〜になる」「〜られる」の

場合も敬語という人称上・意味上の性質から一定の制約はある。
＊8 「多くの皆さんがお住みなところ」(k: 国会会議録)、「「『脱・記者クラブ』宣言」でお怒りな誇り高きマス・メディアの皆様」(k: 続・憂国呆談）のように形容動詞的な形態も散見する。南（1993）は「出発だ」「書きかけだ」「スタートだ」などを「擬似名詞述語文」と呼び、述部以外の成分に関しては動詞述語文的、述部は名詞述語文的な「ハイブリッド的性格」を持つと述べている（pp.60–62）。
＊9 完成相非過去形を「非過去形」、完成相過去形を「過去形」、継続相非過去形を「テイル形」と呼ぶことにする。
＊10 中村（2004）には「kickは「蹴る」であっても「蹴り」であっても行為であることにかわりはない。両者の違いは、その行為が、順次スキャニング（sequential scanning）で捉えられているか、モノ化能力（reification）で捉えられているかであり、前者であれば動詞、後者であれば名詞というわけである」(p.27）とある。また山梨（2009）も動詞と名詞の違いに関連して、「事態の認知に関しては、問題の事態を、基本的に時間軸にそった連続的でダイナミックなプロセスとしてスキャンしていく場合と、このプロセスの時間的な側面を捨象し、モノ的にスキャンする場合が考えられる」(p.84）と述べている。こうした動詞と名詞の違いは動詞述語と「お〜だ」との違いに通じる。
＊11 （48）（49）は動作主が連体助詞「の」を介して述語を修飾しているため、「お〜だ」文ではない。
＊12 この場合「何の絵をお書きでした？」「リクエストをお聞きでしたでしょうか」と「お〜だ」の過去形を用いても問題はない。
＊13 連体節の述語になっているものを除く。
＊14 土井、森田（1975）は、江戸時代に「お言いだ」「お思いなら」のような例はあったが、「お〜です」の形はほとんど見えないと述べている（pp.231–232)。
＊15 こうした考え方は橋本（1969)、佐藤（1977）など、古くから見られるところである。
＊16 加藤（2007）は、日本語は「客観的時間よりも主観的時間を強調し、過去・現在・未来を鋭く区別するよりも、現在に過去および未来を収斂させる」(p.53）と言い、「日本文化の中で「時間」の典型的な表象は、一種の現在主義である。現在または「今」の出来事の意味は、それ自身で完結していて、その意味を汲み尽すのに過去または未来の出来事との関係を明示する必要がない」(p.233）と言う。
＊17 益岡（2004）は、日本語が主題卓越型であるのは属性叙述文・事象叙述文のうち、属性叙述文を文構造の基本モデルにしているからであると言う（p.14)。「お〜だ」文は内容的に事象叙述でありながら属性叙述的述語形態を持つ。このことの背景にも同様の事情を指摘できるかもしれない。

例文出典

国立国語研究所（2006）『現代雑誌200万字言語調査語彙表』公開版（ver.1.0）

国立国語研究所（2009）『現代日本語書き言葉均衡コーパス モニター公開データ』
『パパはニュースキャスター』（1987年、http://www.plala.or.jp/ban/ による）
『CD-ROM版 新潮文庫の100冊』（新潮社）より「女社長に乾杯！」

第6章
文末名詞

1.「文末名詞」

動詞文、形容詞文、名詞文というのは述語の品詞に基づく文の下位類である。名詞文というのは名詞にコピュラが後接した形の述語を持つ文で、その典型は、

(1) 彼は学生だ。

(2)「坊っちゃん」はよい作品だ。

のように述部が主語で表わされたものを質規定的に類別する文や、

(3) 彼女は吉田花子さんだ。

(4) これは昨日買った本だ。

のように述部が主部で表わされたものと同一の関係にあるものを示す文であり、主語名詞の指し示すものは述語名詞の指し示すものと同値またはその下位概念である。名詞とは事物をモノとして表わす語である。従って述語名詞は主語名詞の指し示すモノをモノとして述定する。モノのモノとしての述定とは同値または包摂関係としての述べたてにほかならない。名詞文の典型はこのような主述関係にあるが、名詞文の中には次のようなものもある。

(5) これは完全な不意打ちだった。 (裸の王様)

(6) 平岡は不在であった。 (それから)

(5) の述語名詞「不意打ち」は主語「これ」の指し示すものの性格を、(6) の述語名詞「不在」は主語「平岡」の状態を表わしている。これらの主語と述語がそれぞれ指し示すものは互いに同値関係でも包摂関係でもなく、述語名詞は意味的には形容詞の範疇に属していると言える。いずれも (1) ～ (4) のように述語名詞が主語をモノとして述定する名詞文ではない。

ところで、このように述語名詞が主語をモノとして述定するので

はない名詞文の中には、次のようなものもある。

（7） a.　川田君はすなおで朗らかな性格です。（国語基本用例辞典）

（8） a.　梓川は、この前の春の時とは少し異なった感じだった。（氷壁）

（9） a.　平岡はあまりこの返事の冷淡なのに驚いた様子であった。（それから）

（7a）～（9a）の下線を施した述部はそれぞれ「川田君」の性格、「梓川」の感じ、「平岡」の様子を表わしており、述語名詞「性格」「感じ」「様子」はそうした述定の意味を明示する働きをしている。すなわち（7a）～（9a）の述部は、述定の意味的な枠組みを表わす上位概念が、述定の実質的な内容を表わす語句に連体修飾された形になっている。これらは連体部を取り去ると次のように非論理的な文になってしまう。

（7） b. *川田君は性格です。

（8） b. *梓川は感じだった。

（9） b. *平岡は様子であった。

ただし連体部を取り除くと文意をなさなくなるのは、こうした述部に限ったことではない。（2）や（4）の述部も連体部をとると、

（2'）「坊っちゃん」は作品だ。

（4'）これは本だ。

のようになり文意が変わってしまう。しかしこれらは文脈を考えに入れなければ、それ自体は論理的に成立する文であり、（7a）～（9a）とは異質である。本章では（7a）～（9a）のような構造を持つ文、およびこうした述語に用いられる名詞というのはどのようなものなのかを考える。なお（7a）～（9a）の「性格」「感じ」「様子」のように、連体部を必須とし、コピュラを伴って文末に位置し、主語と同値または包摂関係にない名詞を「文末名詞」、文末名詞を持つ文を「文末名詞文」と呼ぶ。

文末名詞になる名詞はふつう単独では述語にならず、常に連体部と共に合成述語を形成する。しかし例えば（7a）～（9a）の文末名詞「性格」「感じ」「様子」が、

（10）彼は性格が悪い。

(11) 感じがつかめない。

(12) 様子を見てこよう。

と文中で単独で用いられるように、それらは述語以外の所では必ずしも修飾語句を必要としない。文末名詞というのはあくまで用法上の命名である。

一般にそれ自身の意味が希薄で実質的な意味を修飾語句に依存する名詞を「形式名詞」と呼ぶ。ただ「形式名詞」という語はそれほど厳密に用いられているわけではなく、「辺」「方」のように修飾語句を必須とするものもあれば、ふつう形式名詞とされる「もの」「こと」「人」などが単独で用いられるということもある。また単独で用いられ得る「人」よりも修飾語句を必須とする「者」や「かた」の方がかえって内包が豊かだということもある。「形式名詞」を名詞の一用法ととらえるならば、文末名詞も形式名詞の一種といってよいであろう。

2. 文末名詞文の意味的分類

文末名詞文は主語と述語の意味的関係によって次のように分類できる*1。

A. 述部が、主語で表わされたものをパラディグマティックなものの中で位置づけるもの。

(13) 三千代の病気は今云う通り軽い方じゃない。（それから）

(14) わたしの学校の絵の先生は、先生というより芸術家のタイプです。（国語基本用例辞典）

(15) 彼の行動は子供が後先も考えず突っ走るたぐいだ。

A 類の文末名詞になり得るものとして「種類」「類」「たぐい」「タイプ」「方」「部類」「クラス」「階層」「系統」「パターン」などがある。

B. 述部が、主語で表わされたものの属性を述べるもの。

(16) 子供の時から、彼は自分をいじめる悪童に、どんな仕打ちをうけても、相手をにくむということのできぬ性格なのである。（おバカさん）

(17) 極秘と聞くと、参吉はまるで餌にとびつく魚のように、どうしても飛びついて行かなくては済まない性質だった。

(金環蝕)

(18) 萩乃は女のくせに大きな乱暴な字を書くたちだった。

(金環蝕)

B類の文末名詞は主語の指し示すものの属性を実現する側面を表わしており、「性質」「性格」「気質」「気性」「性分」「たち」「体質」「人柄」「立場」「構成」「構造」「仕組み」「形式」「様式」「顔立ち」「人相」「体格」「匂い」「形」「趣」「体裁」「運勢」「身分」「出身」などがある。また次のように述語が主語で表わされたものの関係を表わすものもB類に準じて考えることができよう。

(19) このカバは、入園以来、17年余りもぼくと苦楽を共にしてきた仲である。 (国語基本用例辞典)

(20) 我々は持ちつ持たれつの関係だ。

C. 主語で表わされたものや一定の状況の様態を感覚的に把握して述べるもの。

(21) 翌日、車で現地を見に行った時には、高田建設や深川組の人たちは、水力建設部長の説明を聞く気もなく、テントの中の椅子に坐って冷たい飲みものを飲み、煙草をすっているような有様だった。 (金環蝕)

(22) 神谷直吉は返事に窮した様子だった。 (金環蝕)

(23) 隣の部屋に誰か人がいる気配だった。

C類の文末名詞になり得るものとして「感じ」「様子」「模様」「状態」「風(ふう)」「有様」「形」「風情」「格好」「空気」「気配」「気色」「態度」「素振り」「言い方」「口調」「口振り」「表情」「調子」「具合」「勢い」などがある。

D. 述部が、主語(省略されることが多い)で表わされたものの主観を表わすもので、さらに以下のように分けられる。

D-1. 述部が、主語で表わされたものの身体的感覚を述べるもの。

(24) まず最初、音が耳に入ったんです。ブレーキの音でしょうか、キイッという音がした時にはもう身体が宙に浮いてる感じでしたね。 (恐怖恐怖対談)

(25) 心も体も疲れはてた感じである*2。　（おバカさん）

D-2.　述部が、主語で表わされた主体の感情・心理を述べるもの。

(26) 僕だってこのままでは兄さんに対してすまない気持です。（氷壁）

(27) 魚津にはナイロン・ザイルの実験以来、うっとうしい毎日が続いていたが、いま初めてその憂鬱さから脱け出すことができた思いだった。（氷壁）

D-2類の文末名詞になり得るものとして「感じ」「気持」「思い」「心持」「気分」「心境」などがある。

D-3.　述部が、主語で表わされた主体の意思を述べるもの。

(28) そうして、僕の悪い所はちゃんと詫まる覚悟です。（それから）

(29) あれ！ 本当にやる気だよ。　（寺内貫太郎一家）

D-3類の文末名詞になり得るものには「意向」「気」「魂胆」「料簡」「覚悟」「考え」「決心」「心組」「方針」「予定」「主義」「計算」「つもり」などがある。

D-4.　述部が、客観的な事象に対する、主語で表わされた主体の認識や意見を述べるもの。

(30) じゃ、僕等二人は世間のおきてに叶う様な夫婦関係は結べないという意見だね。（それから）

(31) 常盤の方はそういうこともあり得るといった程度の考え方だが。（氷壁）

D-4類の文末名詞になり得るものには「意見」「考え」「印象」「考え方」「認識」「見方」「解釈」「判断」などがある。

E. 状況をより詳しく述べたり、別の角度から解説を加えたりするもの。

(32) 大体、今の日本は道学先生ぶってる人がむやみに多く、人類全体の立場から話をはじめたりする。これの最たるものが、近頃大評判になっている右翼の大物で、口さきだけはやたらに立派なことを言って、手ではきたないことをしていた塩梅だ。（低空飛行）

(33) 遠藤滝子だよ。まさかひとの女を横取りして、ただという法はなかろうからね」そういう言い方はやくざめいた脅迫の口調だった。常太郎は負けなかった。「そんなものは出せないね。滝子はお前の女房じゃあるまい。ただの女だ。お前は嫌われただけの話だ。お前は横取りなどと言っているが、滝子はお前が嫌だから俺の方へ来たんだ。あいつの自由意志だよ」　（金環蝕）

(34) いずれ改めて拝眉、万々御礼申上げ度く存じますが、とり急ぎ使いを以て右御挨拶申上げる次第であります。（金環蝕）

E類の文末名詞になり得るものとして「塩梅」「具合」「次第」「道理」「話」「理屈」「わけ」「顚末」「始末」などがある。

F. 主語で表わされたものや状況の時間的または空間的な位置関係を述べるもの。

(35) 池は開花をはじめたところだった。（裸の王様）

(36) その時平岡は、早く家を探して落ち付きたいが、あんまり忙しいんで、どうする事も出来ない、たまに宿のものが教えてくれるかと思うと、まだ人が立ち退かなかったり、あるいは今壁を塗ってる最中だったりする。などと、電車へ乗って分れるまで諸事苦情ずくめであった。（それから）

(37) 彼は逃亡する寸前だった。

(38) 郵便局はあの角を曲がった所です。

F類の文末名詞になり得るものには「ところ」「近辺」「近く」「そば」「隣」「寸前」「最中」「途中」「頃」「直前」「直後」「後」「時分」などがある。

G. 話し手が他から得た情報として事象を伝達するもの。

(39) 太郎の父は大田絵具の社長で、母は後妻ということだった。（裸の王様）

(40) 財部総裁の退職金は大変な金額だったという話だね。（金環蝕）

(41) 家は所の旧家で、先祖から持ち伝えた山林を年々伐り出すのが、重な用事になっているよしであった。（それから）

G類の文末名詞になり得るものには「こと」「話」「噂」「評判」「由」などがある。

3. 文末名詞と連体部の意味関係

文末名詞は連体部を必須とする被修飾名詞である。連体部と被修飾名詞の意味関係には大きく、被修飾名詞の表わすものが連体部の表わすできごとの成立要素である場合、すなわち連体部と被修飾名詞とが意味的に同じできごとの内部で関わっている場合と、両者がことがらのレベルを異にする場合とがある。前者は被修飾名詞が連体部の述語の補語として意味的に連体部の内部におさまり得るものであり、後者はそうならないものである。文末名詞用法を持つ名詞は状態・主観・事情・時・評判といった抽象的な意味範疇の上位語に限られているが、文末名詞になり得る名詞が連体部を伴って文末に来ても、連体部との関係が前者のものであれば文末名詞ではない*3。なぜならば連体部の表わすできごとの主体や対象であることはモノとしてのあり方だからである。(42a)(43a)の下線部の被修飾名詞は、(42b)(43b)のように連体部の内部におさまり得る。(42a)の「考え」は連体部の表わす事態の主体、(43a)の「印象」は連体部の表わす事態の客体である。

(42) a.　それは皆に支持されている考えだ。

b.　(その)考えが皆に支持されている

(43) a.　不思議なのはその時私が受けた印象だ。

b.　その時私が(ある)印象を受けた

これに対し(44)(45)の連体部は被修飾名詞の内容を表わしたもので、「考え」「印象」は連体部の内部におさまり得ない。(44)(45)はそれぞれ「考え」「印象」を文末名詞とする文末名詞文である。

(44) 彼は辞職する考えだ。

(45) 私は彼の作品が一番出来がいいという印象だ。

具体物を表わす述語名詞が常に主語をモノとして述定するはたらきを持つのは、それらが具体的なモノの範疇を出ないからであり、文末名詞がモノとしての述定以外にも用いられるのは、それらが事物を抽象し得る名詞だからである。種類の上位概念を表わす名詞は主語で表わされたものをパラディグマティックなものの中で位置づける文の文末名詞として、側面の上位概念を表わす名詞は主語で表わされたものの属性を規定する文の文末名詞として、様態の上位概念を表わす名詞は主語で表わされたものの様態を描写する文の文末名詞として…というように、文末名詞の語彙的意味はそのまま文末名詞文における述定の意味となる。高橋（1979）は名詞が動詞句で修飾されている場合の連体動詞句と名詞との意味的な関係を、関係づけのかかわり、属性づけのかかわり、内容づけのかかわり、特殊化のかかわり、具体化のかかわり、二次的なかかわりに分類した。文末名詞の連体部は動詞句だけではないが、文末名詞と連体部との関係もこれに準じて考えることができる。文末名詞にならないのは関係づけのかかわりの場合で、属性づけのかかわり以下はいずれも文末名詞とその連体部の間に見られる関係である。文末名詞の連体部は、

(46) しかし若松は渋い表情だった。 （金環蝕）

のように文末名詞の表わす概念に属性を付け加えたり、

(47) 彼は平岡に逢って、三千代のために充分話をする決心であった。 （それから）

のように内容を提示したり、

(48) ともかく、魚津は酒田行きの金ができたことでほっとした気持だった。 （氷壁）

のように下位概念で特殊化したり、

(49) 相手はふと困ったように返事を考えあぐんでいる様子であった。 （氷壁）

のように具体的事象として提出したりすることによって、述定に実質的な意義を与えている。そうして実質的意義を連体部に預けた文末名詞は、述定の意味そのものを担うことにより、それぞれの語彙的意味に従って主観、説明、アスペクト、伝聞などを表わすモーダルな成分に近づいているのである。

4. 文末名詞と文の成分

名詞の本来の任務は主語や目的語などの補語になることである。

連体部と文末名詞の結び付きも文末名詞が名詞の一種である以上補語にもなる。(50a)(51a) が補語としての例、(50b)(51b) が文末名詞としての例である。

(50) a. その新聞を出しそうもない態度が、少し魚津の目にはかたくなな感じに映った。 (氷壁)

b. 彼はその新聞を出しそうもない態度だった。

(51) a. 犯人を見た者がいるという話がまことしやかに伝えられた。

b. 犯人を見た者がいるという話だ。

しかし実際は文末名詞になり得る形は補語であるよりも文中では補語以外の成分になることが多い。例えば、文末名詞が主語で表わされたものをパラディグマティックなものの中で位置づけるもの、および主語で表わされたものの属性を述べるものは、その同じ形が(52)(53) のように規定語として文中に入り得る。

(52) そのほか、たとえば、大田夫人が後妻だから先妻の子の太郎にことさら善意をおしつけるのだとか、外出好きな性格だとか、ときには夫妻の寝室に対する嘲笑的な臆測などといった種類の醜聞である。 (裸の王様)

(53) その借金の穴埋めに、今度は土建業者に政治献金をさせ、その代りに国家事業のような性質の大発電工事をやらせてやろうというのだ。 (金環蝕)

また主語で表わされたものや一定の状況を感覚的に把握して述べる、連体部と文末名詞の形は、(54)(55) のように述語の指し示す動きの契機となる状況や、動きの様態を表わす状況語となることが多い。

(54) かおるは扉を押す人の気配で立ち上がった。 (氷壁)

(55) 工事は出来ないとは申しません。しかし…」と若松は困惑した表情で言った。 (金環蝕)

主語で表わされたものの主観を表わす、連体部と文末名詞の形は、(56)(57) のように述語の指し示す動きの主観的動機や、動きに伴う気持などを表わす状況語となる。

(56) まあ、どういう了見で、そんな馬鹿な事をしたのだ。

（それから）

（57）私は電力建設会社のやることはすべて公正でなくてはならないという考えから、役員会を招集いたしまして、業者の選定ならびに入札の方法、それから秘密保持ということにはいろいろ心を配っております。（金環蝕）

さらに、主語で表わされたものや状況の時間的または空間的な位置関係を述べる、連体部と文末名詞の形は、（58）（59）のように述語の指し示す出来事の時や場所を表わす状況語となる。

（58）仕方がないからせつせと書いて、もうすこしで終りといふところでポタリと墨が落ちたりすると、泣きだしたくなつた。（低空飛行）

（59）食事の最中に電話がかかってきた。

文末名詞になり得る形の以上のような機能も、名詞の語彙的な意味に起因する。補語として働く場合は名詞の表わすものがモノとして差し出されたが、属性を示す規定語や状況語として働く場合は様態なり感情なりの語彙的意味がそのまま文法的意味なのであり、それは文末名詞として働く場合に通底するものである。

5. 文末名詞文の意味構造

前節で述べたように文末名詞とその連体部の結び付いた形は文中では補語であるよりも規定語や状況語であることが多い。ただ、実質的な意味で補語になることは少ないが、形式的にはしばしば（60a）〜（62a）のようにガ格やヲ格の形をとって現われる。

（60）a.　しかしね、特別作業班が持ち帰った予定額の書類は、ただちに金庫に入れられたのではなくて、総裁が二、三日持ち歩いていたという噂がある。（金環蝕）

（61）a.　私はこの問題を徹底的に追及する決心をしております。（金環蝕）

（62）a.　何でもその時は、大へんおとなしい、無口な人という印象を受けた。（人物記）

（60a）の「噂」は動詞「ある」の主格補語、（61a）の「決心」、

(62a) の「印象」はそれぞれ「する」「受ける」の目的格補語である。しかしこれらの動詞は実質的な意味を持たないために、(60b) 〜 (62b) のようにコピュラと置き換えても文の知的意味に増減をもたらさない。

(60) b. しかしね、特別作業班が持ち帰った予定額の書類は、ただちに金庫に入れられたのではなくて、総裁が二、三日持ち歩いていたという噂だ。

(61) b. 私はこの問題を徹底的に追及する決心です。

(62) b. 何でもその時は、大へんおとなしい、無口な人という印象だった。

すなわち (60a) 〜 (62a) は「噂がある」「決心をする」「印象を受ける」が全体で述語として働いていると見ることができる。村木 (1980) はこのように「実質的意味を名詞にあずけて、みずからは文法的な機能をはたしている動詞」を「機能動詞」と名付け、「機能動詞をふくむ、ひとまとまりの連語」を「機能動詞結合あるいは機能動詞表現」と呼んでいる。この用語に従えば、文末名詞はそのほとんどが機能動詞と結び付いて名詞が連体修飾された形の機能動詞結合を形成する。下に挙げるように、機能動詞結合と文末名詞の対応は枚挙にいとまがない。

〜様子をする／〜様子だ　　〜思いがする／〜思いだ
〜印象を与える／〜様子だ　　〜立場をとる／〜立場だ
〜感じがする／〜感じだ　　〜気がある／〜気だ
〜意向を持つ／〜意向だ　　〜態度に出る／〜態度だ
〜気配がうかがえる／〜気配だ　　〜関係にある／〜関係だ

文末名詞のうち機能動詞との結び付きが考えにくいのは「模様」「具合」「次第」「塩梅」「始末」「調子」などの数例である。「文末名詞＋だ」というのは名詞の連体部を必須とする機能動詞結合の、実質的意味を持たない動詞がコピュラに収斂された形とも言えそうである。ただし下のように、機能動詞結合を形成する被修飾名詞がすべて文末名詞化するわけではない。

〜自信がある／*〜自信だ　　〜期待をする／*〜期待だ
〜心配がある／*〜心配だ　　〜意志がある／*〜意志だ

〜恐れがある／*〜恐れだ　　　　〜ふしがある／*〜ふしだ

しかしこれらも文末名詞化する可能性を秘めているのではないであろうか。(63) の「事情」、(64) の「希望」などは文末名詞としてまだそれほど一般的とは言えないであろう。

(63) 星野長官の方は急速に事を運ばなくてはならない事情であったが、…　(金環蝕)

(64) 僕ももう三十だから、貴方の云う通り、大抵な所で、御勧め次第になって好いのですが、少し考えがあるから、この縁談もまあ已めにしたい希望です。　(それから)

今後、(65) (66) のような文末名詞も現われてくるかもしれない。

(65) *私は優勝する自信だ。

(66) *私は彼に一度会った記憶だ。

しかし機能動詞結合と文末名詞との交替は、単に機能動詞とコピュラとの置き換えの問題ではない。機能動詞結合を述語とする文は動詞文、文末名詞文は名詞文であって、両者は当然構造を異にする。それは、機能動詞結合の名詞部分は機能動詞の格支配下にあるが、文末名詞の場合、自身は述語でその意味上の所属先が主語という意味統語構造になっているからである*4。例えば次の文末名詞文 (67b) (68b) は (67a) (68a) において機能動詞「ある」が形成していた「〜に〜がある」という存在構文あるいは所有構文ではなくなっている。

(67) a.　あの二つには、一種キッチな趣があるよね。(低空飛行)

b.　あの二つは、一種キッチな趣だよね。

(68) a.　彼には若い修行僧か宗教家のような感じがあった。　(若い詩人の肖像)

b.　彼は若い修行僧か宗教家のような感じだった。

次の (69a) (70a) で機能動詞結合の名詞を限定する所有格は、(69b) (70b) では文末名詞の主語としてあらわれている。

(69) a.　御馳走ぐらいに縛られては損だという彼の計算もあるかも知れないのだ。　(金環蝕)

b.　彼は御馳走ぐらいに縛られては損だという計算かも知れないのだ。

(70) a.　責任逃れをしようという彼の態度が感じられた。

b.　彼は責任逃れをしようという態度だった。

また、文末名詞が主語で表わされた主体の意思を表わす場合、連体部は（71a）（72a）のように意志動詞の基本形あるいは「意向形＋という」と形が決まっているのに対し、機能動詞結合の連体部は（71b）（72b）のように、より自由な形を取り得る。

(71) a.　財部はただ、押し切る決意だ／財部はただ、押し切ろうという決意だ。

b.　(財部は) ただ、押し切ろうとする決意がある。（金環蝕）

(72) a.　青山組は彼の骨を拾う決意だ／青山組は彼の骨を拾ってやろうという決意だ。

b.　青山組が彼の骨を拾ってくれるだけの決意をもっている。（金環蝕）

主体の意思を表わす文末名詞文は（73a）のような機能動詞結合と異なり、主節の主語と連体節の主語が常に同一であるという特徴があり、（73b）のように両者が異なるものは文末名詞文にならない。

(73) a.　彼には、会社はまちがいなく倒産するという覚悟があった。

b. *彼は会社はまちがいなく倒産するという覚悟だった。

このほか、「〜気がする」は（74）（75）のように主語で表わされた主体の感情や判断を表わすもの、「〜気だ」は（76）（77）のように意思を表わすものであって、互換できないなどの個別的な現象もある*5。

(74) 私は悲しい気が致します。（出家とその弟子）

(75) 私は、それは同一人だったような気がしますね。（点と線）

(76) 呉さんははじめから死ぬ気だった。（忘却の河）

(77) あの子、絶対に言う気よ。（向田邦子TV作品集）

文末名詞は動詞句の動詞性が捨象されてコピュラ化したとみなされ得るが、形態上の相異がそれぞれの独自性をもたらしている。

6. 文末名詞の述語名詞としての性格

名詞は述語に対する補語となるほかに、コピュラを伴って述語としてもはたらく。述語としての文法的機能を担うのはコピュラの部分である。ところで文末名詞のあるものは典型的な述語名詞に比べ、次のような二、三の点で特徴的である。

● (A) 否定形

一般に「述語名詞＋コピュラ」の否定形は「〜では（じゃ）ない／〜ではありません」である。文末名詞文も述語が主語で表わされたものの種別や属性、あるいは時間的空間的位置関係を表わすものは（78）〜（82）のように同様の否定形を持つ。

(78) 彼は学者のタイプではない。

(79) まだ高校生の子供がいるから、定年退職したからって、遊んで暮らせる結構な身分じゃないんだ。　（国語基本用例辞典）

(80) 君の話とは違って、彼は猛勉強の最中ではなかったよ。

しかしその他の文末名詞の中にはそれとは異なった形の否定形で現われるものや否定形そのものを持たないものがある。例えば「覚悟」「気」「つもり」「予定」「料簡」「道理」「話」「噂」「気配」「気色」などの文末名詞は「〜ではない」という否定形で現われることは少なく、専ら（81）〜（83）のように「〜はない」という形になる。

(81) 私はお前を裁く気はない。　（出家とその弟子）

(82) ええ、別に嘘を吐く料簡もありませんな。　（それから）

(83) 現地説明が終らなくては土建業者たちの入札が出来る道理はない。　（金環蝕）＊6

「気持」「心持」「様子」「感じ」などのように、「〜はない」「〜ではない」の両方用いられるものもある。

(84) a.　三千代は自分の荒涼な胸の中を代助に訴える様子もなかった。　（それから）

b.　三千代は自分の荒涼な胸の中を代助に訴える様子でもなかった。

(85) a.　頭部を見ている限り、死体を掘り出したといった感じ

はなかった。 （氷壁）

b.　頭部を見ている限り、死体を掘り出したといった感じではなかった。

「わけ」の場合、「わけではない」という形であれば確定表現であり、「わけはない」であれば判断表現であるというように、否定の形によって用法の違いが見られる。

（86）a.　彼が来るわけではない。

b.　彼が来るわけはない。

「〜はない」に対する肯定形は「〜がある」であり、これはすなわち機能動詞結合である。「覚悟」「気」などの文末名詞が否定形の欠落を機能動詞結合の形で補うということは文末名詞と機能動詞結合との密接な関係を示すものであろう。「〜はない」に限らず、（87）〜（90）のようにさまざまな機能動詞結合の否定形が見られることは言うまでもない。

（87）彼はすぐさま、「川風さむみ千鳥鳴くなり」と言ひ添へ、別に得意さうな顔もしなかつた。 （低空飛行）

（88）「成程ただ筆が達者なだけじゃ仕様があるまいよ」と代助は別に感服した様子を見せなかった。 （それから）

（89）ふたりの向後取るべき方針に就いて云えば、当分は一歩も現在状態より踏み出す了見は持たなかった。 （それから）

（90）人目に立つからな。私は行くわけに行かんのだ。 （金環蝕）

「次第」「有様」「塩梅」「具合」「模様」などの文末名詞は否定形が考えにくい。

（91）a.　今回のことで困っている次第です。

b.　?今回のことで困っている次第ではありません。

（92）a.　彼は彼女を恐れている有様だ。

b.　?彼は彼女を恐れている有様ではない。

（93）a.　彼がそそのかしていた塩梅だ。

b.　?彼がそそのかしていた塩梅ではない。

（94）a.　制止してもブレーキが利かないという具合だ。

b.　?制止してもブレーキが利かないという具合ではない。

（95）a.　大会は中止になる模様だ。

b. ?大会は中止になる模様ではない。

これらの文末名詞は連体部の表わす事態の上位概念を示す語で、文脈中に示されたことがらに関連して実情を説明するというムードを持ち、「模様」は「ようだ」に近い推量の表現となっている。「有様」「塩梅」は望ましくない事態や意外な事実を提示するという一定のニュアンスも帯びてきているように思われる。否定形を持たないということはこれらが文法的にもモーダルなものになりかかっていることを示すのではないであろうか。(91c) ～ (95c) のように疑問形にすると不自然なのもこのことに関連しているであろう。

(91)c. ?今回のことで困っている次第ですか。

(92)c. ?彼は彼女を恐れている有様ですか。

(93)c. ?彼がそそのかしていた塩梅ですか。

(94)c. ?制止してもブレーキが利かないという具合ですか。

(95)c. ?大会は中止になる模様ですか。

一方 (96) ～ (98) のように否定形でしか用いられないものもあり、それらは連体部の述語の形を含め、固定化した文末表現になっている。

(96) 私のでる幕じゃありませんよ。 (裸の王様)

(97) フンドシと王冠とどちらが生活的かなんて、わりきれたもんじゃないよ。 (裸の王様)

(98) けんかしてる場合じゃないでしょ。 (向田邦子 TV 作品集)

● (B) 人称制限

感情形容詞だけでなく、主観を表わす表現の広い範囲に亙って人称制限が見られることについては新屋 (1989) で述べた。文末名詞の場合も例外ではなく、小説の地の文のように視点の自由な文を除いて、感覚・感情を表わすすべての文末名詞、意思・認識を表わす一部の文末名詞に人称制限が見られる。感覚・感情の場合、言い切りの文末名詞に対応する主語は常に、平叙文であれば1人称、疑問文であれば2人称である。

(99) *彼は泣きたい思いだ。

(100) *彼は夢を見ている気分だ。*7

認識を表わすものでは「印象」が主体を1人称に制限する。

（101） ＊彼は、皆いい人だったという印象だ。

意思を表わす「気」「意向」「料簡」「魂胆」などは逆に現代では専ら3人称の主体に用いられる＊8。

（102） ?私は雨でも行く気です。

（103） ?私は来月渡米する意向です。

（104） ?私はこっそり逃げてしまおうという料簡です。

（105） ?私は彼の懐具合を探ろうという魂胆です。

このうち「気」「魂胆」「料簡」は、

（106）「何だ！ 君は何もかもめちゃくちゃにする気なのか」（氷壁）

（107）「そうか。鬼のいない間に洗濯ジャブジャブでよ、ばあちゃんの部屋大掃除って魂胆か」（寺内貫太郎一家）

（108）この重大な問題については、いったいどうしてくれる料簡であるか。（集金旅行）

のように、非難や驚きの気持で他者の意思を述べるのに用いられることが多い。

● （C）ガ - ノ可変

名詞はその修飾語句中の格助詞「が」を「の」と交替できるという特徴を持つが、文末名詞の場合、（109b）～（111b）のようにガ - ノ可変のあやしくなることが多い。

（109）a.　彼は自分が立候補する意向だ。

b. ?彼は自分の立候補する意向だ。

（110）a.　彼にはファンが大勢いる模様だ。

b. ?彼にはファンの大勢いる模様だ。

（111）a.　そこで私が呼ばれた次第です。

b. ?そこで私の呼ばれた次第です。

以上否定形、人称制限、ガ - ノ可変という面から文末名詞の特徴を見た。否定形が典型的な名詞のそれと様相を異にし、言い切りの述語になったときに人称制限が見られ、またガ - ノ可変も不安定であるということは文末名詞の名詞としての形態的統語的な特異性を示している。

7. まとめ

名詞は事物をモノとして差し出し、主語や目的語になることを本来の任務とする自立語である。しかし文末名詞はモノとしてではなく語彙的意味のままに述定に用いられており、しかも連体部を必須とする自立姓の低い用法である。文末名詞は述定の意味的な枠組みを示し、また時に命題に対する話者の態度を暗示するものであった。一般に述語は主語で表わされたものの一定の時・所における動き・変化・状態や、時・所に関わらない性質・種類・同一物などを表わす。典型的には動きや変化を表わす述語は動詞であり、状態や性質を表わす述語は形容詞、種類や同一物を表わす述語は名詞である。動詞・形容詞・名詞がそれぞれの典型的な用法からずれてくると、こうした文の意味と述語の品詞との対応もくずれてくる。文末名詞になり得る名詞はその一例であって、機能的には補語になるほかに状況語や規定語などになることが多く、述語としては否定形・人称性・ガ-ノ可変に特徴が見られた。いわゆる助動詞は形態的には非自立語で活用を有するものであり、意味・用法的には用言や体言などに後接してその意味を補ったり話し手の種々の判断を表わしたりするものとされる。形式名詞の「の」「はず」などが文末にきて助動詞的な機能を持つことはよく知られているが、文末名詞はこれらよりは実質的な意味を有しながら、文末に位置して相似た働きを持つ。いわば名詞と助動詞の両域にまたがる、あるいはその境界域にある語群と考えることができるのではないであろうか*9。

しかし文末名詞文はあくまで名詞文ではある。ちなみに文末名詞文を英訳と対照してみると、(112)～(115)のように文末名詞が英語では前置詞句や動詞になっていることが多い。

(112) a. 彼は頑固な性質だ。

b. He is stubborn by the nature.

(113) a. それが気に入った様子だ。

b. He seems pleased with it.

(114) a. 泣きたいような気持です。

b. I feel like crying.

(115) a.　私は昼前に帰るつもりです。

b.　I expect to come back before noon.*10

世界の諸言語の中に日本語の文末名詞文の類を持つ言語がどのくらいあるのか分からないが*11、命題を名詞で収めようとする傾向は文化的にも一考に値することかもしれない。

---

*1　高市（1987）は形式的な名詞述語の構文的特徴を考察したものであるが、その中には「わけ」「はず」「もの」などと共に本章における文末名詞も含まれている。また角田（1996）の「体言締め文」および角田（2011）の「人魚構文」は本章の「文末名詞文」に重なるものが多い。角田（2011）ではそれらの文における文末の体言が「実質名詞」「形式名詞」「の」の3類に分けられ、「実質名詞」として「意志」の類、「段取り、見込み」の類、「感情」の類、「状況、結果」の類、「印象、雰囲気」の類、「習慣」の類、「人間の性格」の類、「役目」の類、「体の特徴」の類、「無生物の構成」の類、「時間の関係」の類、「疑い」の12類が、「形式名詞」として「つもり」「はず」「わけ」「もの」「次第」等々が挙げられている。

*2「感じ」という語は主観を表わすと同時に感覚対象の持つ客観的な側面をも意味する。「感じ」を文末名詞とする文は、対象が感覚主にとって外在的なものの場合、「感じ」の語義の広さのために、主体の感覚・感情、属性、様態を表わす文、あるいは後述する認識を表わす文のいずれとも決め難い）場合が多い。例を挙げる。

- マウンドまで18.44メートルと聞いていますが、ずいぶん遠い感じですね。（朝日新聞 1988.8.8）
- まだ一人前の女になり切っていないような細い肢体も、兄譲りの、どちらかといえば色の黒い精悍な顔だちも、かおるという男性にも女性にも両方に通用しそうな名前にぴったりと合っている感じだった。（氷壁）
- 床の敷物も巴絵のハイヒールまでがスッポリ埋まってしまうような感じだった。（おバカさん）

*3　ただし、野田（2006）の指摘するように、「性格」「性質」などの主語の側面を表わす文末名詞は「彼は素直な性格だ。／彼は性格が素直だ。」のように「は・が文」の形で連体部におさまり得る。

*4　文末名詞文は形式的に大きく、「連体部＋文末名詞＋コピュラ」で構成された述部に対応する主語を持つものと、文の形をしたものに「文末名詞＋コピュラ」が後接した形のものとに分けることができる。前者の場合、例えば「彼らは移動を始めた直後だった。」のように文末名詞が時間的または空間的な位置関係を述べるものは述語の意味上の所属先（広義）が主語という関係は成り立たないが、整合性を保つためには、「彼らは移動を始めた直後という（時間

的）状況だった。」（彼らの状況）のように新たに文末名詞を仮定できないこともない。後者、すなわち文の形をしたものに「文末名詞＋コピュラ」が後接した形の場合、文末名詞の所属先である論理上の主語は文脈中に求められる。
＊5 「（あんな所に）行く気がする？」の下線部は「行く気だ」に近いが、こうした「気がする」は用法が限定される。
＊6 下のように、これらに「〜ではない」という否定形が全く見られないわけではないが、「〜はない」の方が圧倒的に多く、また自然に感じられる。

- 「世間の夫婦はそれで済んで行くものかな」と独言の様に云ったが、別に梅子の返事を予期する気でもなかったので、代助は向の顔も見ず、ただ畳の上に置いてある新聞に眼を落した。（それから）
- 彼としては、嘘を言っているつもりではなかった。（レトリック感覚）
- 代助はあながち父を馬鹿にする了見ではなかった。（それから）

＊7 言い切りでなければ「彼は泣きたい思いなのだ。」「彼は夢を見ている気分だろう。」のように人称制限は解除される。
＊8 「私は悦んで遇う気です。」（出家とその弟子）、「しかし私は真面目に生きる気です。」（出家とその弟子）のような1人称主体の例は現代では少なくなっている。
＊9 野田（2006）は文末名詞を助動詞相当のものと側面・部分を表わすものとに分けるべきことを主張している。先の注（3）で言及したことに加え、文の中心的な内容に一定の意味合いを付け加えるか否かという点でも、野田の主張は頷けるものである。
＊10 英文はNEW JAPANESE-ENGLISH DICTIONARYによる。
＊11 角田（2011）によると、「人魚構文」はアジアの15の言語にしか見つかっておらず、世界的に見ても珍しいという。

例文出典

芥川龍之介「人物記」『芥川龍之介集』筑摩書房
石川達三『金環蝕』新潮文庫
伊藤整『若い詩人の肖像』新潮文庫
井上靖『氷壁』新潮文庫
井伏鱒二『集金旅行』新潮文庫
遠藤周作『おバカさん』中公文庫
開高健「裸の王様」『昭和文学全集9』角川書店
倉田百三『出家とその弟子』新潮文庫
佐藤信夫『レトリック感覚』講談社
夏目漱石『それから』新潮文庫
福永武彦『忘却の河』新潮文庫
松本清張『点と線』新潮文庫
丸谷才一『低空飛行』新潮文庫
向田邦子『寺内貫太郎一家』新潮文庫
向田邦子『向田邦子TV作品集』大和書房

吉行淳之介『恐怖恐怖対談』新潮文庫
朝日新聞
『国語基本用例辞典』教育社
NEW JAPANESE-ENGLISH DICTIONARY　研究社

II　名詞文の諸相

第7章

意味構造から見た平叙文分類の試み

1. はじめに

「太郎は学生だ。」「1時間目は数学だ。」のように、述語が〈名詞句+コピュラ〉で構成される名詞文には、意味構造上、有題叙述文・指定文をはじめとするいくつかの類型があるが、こうした分類は名詞文だけでなく、動詞文を含む平叙文一般に適用し得ると考えられる。本章では名詞文を含む平叙文一般の分類案を提出してみたい。なお、本章でいう「平叙文」には疑問文も含まれる。

2. 名詞述語文の意味構造に関する先行研究

日本語の名詞文分類に関しては、三上(1953)、上林(1988)、坂原(1990)、西山(2003)などをはじめとして多くの論考がある。三上(1953)は平叙文を動詞文と名詞文に、名詞文をさらに形容詞文と準詞文に分け、準詞文に、「イナゴハ害虫ダ」のような無格の述語による措定の文(第一準詞文)、「幹事ハ私デス」のような有格の述語による指定の文(第二準詞文)、「姉サンハ台所デス」のような端折りの文(第三準詞文)の3種があるとした。これを受けて上林(1988)は名詞文を、Aという表現で指示される指示対象について言えばそれはBという性質を持つということを表わす措定文「AはBだ」、Bという表現で指示される指示対象あるいはBという性質を持つものをさがせば、それはAという表現の指示対象であるということを表わす指定文「AがBだ」、指定文のAとBを入れ替えた倒置指定文「BはAだ」があるとした。また西山(2003)*1はAで指示される指示対象について、Bで表示する属性を帰す措定文「AはBだ」、Aという一項述語を満足する値をさがし、それをBによって指定（specify）する倒置指定文「AはBだ」、Aの指示対象について、「それはいったい何者か」を問題にし、その答えを「Bにほかならない」と認定する倒置同定文「AはBだ」、Aの指示対象をまず念頭に置き、それはBの指示対象にほかならないと読む倒置同一性文「AはBだ」、Aという概念をBで定義する定義文「AはBだ」、ある要素を談話に導入し、後続する談話においてとくにその要素に注意を喚起する提示文「B（の）がAだ」に分類し、倒置指定文・倒置同定文・倒置同一性文には意味を同じくする「BがAだ」という倒置以前の形、すなわちそれぞれ「指定文」「同定文」「同一性文」が存在するとした。また坂原（1990）はメンタル・スペース理論に基づいて名詞文「AはBだ」を、Aが属性Bを持つ要素の集合に属すことを表わす記述文、役割Aへの値Bの割り当てを表わす同定文に分類し、その他「あの時の男の子は、太郎だった。」のような同一性命題を表わす間スペース解釈の文にも言及している。以上4論考は相違点も少なくないが、「措定文」（三上の「第一準詞文」、坂原の「記述文」）、「倒置指定文」（三上の「第二準詞文」、坂原の「同定文」）の設定において共通している。以上の論考を踏まえながら、次節以降で筆者の見解を述べることにする。

3. 考察の対象

本章は、名詞文の分類は名詞文のみでなく平叙文一般に拡張できるという立場に立つ。従って考察対象には佐久間（1941）の「物語り文」「品定め文」の両者を含む。動詞文を典型とする物語り文は、一定の時空間に生起する出来事を表わし、述語を中心として述語が要求し述語に依存する格成分で構成されるのに対し、名詞文・形容詞文を典型とする品定め文は、事物の性質や種類を表わし、主語と述語二項の結合を骨組みとする。このように物語り文、品定め文は統語的には大きく異なっているが、本章のような観点を異にした分析では統合的に扱うことが可能だと思われるからである。

上林（1988）は三上（1953）の「形容詞文」と「準詞文」の区

別は不要であると主張し、その論拠として、形容詞文にも名詞文と同様の分類を施すことができると述べ、下のような名詞文と形容詞文の対応例を挙げている。しかし右端に示した通り、名詞文の各類に対応する点では動詞文も変わらない。措定文、指定文にはそれぞれ名詞文、形容詞文、動詞文があるが、倒置指定文は名詞文のみであるので、形容詞文、動詞文に対応する倒置指定文は（　）に入れてある。傍点はプロミネンスの位置を示す。

	名詞文	形容詞文	動詞文
措定文	太郎は学生だ。	太郎はかしこい。	太郎は合格した。
指定文	太郎が学生だ。	太郎がかしこい。	太郎が合格した。
倒置指定文	学生は太郎だ。	（かしこいのは太郎だ。）	（合格したのは太郎だ。）

また、従来の論考には扱われていなかった「田中さんは明日出発だ。」「運動会は中止だ。」のようなものは、形の上では名詞文とはいえ、意味的には動詞文に近い。こうしたものを対象として含めるためにも考察の範囲を動詞文にまで及ぼさざるを得なくなる。

4. 平叙文の分類

平叙文は意味・情報構造を基準として以下のように分類される*2。

- 平叙文
  - 有題叙述文
  - 同定文
  - 指定文
    - 有題後項指定文
    - 陰題前項指定文
    - 無題後項指定文
  - 中立叙述文
  - 文脈依存文

上の各類はそれぞれ一定の表現機能を持ち、それは一定の意味構造（構成要素どうしの意味関係、各要素の指示性・叙述性）および情報構造によって支えられている。以下、平叙文各類のこうした意味構造について述べる。

4.1 有題叙述文：「A は B。」

平叙文を意味構造の上から見た類型の一つは、(1) ～ (5) のように、文が「A は B。」の形を取って全体が A と B に二分され、A を主題として B でその属性（広義）を述べるものである。B で述べられる属性は動態、静態を含む。これを有題叙述文とする。先行諸論考における「措定文」は「有題叙述文」に当たる。

(1) 太郎は大学生です。

(2) 桜は美しい。

(3) じゃがいもは水からゆでます。

(4) 魚は猫が食べてしまいました。

(5) 父は留守です。

文は、文の命題である思想や出来事を述べたてる叙述と、命題を素材として文を成立させる陳述という二つの働きによって成立する。命題をまとめあげる核となるものは述語であるから、そうした述語たり得る性質を叙述性、叙述性を持つ表現形式を叙述句と呼べば、有題叙述文の B は叙述句である。叙述句には動詞句も形容詞句も名詞句もある。叙述句としての名詞句はコピュラを伴う。また、具体・抽象、特定・不特定を問わず森羅万象の何かをモノとして指示するのみで叙述性を持たない名詞の性質を指示性、指示性を持つ名詞句を指示名詞句と呼べば、有題叙述文の A は指示名詞句である。

有題叙述文は物語り文、品定め文の両者を含む。有題叙述文を形態上 A と B に二分するものは主として係助詞の「は」であるが、主題 A は常に顕在化されるとは限らないし、主題が顕在でも主題をマークするものは「は」に限らない。(6) (7) のようなものも有題叙述文であり、これらの「あの本」も主題である。

(6) あの本ならもう読みました。

(7) あの本、もう読みました。

A と B は格関係でなく題述関係であるから、A は格成分の主題化されたものに限らない。(8) の「これ」と「誰か来ている」のように格関係に還元できない二項が題述関係を構成している場合もある。

(8) (見慣れない靴があるのを見て) これは誰か来ているな*3。

有題叙述文の述部Bはその内包によってAに解説を加えるもので、内包を持たず指示機能のみの人称代名詞や指示詞は有題叙述文の述語になり得ない。固有名詞については、三上 (1953) は「名前も人の性質の一つには違いないから、措定にもなりえる」とし、上林 (1988)、西山 (2003) も例えば、(9) は「この男は太郎という名前を有している」という読みを持つ措定文であるとする。

(9) この男は太郎だ。

しかしこうした固有名詞の用い方は‘taroo’という音声形式、ないし「太郎」という表記を提示するのみであって内容を持たないため、通常の措定文 (有題叙述文) とは言えない。それは例えば (10) が「犬」という種類であることを述べるのではなく、‘inu’という名称を持つものであることを述べるのに等しい*4。

(10) これは犬です。

固有名詞を述語とする (9) のような文は、措定文 (有題叙述文) としても特殊なものである。ただし文脈により、「この男」の名前を述べるのではなく、「この男」の指示対象と「太郎」の指示対象が一致することを表わす同定文 (後述) である場合もある。これに対し坂原 (1990) の場合、固有名詞も記述文 (措定文、有題叙述文) の述語になるとする点は上林 (1988)、西山 (2003) と同様であるが、「固有名詞は、それが有名人を指す場合などは、依然属性と解釈される余地が残されている (つまり、「万人周知のあの紫式部」というような意味)」と述べ、理由を異にしている。しかし有名人の固有名詞がなぜ属性を表わす述語になり得るのか明らかでない。もし固有名詞が通常の有題叙述文の述語になり得るとすれば、それは (11) のように、その固有名詞の持ち主の特徴を述語に含意させるというような特殊な用法の場合であろう。

(11) 長嶋はやっぱり長嶋だ。自分の気持ちを隠しておくのは苦手らしい。

また、西山 (2003) は、本来的な指示名詞句であり措定文 (本章の有題叙述文）の述語になることのできないものとして、人称代名詞、「あいつ」「この車」のような直示的（deictic）な要素、「お互い」「自分」のような照応形、「3匹の子豚」「多くの本」などの数量詞を含む表現を挙げている。ただ、数量詞を含む名詞句には（12）のような有題叙述文の述語となるケースがないわけではない。

（12）ダーク・ダックスは4人の男性だ。

4.2　同定文：「AはBだ*5。」

同定文「AはBだ。」は、Aで指示される主題について、Bで指示されるものが同一関係にあることを示す（13）～（16）のような文である。主題と述部とは被同定項と同定項という関係にある。

（13）これはきのう買ったセーターです。

（14）そういえばさっきの傘、花子が捜している傘だ。

（15）そこでのぞいている子は太郎だな。

（16）花田光司は貴ノ花だ。

有題叙述文は述部で内包を提示するのに対して、同定文の述部は事物を指示するのみで、内包を提示しない。すなわち、同定文はA、Bともに指示名詞句であり、常に名詞文である*6。

高橋（1984）は名詞文における主語と述語の意味的な関係の一つとして「同一づけ」を挙げる。同一づけというのは「主語と述語が同一のものをさししめしていて、述語でそれをむすびつけている関係」である。同一づけの中に2種類あるとされ、その一つは「べつの空間・時間に存在したり、べつの現象形態をとったりしている同一のものをむすびつける関係」、今一つは「ひとつの現象形態をしている一つのものを、べつのとらえかたをして、むすびつけるもの」とされている。この分類は同定文にそのまま当てはめることができる。上の例で言えば（13）（14）が前者に当たり、（15）（16）が後者に当たる。ただ、高橋の同一づけと本章の同定とは性質が異なる。同一づけは同一物の結合であるから主語と述語は互換できるとされるが、同定はAをBで同定するのであり、その逆ではない。高橋は、「（ア）あれは野島だ」と「（イ）野島はあれだ」の例を挙げ、共に同一づけであるが（ア）のタイプが（イ）のタイプよりはるかに多いのは、「より特殊なもの、より具体的なものが主語になり、より一般的なもの、より抽象的なものが述語になるのが普通」だからであると述べている＊7。高橋の指摘は人間が同定作用を行なう時の認知の順序を示すものにほかならず、同定文においては、通常、眼前の事物と非眼前の事物とでは前者が被同定項すなわちAに、後者が同定項すなわちBになるのであり、具体的な対象と抽象的な対象とでは、前者が被同定項すなわちAに、後者が同定項すなわちBになるのである。

一文が有題叙述文か同定文か指定文か、あるいは指定文か中立叙述文かは表現形式だけからは判断できないことが多い。例えば（17）の場合、述語名詞が内包提示に用いられていれば有題叙述文で、「だから彼は情のない男だ。」のような解釈が可能であり、述語名詞が特定の人物を指示するのに用いられていれば同定文である。

（17）彼は妻子を捨てた男だ。

4.3　有題後項指定文、陰題前項指定文

平叙文の3番目の類型は、事象を構成する要素のあるものを特にそれと指定するという表現機能を持つ文で、これを指定文と呼ぶ。（18a）（19a）は疑問文、それらへの応答文である（18b）（19b）は非疑問文であるが、いずれも指定文で、傍点のある部分が指定された要素である。

（18）a.　誰がそう言った？

b.　太郎がそう言った。

（19）a.　いつそう言った？

b.　昨日言った。

指定文の命題は情報機能上、前提と焦点に分かれる。聞き手に了解されているとして扱われる部分が前提、聞き手に了解されていないとして扱われる部分（疑問文の場合は、話し手が了解していないものとして扱われる部分）が焦点である。（18）で言えば、「誰かがそう言った」が前提で、（18a）では「誰か」の部分を焦点として質問しているために不定語「誰か」が疑問詞「誰」となっている。（18b）は「太郎」が焦点である。

（18）（19）には、構成要素が前提か焦点かという情報上の機能を同じくし、構文形式を異にする次のような形式がある。

(18)c.　そう言ったのは誰だ？

d.　そう言ったのは太郎だ。

(19)c.　そう言ったのはいつだ？

d.　そう言ったのは昨日だ。

（18a）（18b）（19a）（19b）は無標の文形式であるのに対し、（18c）（18d）（19c）（19d）は前提から焦点要素を取り除いた部分が補文標識「の」を伴って主題となり、取り出された焦点がコピュラの付加によって述語句を構成したという形式「AのはBだ」になっている*8。このように題述形式をとっているものを「有題後項指定文」、主題と焦点に二分されていない（18a）（18b）（19a）（19b）のようなものを「陰題前項指定文」と呼ぶことにする*9。有題後項指定文と陰題前項指定文とは前提、焦点に関して同等の情報性を有しているから、構文上の異形態と考えることができる*10。有題後項指定文は情報の焦点を明示する形式になっているのに対し、陰題前項指定文は全体が一つの叙述句として表わされているため、音声上の助け（焦点にプロミネンスが置かれる）がない限り、焦点のありかは文脈に依存することになる。また、Aが名詞述語である場合、（20）（21）のように名詞述語を形成するコピュラ、およびコピュラに後接する補文化辞「の」は通常潜在化し、「AはBだ」という形式になる。

(20) 社長であるのは太郎だ。　→　社長は太郎だ。

(21) 本物なのはあれだ。　→　本物はあれだ。

有題後項指定文のAとBとは命題とその構成要素という意味関係にあり、Bには形態的にも意味的にもさまざまな構成要素が現れる*11。例えば（22）～（30）のBはそれぞれAにおける動作の対象（22）、移動の着点（23）、結果の側面（24）、状態の期間（25）、原因（26）、目的（27）、時間的順序（28）、意図性（29）、行為の相手（30）であり、（22）～（24）のBは名詞句、（25）～（27）のBは副詞節、（28）（29）のBは副詞、（30）のBは副詞句である。叙述性を持たないこうしたBの諸形式を非叙述句と呼ぶことにすると、有題後項指定文のAは叙述句、Bは非叙述句である。三上（1953）は「指定の文」の述語は「格助詞の隠見如何に拘らず」有格であると述べている。有題後項指定文の述語は格成分相当のものばかりではないが、(22)～(24)に関して言えば、それらのBはそれぞれAのヲ格相当、ニ格ないしへ格相当、ニ格ないしデ格相当である*12 *13 *14。

(22) 添えたのは湯がいた春菊。 (k:Yahoo!ブログ:2008)

(23) その後、行ったのはジェラートのお店。 (k:Yahoo!ブログ:2008)

(24) 今まで失敗してきたのは生地の濃度でした。 (k:Yahoo!ブログ:2008)

(25) 晋さんが一番輝いていたのは高校に入るまでだ。 (口笛吹いて)

(26) 彼が歴史に名を残したのは絵を描いたからだ。 (k:満月の夜、モビイ・ディックが)

(27) この話をこと細かに述べたのは、当時はまだエルサレムの住民と旧約聖書との間にあった密な繋がりを示すためだ。 (k:回想のオリエント)

(28) オリンピック史上、この競技で日本がベスト4に入ったのは初めてですよ。 (k: Yahoo!ブログ:2008)

(29) そうすると、合わせてみると二十年ぐらいは入っていたけれどもだめだったという事例がある場合に、その場合のことを何とかというのを言っているのに、局長の方は、制度そのもので二十五年入らない人ばかりがなったら困るからと言われるのは、わざとなのかどうかわかりませんが、ちょっとその趣旨が違うのではないか。 (k：国会会議録)

(30) 購買者や消費者を相手にモノを売ることはできても、サービスを売ることは決してできません。サービスを売るのは、「お客さん」に対してです。 (k:あなたのお客さんになりたい！)

有題後項指定文は陰題前項指定文の分裂文*15であるが、分裂文と形は同じでも、(31)のように述語名詞句がその内包によって主題の属性を示すものは有題叙述文、(32)のように主語と述語の指示対象が一致することを表わすものは同定文であり、三上(1953)流に言えばそれらの述語はいずれも無格である。

(31)a.　太郎に贈ったのはいい本だ。

(32)a.　太郎に贈ったのは間違いなくこの本だ。

(31a)(32a)の「の」は共に形式名詞で、(31b)(32b)のように「の」を実質名詞「本」で置き換えることができるが、分裂文(33a)の場合、不明の要素を「本」と述語で指定する文であるから、主題を「本」とすることはできず、実質名詞に置き換えるとすれば(33b)の「もの」のような「本」の上位語を用いる以外にない。

(31)b.　太郎に贈った本はいい本だ。

(32)b.　太郎に贈った本は間違いなくこの本だ。

(33)a.　太郎に贈ったのは本だ。

b.　太郎に贈ったものは本だ。

4.4　無題後項指定文

有題後項指定文、陰題前項指定文は事象の構成要素を特にそれと指定する文であるが、同じく事象の構成要素をそれと指定するもう一つの文類型がある。(34)～(36)のような文である。

(34)a.　そのとき口を開いたのが彼でした。

(35)a.　我が家のパーティーに欠かせないのがこの手品セットなんです。

(36)a.　最初に注文が来たのが北海道からだった。

(34a)～(36a)は「AのがBだ」という形をとり、BはAで差し出される事象の構成要素という意味関係にある。Aは叙述句、Bは非叙述句である。Bには名詞のみならず、(36a)のような格形式も現れる。A、Bの叙述性の有無においても、AとBの意味関係においても(34a)～(36a)は有題後項指定文と同様であるが、有題後項指定文ではAが主題であり、AとBとで情報上の価値を異にするのに対し、(34a)～(36a)のAはBと共に新たな情報として格助詞「が」で表わされており、情報構造の面で有題後項指定文とは性質を異にしている。(34a)～(36a)はBという要素に注目させつつ事象の全体を提示するもので、例えば（34a）は、「彼がそのとき口を開いた」という出来事を、動作主が「彼」であることに重点を置いて述べている。こうした文類型を「無題後項指定文」と呼ぶことにする*16。Bに対する強調の度合いがさらに強まるのが（34b）～（36b）のような形である。

(34) b.　そのとき口を開いた人、それが彼でした。

(35) b.　我が家のパーティーに欠かせないもの、それがこの手品セットなんです。

(36) b.　最初に注文が来たところ、それが北海道（から）だった。

有題後項指定文の場合と同様に、Aが名詞述語である場合、名詞述語を形成するコピュラ、およびコピュラに後接する補文化辞「の」は通常潜在化し、「AがBだ」という形式になる*17。

(37) 太郎も次郎も真面目でおとなしい。手に負えない暴れん坊が三郎だ。(←手に負えない暴れん坊なのが三郎だ。)

(38) 上司があいつですよ。やる気が出ませんよ、まったく。(←上司であるのがあいつですよ。)

有題後項指定文には情報機能上の性質を同じくする陰題前項指定文という対応する構文形式があった。無題後項指定文に対応する（34c）～（36c）はどうであろうか。

(34) c.　そのとき彼が口を開いたのです。

(35) c.　この手品セットが我が家のパーティーに欠かせないんです。

(36) c.　北海道から最初に注文が来た。

陰題前項指定文は前提情報と焦点情報により構成されていた。また無題後項指定文は情報価値を有する全体を二分することで後項を際立たせるものであった。それらに対し（34c）～（36c）は全体が情報価値を持ち、かつ無標の文形式であるため、それぞれ「そのとき彼が口を開いた」こと、「この手品セットが我が家のパーティーに欠かせない」こと、「北海道から最初に注文が来た」こと、という命題を客観的に叙述した中立叙述文（次節）に等しくなる。

4.5　中立叙述文

ある時空間に生起する出来事を素材とする物語り文には、出来事中の一要素と出来事とが題目とコメントの形で述べられる有題叙述文、出来事中の要素をそれと指定する指定文のほかに、(39) ～ (41) のように出来事の全体が素材をそのまま提示する形で客観的に描述されるものがある。

(39) 午後太郎が来ます。

(40) あっ、財布が落ちている！

(41) 西の空が夕焼けだ。

(39) ～ (41) のような文を久野 (1973) の「中立叙述」の語を借りて「中立叙述文」と呼ぶことにする*18。有題叙述文・同定文・指定文と並ぶ平叙文の今一つの類型はこの中立叙述文である。

久野は中立叙述について、「観察できる動作・一時的状態を表わす」もので、「述部が動作、存在、一時的な状態を表わす場合に限られる」としているが、こうした考え方は一般に承認されていると言ってよいであろう。従って中立叙述文は一般に動詞文ないし一時的な状態を表わす形容詞文、名詞文であるが、(42) のように、属性を表わす文の中にも中立叙述文がないわけではない。

(42) 階段が急です。お気を付けください。

(42) は聞き手が階段が急なのを知らないという状況で発せられた中立叙述文である。(42) が「Xが急である」という前提を含む文、言い換えれば「何が急であるか」という疑問文に対応する文であれば、陰題前項指定文となるが、中立叙述文としての (42) で伝えようとしているのは、「階段が急であること」という命題の全体である。指定文は命題の一部分を指定するという情報構造を有していたが、中立叙述文は命題内を情報上の重みによって二分することなく全体をまるごと差し出すもので、全体が一叙述句である*19。無題後項指定文と中立叙述文は、構文上、有題後項指定文と陰題前項指定文の関係に当たるが、有題後項指定文と陰題前項指定文のように常に互換性を有するわけではない。無題後項指定文は命題を前項と後項に逆順分離し、指定文という有標の構造で表わすことにより、印象的に一つの事態を提示し、かつ効果的に後項名詞句を導入しようとするものであるから、こうした伝達上の意図を持たない（39）〜（41）のような中立叙述文は無題後項指定文の形式を取ることはできない。

属性を叙述する中立叙述文は以下のような文脈で発せられることが多い。一つは（42）のように聞き手に未知の事態の存在を伝える場合である。二つ目は、独立文の形態を取りながら、内容的に従属句的な性質を帯びている場合である。（43）の第1文は第2文の発話の理由であり、（44）の第2文は第1文に示されたことの理由あるいは内容を表わしている。

(43) どうです、こんないいものが一つ百円ですよ。買って行きませんか。

(44) 老人問題は深刻です。第一、老人の多くが病身です。

また、（45a）は（45b）のように二重主語文に言い換えられ、（46）も「私の場合は」のような主題が潜在していると考えられる。このように従属句的な中立叙述文の主語は、その従属性のゆえに素材表示の「が」で現れる。

(45) a.　日本人の3人に1人が近眼だ。

　　 b.　日本人は3人に1人が近眼だ。

(46) 母が早く亡くなったので、姉が母親代わりです。

中立叙述文が現れやすい三つ目のケースは、先の（40）（41）や次の（47）（48）のように、見聞した事態に驚いて思わず発したり、事態への感慨を表わしたりする場合である。

(47) 家がドーム型だ！

(48) あの太郎がもう高校生ねえ、月日の経つのは早いものだ。

従来名詞文が「N_1がN_2だ」の形態を取るとき、N_1が新情報、N_2が旧情報という情報構造を持つとされてきた。しかしそれは陰題前項指定文の場合であって、無題後項指定文、中立叙述文としての「N_1がN_2だ」もあるのである＊20。

4.6　文脈依存文

文脈依存文というのは主語と述語の意味関係を文内で規定できない（49）〜（52）のような文である。文脈依存文の主語は主題化されている。

(49) 僕はウナギだ。

(50) コンニャクは痩せる。

(51) バナナの皮はすべる。

(52) 俺は明日からアメリカだ。　　　　　　　　（女社長に乾杯！）

僕はウナギではなく人間であり、コンニャクが痩せるのではなく、コンニャクを食べた人が痩せるのであり、バナナの皮がすべるのではなく、バナナの皮を踏んだ人がすべるのであり、俺は明日からアメリカになるわけではなく、アメリカに行くのである。(49) ～ (52) はいずれも解釈を社会通念や文脈に依拠する文で、(49) はウナギ文（第1章で間接的指定文とした）、(50) はコンニャク文と呼ばれている。自明の情報を省いた効率的な表現形式と言える。ウナギ文に関しては措定文説、指定文説など諸説ある*21 が、主題に関して伝えるべき情報の焦点が述部に提示されていることを示すのみである。主題と述語の意味関係を文脈に依拠せざるを得ない(49) ～ (52) のような文を文脈依存文として一括する。どのような文もその解釈は多かれ少なかれ文脈に依存するが、文脈依存文の文脈依存性は構造的である。主題は指示名詞句であるが、述部における叙述性の有無は一定しない。

5. 唯一叙述・本質規定・定義

前節で平叙文分類を試みたが、最後に有題叙述文の特殊なケースについて言及しておきたい。これまで有題叙述文であるか指定文であるかを決定するのに、主語と述語の転換が可能であるかどうかというテストが用いられてきた。すなわち両形式が可能であれば指定文、不可能であれば有題叙述文ということである。しかし、有題叙述文の中にも両形式の可能なものが存在する。本節では有題叙述文における主語と述語の非互換性の反例となる特殊な現象を指摘する。それは、唯一叙述、本質規定、定義づけという三つの場合である。

①唯一叙述

(53) a.　この高校は県下唯一の高校野球優勝校だ。

b.　県下唯一の高校野球優勝校がこの高校だ。

(54) a.　彼は世界一の金持ちだ。

b.　世界一の金持ちが彼だ。

(55) a.　太郎はいつも元気いっぱいだ。

b.　いつも元気いっぱいなのが太郎だ。

(53a) ～ (55a) はそれぞれ「この高校」「彼」「太郎」についてその属性を述べたものであるから有題叙述文である。有題叙述文であれば (53b) ～ (55b) は言えないはずであるが、それぞれ「この高校ってどんな学校？」「彼って何者？」「太郎ってどんな子？」という質問に対する答えとして発話されても自然な文である*22。(53) ～ (55) と、こうした互換性を持たない (56a) のような一般的な有題叙述文との違いは、一般的な有題叙述文の場合、主語の外延量と述語の外延量が主語 < 述語であるのに対し、(53) ～ (55) の場合は主語 = 述語であることである。

(56) a.　太郎は学生だ。

b. *学生が太郎だ。

このように有題叙述文において述部における叙述に該当するのが唯一、主題で指示されたものであるという表現性を帯びる場合、主述の転換が可能となる*23。

②本質規定

(57) a.　太郎は転んでもただでは起きない。

b.　転んでもただでは起きないのが太郎だ。

(58) a.　女はいざというとき力を発揮する。

b.　いざというとき力を発揮するのが女だ。

(57a) (58a) はそれぞれ「太郎」「女」についてその属性を述べた有題叙述文であるが、主語と述部を転換した (57b) (58b) も自然な文である。(57a) (58a) に比べ、(57b) (58b) はそれぞれ「太郎」「女」の本質や真髄を表わすという表現性を加えている。このように有題叙述文「A は B。」は、「B が A だ。」に転換することによって、本質規定や真髄規定という新たな表現機能を獲得する*24。

③定義づけ

(59) a.　正三角形は三辺の長さが等しい三角形だ。

b.　三辺の長さが等しい三角形が正三角形だ。

(60) a.　釜師は茶釜を作る職業の人だ。

b.　茶釜を作る職業の人が釜師だ。

(61) a.　UNHCRは国際連合難民高等弁務官事務所です。

b.　国際連合難民高等弁務官事務所がUNHCRです。

(59a) ～ (61a) はそれぞれ「正三角形」「釜師」「UNHCR」について定義や語釈を下した有題叙述文である*25。定義や語釈も本来本質を規定するもので、これらも (59b) ～ (61b) のように主語と述語の転換が可能である*26。

以上、有題叙述文の主述を転換できる例として三つのケースを挙げた。実は有題叙述文の主述を転換させた形の (53b) ～ (55b)、および (57b) ～ (61b) は無題後項指定文である。唯一叙述、本質規定、定義づけの有題叙述文は、属性の特異性を浮き彫りにし、無題後項指定文は属性の主体を浮き彫りにする。属性の特異性はすなわち主体の特異性である。特殊な有題叙述文と無題後項指定文の相通性はここに起因する。

6. おわりに

従来名詞文に限って論じられてきた有題叙述文、指定文などの分類が平叙文一般に適用できることを見た。平叙文というのは、文を性質上分類した場合に疑問文・命令文・感嘆文と並称される文の種類の一つである。本章では平叙文とは何かについては不問に付してきたが、平叙文には断定表現のほか、「太郎が喋ったらしい。」のような推量表現もある。これが陰題前項指定文であるとして、その場合の有題後項指定文は「喋ったのは太郎らしい。」なのか、それとも「喋ったらしいのは太郎だ。」なのかなど、モダリティの扱いが問題になる (両方の場合がある)。疑問文、命令文、感嘆文との関係も未整理である。

*1　西山には特に多くの論考があるが、西山（2003）で代表させることにする。

*2　本章では「雨だ。」「暑いなあ。」のような無主語文は対象としない。

*3　例文（8）はその場の状況が「これ」で指示されている。このような文では、いわゆる状況陰題として、その場の状況を受ける「これは」の類が潜在化することも多い。

*4　初級の日本語教育で行なう「これは鉛筆です。」「それは本です。」という文型練習は、日本語での名称を提示するもので、主語を類別するものではない。「これは日本語でエンピツです。」「これは日本語でホンです。」と言っているのである。

*5　「だ」でコピュラを代表させる。

*6　同定文は西山（2003）の倒置同一性文に当たる。ただ、西山（2003）は同一性文も指定文と同じく「AはBだ」「BがAだ」の両形を持つとするが、「花田光司は貴ノ花だ」と「貴ノ花が花田光司だ」とが同じ意味構造であるとは考えにくい。

*7　高橋は主語名詞句と述語名詞句の意味関係という観点から分析しているのに対し、本章は観点が異なるため、両者の分類は交錯している。例えば高橋が同一づけの中に入れている「ひっくりかえし文」は本章の指定文であり、「内容とわくぐみ」の関係や「できごとや動作とその概念化」の関係には本章の有題叙述文・指定文・中立叙述文が混在している。

*8　西山（2003）はAを主題とする考え方に異を唱えている。

*9　「あのパンは太郎が食べてしまいました。」のように前提の一部が主題化される場合も多いが、こうしたものも含めて「陰題前項指定文」とする。このような陰題前項指定文は文字面からは有題叙述文と区別がつかない。

*10　上林（1988）、西山（2003）は本稿の陰題前項指定文を基本的な形として「指定文」とし、有題後項指定文を「倒置指定文」と呼んでいるのに対し、坂原（1990）は本稿の有題後項指定文を基本的としている。筆者には今のところどちらを基本的とするか決定できない。

*11　西山（2003）の言葉を借りると、Aは「変項名詞句」、Bは変項を埋める「値」である。

*12　こうしたBにおける格助詞の隠顕は名詞句優位性の階層（noun phrase accessibility hierarchy（NPAH））に相関しているように思われる。

*13　誰ガドウシタッテ？／何ガアッタノ？ 一太郎ガ車ニブツカッタンダ　のように、事象の構成要素ではなく、事象自体が問われる場合は指定文にならない。

*14　有題後項指定文の中には、次のように、主題Aが、情報上無用な部分が省略され名詞句として縮約された形になっているために、そのままの形式では対応する陰題前項指定文を持たないものもある。

a.　次回は第5章からだ。　　b.？第5章から次回だ。

a.　来週の出張は部長とだ。　b.？部長と来週の出張だ。

a.　この花束は彼女にだ。　　b.？彼女にこの花束だ。

＊15　正確には「擬似分裂文」である。
＊16　熊本（2000）はこのようなタイプの文を「提示文」とし、「指定文（本章の有題後項指定文と陰題前項指定文）においては、その要素が置かれた位置によってではなく、それが変項を埋める「値」であること、言い換えれば、「答え」であることによって、際立ちが与えられるのであるが、提示文においては、まず、先行談話との関わりを示して道ならしをし、そこに大事なものを後から登場させる、というその提示の仕方によって、際立ちが生じるということであるように思われる」（p.103）と述べているが、無題後項指定文の前項と後項も「変更」と「値」という関係である点は有題後項指定文と同様であると思われる。また砂川（2005）はこのタイプを「全体焦点文」と呼んで、「状況陰題の存在によって叙述部に対する聞き手の関心を高め、さらに前項「〜が」で特立的な記述を行うことから、後項「〜だ」に提示する情報を強く印象づけ、そうすることで談話主題の導入、古びた主題の再活性化、および談話の結びの機能を果たす」（p.129）としている。熊本と砂川の主張の内容は異なっているが、いずれも前項にも情報的な意義を認めているものと考えられる。
＊17　松岡正剛氏のブログ（http://1000ya.isis.ne.jp/1166.html）に「ハイスクールを卒業した18歳が大正6年だ。」という表現があった。変則的な文であるが、これも無題後項指定文で、対応する非分裂文は「大正6年が（私が）ハイスクールを卒業した18歳（の年）であった。」であると考えられる。
＊18　久野（1973）は「が」の用法として総記、中立叙述、目的格の三つを挙げた。久野の「総記」は本章の「指定」に含まれる。
＊19　主語は指示名詞句であるが、主語も叙述句の一部である。
＊20　天野（1998）では（38）のような文は眼前描写ではない全体焦点文、（47）のような文は眼前描写の全体描写文とされる。
＊21　三上（1953）は「措定の文」「指定の文」に並立させて、ウナギ文を「端折りの文」として立てている。これに対し上林（1988）は、ウナギ文も措定・指定の別を有する点において一般のコピュラ文と変わるところはないとし、「ぼくはウナギだ」「ぼくがウナギだ」「ウナギはぼくだ」がそれぞれ「ぼくは学生だ」「ぼくが学生だ」「学生はぼくだ」に対応すると述べている。また坂原（1990）は同定文（本章の指定文）を変域と役割と値から構成される文であるとし、「ウナギ文は役割の省略された同定文である。記述文（本章の有題叙述文）ではない」と述べている。例えば「源氏物語は、作者は、紫式部だ」では「源氏物語」が変域、「作者」が役割、「紫式部」が値であり、役割が省略されてウナギ文「源氏物語は紫式部だ」になるというわけである。西山（2003）は、ウナギ文は「措定文であるが、その叙述の一部に一種の倒置指定文の意味構造が埋め込まれていて、言語形式上は値を表す表現だけが残っている特殊な構文である」と述べている。
＊22　（53a）（54a）の述部は叙述句であるから、それぞれ「県下唯一の高校野球優勝校なのがこの高校だ。」、「世界一の金持ちなのが彼だ。」と言い換えられる。
＊23　三上（1953）は「わしんとんハ合衆国ノ首府ダ」のような唯一叙述の文は「包摂判断のスペシアル・ケイスにすぎない」（p.134）としている。しかし同じ包摂判断でありながら「犬は動物である」が「動物が犬である」と言えな

いのに対し、「合衆国ノ首府ガわしんとんダ」と言えることについては触れていない。

＊24　西山（2003）はこうした文を「（倒置）同定文」と名付けている。

＊25　定義や語釈を表わす文は「（正三角形）とは（三辺の長さが等しい三角形）のことだ。」という形式をとることが多い。

＊26　定義づけをする文は文脈の助けがない限り、有題叙述文、同定文、指定文のいずれとも決定しがたい文である。例えば下の2文はそれぞれ何文とすべきであろうか。

(a) 正三角形は三辺の長さが等しい三角形だ。

(b) 三辺の長さが等しい三角形は正三角形だ。

例文出典

国立国語研究所（2011）『現代日本語書き言葉均衡コーパス 少納言』（http://www.kotonoha.gr.jp/shonagon/search_form）

第8章

ナル表現の内実

1. はじめに

池上（1982）は、「〈出来事全体〉を捉え、事の成り行きという観点から表現しようとする言わば〈ナル〉的な言語と、出来事に関与する〈個体〉、とりわけ〈動作主〉としての〈人間〉に注目し、それを際立たせるような形で表現しようとする言わば〈スル〉的な言語という対立がある」（p.108）と言う。日本語は〈ナル〉的な言語、英語は〈スル〉的な言語であると言われる。実際のところ〈日本語＝ナル的な言語〉対〈英語＝スル的な言語〉という図式はどの程度顕現しているのであろうか。本章はこうした関心から、一つのケーススタディとして朝日新聞「天声人語」の2010年8月21

表1　ナル言語、スル言語の特徴

スル言語の表現	ナル言語の表現
場所の変化、運動として表現	状態の変化、推移として表現
〈個体〉志向	〈連続体〉志向
動作主としての人間を際立たせる	動作主としての人間を際立たせない
「主語」—「述語」分析が有意義	「主題」—「叙述」分析が有意義
〈モノ〉志向	〈コト〉志向
HAVE言語（所有表現が存在に転用される）	BE言語（存在表現が所有に転用される）
〈人間〉志向	〈モノ／コト〉志向
無情物の動作主化	動作主性の希薄化
使役主の支配	被使役者の自主性
対格型：XガYヲ/ニ〜スル（対格が任意）	能格型：XガYニヨッテ〜ニナル（動作主が任意）

日〜9月28日分、およびその英訳版を用いて実態を調査してみたものである。以下、「〈ナル〉的な言語」、「〈スル〉的な言語」をそれぞれ単に「ナル言語」、「スル言語」と呼ぶことにする。表1は池上（1982）に基づいてナル言語、スル言語の特徴をまとめたものである。

表1に見られるように、ナル言語、スル言語は統語構造、意味構造、情報構造の各レベルで異質な様相を見せるが、統語的にはナル言語は他動性小、スル言語は他動性大という違いに集約できる。以下、他動性の大小を基準に特に述部の品詞に着目して日本語と英語を比較考察する。

Hopper and Thompson (1980)、角田（1991)、ヤコブセン（1989）などを参考に、他動性の大きい方から述語品詞を並べると、以下のようになる*1。

他動性大

意志的働きかけ	→他動詞
意志的動き	→意志自動詞（非能格自動詞）
無意志的動き・変化 存在（動きはない）	→無意志自動詞（非対格自動詞）
属性	→形容詞
類別	→名詞

他動詞小

日本語は他動性が低く、英語は他動性が高いと予測されるが、日英両言語の間にはどの程度の差があるのであろうか。上の図式を参考に、文をナル言語的表現、スル言語的表現に分けて調査することとする。ナル言語的表現、スル言語的表現をそれぞれ「ナル系」「スル系」と呼ぶことにすると、スル系は他動詞文、意志自動詞文、ナル系は無意志自動詞文、形容詞文、名詞文となる。「変な音がする」のような自動詞的な「する」はナル系に分類される。また、英語の'be'は動詞であるが、'be +形容詞'、'be +名詞'をそれぞれ日本語の形容詞述語、名詞述語相当とし、「形容詞」「名詞」と表示する。本章における述語表示は表2のようになる。

表2　本章における述語表示

日本語	英語	本章での表示
動詞	動詞	動詞（他動詞、意志自動詞、無意志自動詞）
形容詞	be＋形容詞	形容詞
名詞（名詞＋コピュラ）	be＋名詞	名詞

なお、動詞の自他は『新英和大辞典第6版』（研究社2002）、『日本国語大辞典 第2版』（小学館2000）等を参考にし、辞書に自他の記載がない場合は直接受身の可否、意味等を考えて決定した。受身文は無意志自動詞文としたが、英語の受身形式を辞書に従って形容詞としたものもある*2。なお、タイトル・独立語文・韻文・引用だけの文・言い差し文は調査対象から除外する。

2. 主述語の品詞

日本語原文（以下「原文」）、英語訳文（以下「訳文」）のそれぞれに用いられている主述語の品詞は表3の通りであった。原文ではナル系（無意志自動詞、形容詞、名詞）が多くを占め、数値の上にも日本語がナル系に傾いていることが現れている。一方、訳文ではスル系（他動詞、意志自動詞）が多いと予測されたが、スル系とナル系がほぼ同数であった。原文は無意志自動詞が最多で、次が他動詞であるのに対し、訳文は他動詞が最多で、次に多いのが無意志自動詞である。他動詞の使用頻度には大きな差があり、他動詞の多用という点に英語のスル言語らしさが現れている。また、原文では名詞が他動詞と大差のないほどに用いられていることが注目される。

表3　主述語の品詞

主述語	原文		訳文	
他動詞＊3	103（ 24.5%）	26.4 %	233（ 45.2%）	48.1 %
意志自動詞	8（ 1.9%）		15（ 2.9%）	
無意志自動詞	163（ 38.7%）	71.3 %	153（ 29.7%）	49.6 %
形容詞	50（ 11.9%）		45（ 8.7%）	
名詞	87（ 20.7%）		58（ 11.2%）	
その他＊4	10（ 2.4%）	2.4 %	12（ 2.3%）	2.3 %
計	421（100%）	100 %	516（100%）	100 %

3. 日英両文の構文関係の比較

前節で原文、訳文がそれぞれどのような品詞を述語として用いているかを見た。本節では日英両文の主文どうしがスル系／ナル系に関してどのような対応関係にあるかを見ることにする。同内容が共に主文で表わされているもののうち、〈その他〉の述語を除く各311文が対象となる。

日英両文の対応関係は以下の5種類に類型化できる。

①対立関係

（1a）（2a）は共に無意志自動詞文（ナル系）、（1a）（2a）の英訳である（1b）（2b）は共に他動詞文（スル系）である。（1a）の主語「約100種の生き物」、（2a）の主語「大きなマル」はそれぞれ（1b）（2b）の目的語に対応している。（1b）の主語“human activities”は（1a）では副詞句として表わされており、（2b）の主語“every card”は（1a）に対応するものがない。このように一方がスル系、他方がナル系で、スル系表現の目的語とナル系表現の主語が対応する場合が典型的なスル系とナル系の対立図式であると考えられる。こうした両者の関係を‘対立関係’とする。以下、一方がスル系、他方がナル系である場合、両者は‘異系’であり、両者が共にスル系またはナル系である場合、両者は‘同系’であるとする。

(1) a. 幸せ人間の営みの結果、いま1日に約100種の生き物が絶滅しているという。 (9.21)*5

b. According to reports, human activities are driving about 100 species into extinction every day.

(2) a. 初めは大きなマルが届いた。 (9.24)

b. Initially, every card bore a big circle.

② 半対立関係

(3a)(4a)は共に形容詞文(ナル系)、(3b)(4b)は共に他動詞文(スル系)で、(3)の主語「ここまでの怖さ」、(4)の主語「荷」はそれぞれ(3b)(4b)の目的語 "the way things turned out"、"the load on one's shoulders" に対応しており、原文と訳文とはそれぞれナル系・スル系の対立を見せているようである。しかし、(3a)(4a)は共に二重主語文で、(3b)(4b)の主語に対応するものが(3a)(4a)では主題(総主語)として表わされており、典型的な対立関係とは言えない。このように原文と訳文が異系で、原文の主題(総主語)と訳文の主語が対応している場合を'半対立関係'とする。

(3) a. だが、さすがの作者も、ここまでの怖さは想定外だったろう。 (9.23)

b. Even that writer must not have expected the way things turned out.

(4) a. そう構えるぐらいが荷は軽い。 (9.9)

b. Thinking that way makes the load on one's shoulders lighter.

③ 非対立関係

(5a)(6a)は共に他動詞文(スル系)、(5b)(6b)は共に受身文(ナル系)で、原文と訳文とは異系であるが、(5a)と(5b)、(6a)と(6b)はそれぞれ主語の指示対象を同じくしている*6。このように原文と訳文が異系で、主語の指示対象が同じである場合、構文的には近い関係にある。このような場合を'非対立関係'とする。

(5) a. もとより政治は対立を前提とする。 (9.7)

b. Essentially, politics is based on opposition.

（6）a.　そんな切なくも身にしみる話を、栃木県で発覚した虐待の記事に思い出した。

　　b.　I was reminded of this poignant story by a child abuse case in Tochigi Prefecture that came to light earlier this week.

④対応関係

（7a）（7b）は共に形容詞文（ナル系）であり、（8a）（8b）は共に意志自動詞文（スル系）である。また、（7a）と（7b）、（8a）と（8b）はそれぞれ主語の指示対象を同じくしている。このように原文と訳文が主語の指示対象を同じくし、かつ同系（共にスル系、またはナル系）で、構文的に対応している場合を‘対応関係’とする。

（7）a.　犬塚弘さんの話が切ない。　(9.14)

　　b.　The comment is heartrending.

（8）a.　まず5家族が、戦争を65年していない国に渡る。(8.31)

　　b.　As a first step, five families will move to Japan, a country that has not been at war for 65 years.

⑤その他の関係

原文と訳文の構文がかけ離れており、上記①〜④のいずれにも当て嵌まらないものを‘その他の関係’とする。（9a）は名詞文（ナル系）、（9b）は他動詞文（スル系）であるが、（9a）には本来主語がなく、（9b）の主語は（9a）では述語となっている。また、（10a）（10b）は共に形容詞文（ナル系）であるが、素材の取り上げ方が異なっているため、主語の指示対象も一致しない。

（9）a.　ひとつの時代が終わり、新しい時代を作りあぐねる日本である。　(9.15)

　　b.　An era has certainly ended, but Japan has yet to build a new one.

（10）a.　入門は18歳と遅かった。　(9.3)

　　b.　When he first joined a sumo stable at 18, he was relatively old for a rookie.

以上がデータに見られた原文と訳文における構文の対応関係の類型である。日英両構文がスル表現／ナル表現で対立している度合は対立関係から対応関係まで連続的で、半対立関係は対立関係に近く、非対立関係は対応関係に近い。表4は上記のような対立関係、半対立関係、非対立関係、対応関係、その他の関係がどのように分布しているかを述語の品詞別に集計したもの、表5は表4をスル系、ナル系で大きくまとめたものである。'J' は原文、'E' は訳文の略号である。

表4の結果から、原文に対する訳文の対応率（原文に対して訳文が対応関係にあるもの）は高い順に以下のようになる*7。

原文の他動詞文がスル系で訳され、対応関係にあるもの
：75.6％（62/82）

原文の無意志自動詞文がナル系で訳され、対応関係にあるもの
：53.8％（63/117）

原文の形容詞文がナル系で訳され、対応関係にあるもの
：51.4％（18/35）

原文の名詞文ががナル系で訳され、対応関係にあるもの
：49.3％（35/71）

また、原文が他動詞文で訳文が無意志自動詞文の15例は、日本語はナル言語、英語はスル言語という通説に反するようであるが、（11a）（11b）の1例を除いて大半は非対立関係である。（11a）（11b）は原文がスル系、訳文がナル系で対立している珍しい例である。

(11) a. ホメオパシーは、病気と似た症状を起こす毒草などの成分を限りなく薄め、砂糖玉に染ませて与える。 (9.2)

b. In homeopathy, substances that cause similar symptoms to diseases are extracted from poisonous plants and other sources, heavily diluted, put into sugar pills and given to patients.

原文の他動詞文の対応率は特に高く、非対立関係を含めると、92.7％（76/82）の対応率となる。原文スル系の対応率の高さはスル系はスル系で訳されることを、原文ナル系の対応率の相対的な低さはナル系はスル系でも訳されることを示しており、日本語のナル言語性、英語のスル言語性を反映している。なかでも原文ナル系、

表4　原文と訳文の構文対応関係（1）

		E他動詞	E意志自動詞	E無意志自動詞	E形容詞	E名詞	計	総計
J他動詞	対立関係	0	0	1	0	0	1	82
	半対立関係	0	0	0	0	0	0	
	非対立関係	0	0	12	2	0	14	
	対応関係	57	5	0	0	0	62	
	その他の関係	3	0	2	0	0	5	
J意志自動詞	対立関係	0	0	0	0	0	0	6
	半対立関係	0	0	0	0	0	0	
	非対立関係	0	0	0	0	0	0	
	対応関係	3	3	0	0	0	6	
	その他の関係	0	0	0	0	0	0	
J無意志自動詞	対立関係	30	0	0	0	0	30	117
	半対立関係	1	0	0	0	0	1	
	非対立関係	9	1	0	0	0	10	
	対応関係	0	0	52	8	3	63	
	その他の関係	2	0	6	1	4	13	
J形容詞	対立関係	3	0	0	0	0	3	35
	半対立関係	3	0	0	0	0	3	
	非対立関係	2	0	0	0	0	2	
	対応関係	0	0	4	14	0	18	
	その他の関係	5	0	1	3	0	9	
J名詞	対立関係	2	0	0	0	0	2	71
	半対立関係	0	0	0	0	0	0	
	非対立関係	3	0	0	0	0	3	
	対応関係	0	0	9	4	22	35	
	その他の関係	10	1	14	3	3	31	
	計	133	10	101	35	32	311	

表5　原文と訳文の構文対応関係（2）

		Eスル系	Eナル系	計
	対立関係	0	1	
	半対立関係	0	0	
Jスル系	非対立関係	0	14	88
	対応関係	68	0	
	その他の関係	3	2	
	対立関係	35	0	
	半対立関係	4	0	
Jナル系	非対立関係	15	0	223
	対応関係	0	116	
	その他の関係	18	35	

訳文スル系という対立度の高いのは原文の無意志自動詞文で、25.6％（30/117）の対立度である。原文のナル系でも形容詞文、名詞文は訳文と対立関係、半対立関係にあるものは少ない。注目されるのは、原文の名詞文と訳文との関係に〈その他〉の多いこと（43.7％、31/71）である。これについては次節で取り上げることにする。

表5をさらにまとめると、以下のようになる。％は全311に対する比率である。

対立関係　36（11.6％）
半対立関係　4（ 1.3％）
非対立関係　29（ 9.3％）
対応関係　184（59.2％）
その他　58（18.6％）

対応関係が過半数を占めており、非対立関係を含めると7割弱となる。対立関係のなかでも、日本語がナル系、英訳がスル系で、ナル言語の日本語、スル言語の英語という図式にあてはまるのは11.3％（35/311）である。これには英文が日本語文の訳文であるという事情も関係しているであろうが、ナル言語、スル言語という対立は、数値上はそれほど顕著なものではないことが分かる。

4. 日本語名詞文の様相

原文の名詞文とその訳文とは、対応関係でもなければ対立関係でもないという、構文上かけ離れたものが多かった。原文の述語名詞が訳文のどの部分に対応しているかは単純ではないが、動詞句に対応するものが最も多い。そのほか、主語名詞句に対応するもの、前置詞句に対応するもの等、さまざまである。(12a)(13a)の述語名詞はそれぞれ(12b)(13b)の動詞句に、(14a)(15a)の述語名詞はそれぞれ(14b)(15b)の主語名詞句に、(16a)の述語名詞は(16b)の前置詞句に、(17a)の述語名詞は(17b)の時詞に対応する。(18a)の述語名詞は(18b)の主語と動詞句に対応し、(19a)の述語名詞は(19b)の全体に相当する。(20a)の述語名詞のように、意訳されていて、訳文に相当する表現のないものもある。

(12) a. 安らぎの季節まで、もう少しの我慢である。 (8.21)

b. We'll have to persevere a bit longer until the arrival of soothing autumn.

(13) a. 他紙も似た傾向のようだ。 (9.7)

b. Polls conducted by other newspapers showed similar trends.

(14) a. 間もなく命日である。 (9.3)

b. The anniversary of the boy's death falls on Monday.

(15) a. だが実際に足が大きかったわけではなく、毛皮のブーツが大きく見えた、というのが真相らしい。 (9.21)

b. The truth, apparently, was that only their footprints looked huge because of the bulky fur boots they wore.

(16) a. 村木さんの部下だった被告らから供述をしぼり出し、自作の筋書きに都合よく添い寝させる。あきれたプロの技である。 (9.11)

b. In shameless abuse of their professional expertise, the

prosecutors skillfully extracted depositions from Muraki's subordinate, who was also indicted, and others to support their own conclusion in a manner that would certainly incriminate her.

(17) a. 原爆で亡くなる前日だった。 (8.31)

b. The following day, she perished in the atomic bombing of Hiroshima.

(18) a. 行政の「忘れもの」だ。 (8.21)

b. The authorities obviously forgot about this poor soul, who was kept alive on paper for lord knows how long.

(19) a. 文面には「おばあちゃんと私は今、ホテルの夕食を待っているところだよ」とあり、旅先から孫の寄宿生にあてたものらしい。 (8.21)

b. The addressee was probably his grandchild who was a student at the boarding school.

(20) a. 断髪式前の土俵入りは、太刀持ちが大鵬、露払いが柏戸という豪華版。 (9.3)

b. At Wakanohana's last ring-entering ceremony, which preceded the danpatsu-shiki retirement ceremony of the cutting off of his topknot, his tachimochi (sword bearer) and tsuyuharai (dew sweeper) were two young yokozuna, Taiho and Kashiwado, who would go on to become legends themselves.

英語の［be ＋名詞］構文は有題叙述文ないし分裂文であるのに対し、原文の名詞文は、「うらやましい涼しさだ」(9.4)、「他のクレージーキャッツのメンバーも全員昭和ヒトケタだ。」(9.14)、「思うつぼだ」(9.10) など、多様である*8。訳文の be ＋名詞は大半 (78.1 %、25/32) が日本語の名詞述語に対応しているのに対し、日本語の名詞文の訳文は他動詞文、無意志自動詞文、形容詞文、名詞文と拡散している。原文の名詞文とその訳文との間に見られるこのような多様性は日本語の名詞文の特異性を示すものではないであろうか。また、同じく注目されるのは、原文の名詞文に主語を欠くものが多いということ、および、(21a)(22a)のような独立語文としての名詞句(調査対象外)が12例あり、それらの英訳がすべて動詞文であったことである。

(21)a. 世相小話をつないで、歌あり客いじりありの異形の高座。 (9.19)

b. Sanpei broke tradition by ad-libbing social commentaries, singing songs and singling out members of the audience to engage them in banter. (意訳)

(22)a. 201キロの鉱石を天秤棒で担ぎ、岸壁と船を結ぶ板の上を運ぶ毎日。 (9.3)

b. Balancing two 100-kilogram bags of ore on a pole slung across his shoulders, he plied a gangway between wharf and ship every day.

名詞述語は動詞の持つ、格の支配や、アスペクト、態、意志等のカテゴリーを持たない。動作の表現には、動作主(ガ格)と結びつき、動きを十全に表現できる動詞が相応しい。日本語は名詞述語にユニークな依存性を示しているが、このことは、動態よりも静態を指向し、状況解釈を多く文脈に依存するという日本語表現の性質につながっている*9。

5. 自動詞「ある」の用いられ方

原文、訳文の述語にはどのような語が用いられているのであろうか。主述語のうち、使用度数10以上の語は、原文では「ある*10」(6 %、25/420)、「なる」(4.5 %、19/420)*11、訳文では'make'(2.9 %、15/516)、'have'および'say'(各2.1 %、11/516)であった*12。訳文には特に多用されている語はない。原文でも「ある」「なる」を除いて特に多用されている語はなく、日本語のナル言語性を支える無意志自動詞としての「ある」「なる」の多用が注目される。本節では特に「なる」よりも多く見られた「ある」に焦点を当ててみたい*13。

「ある」と比較されることの多い'have'は訳文ではすべて抽象的

な所有を表わしているが、原文の「ある」の用法は（23）～（25）に見られるように多様で、一般的な〈存在〉の枠組みには収まらない*14。

(23) a.　出前でとる丼もののうまさの秘訣は、運んでくる道のでこぼこにあるのだそうだ。　(9.28)

b.　He says the secret of tastiness of rice-bowl dishes from delivery services lies in the bumpiness of the roads by which they are delivered.

(24) a.　バッジ組は、新人議員とて利害損得の渦中にあろう。　(9.7)

b.　Lawmakers, even newly elected ones, must find themselves constrained by interests and profit.

(25) a.　同じ遅配でも、半世紀となると神々しいものがある。　(8.21)

b.　Yet, when a delay is by as much as half a century, I suppose it begins to take on epic proportions and can no longer really upset anyone.

第1節で言及したように、スル言語、ナル言語という二分法は、存在・所有を表わす形式と関連させて、それぞれHAVE言語、BE言語に対応すると言われる。BEとは‘there be’、すなわち「ある」である。しかし日本語の「ある」は‘have’の範疇をはるかに超えている*15。「ある」を述語とする文は広義存在文であるが、それらの表わすところは「～ことがある」「祭りがある」「（引用）とある」「不安がある」「待望論がある」等々、動態から状態、属性までと多岐にわたる。存在主体の意味範疇に応じて構文形式も多様である。こうした存在文は訳文では他動詞、自動詞、be＋名詞、be＋形容詞などで訳されている。

「ある」を述語とする存在文は、事象を〈存在するモノ〉として主語名詞で表わし、名詞文は事象をモノ＝名詞に収束して提示する。共に日本語の名詞指向性を示すものであり、日本語のナル言語性を担う大きな要素となっている。ちなみに「ある」と‘have’が対応しているのは（26）の否定の1例のみであった。ただし、（26a）

の「〜ほかない」は固定的な文末形式であり、主動詞とは言えない。

(26) a.　そんな「副作用」が潜むのでは、毒と呼ぶほかない。 (9.2)

b.　If they begin to take the place of the leading player and get out of control, they could cause serious harm and if these sugar pills have that sort of side effect, we have no choice but to call them toxin.

以上、資料に基づいて日本語のナル言語性を調査した。本研究のデータは「天声人語」約1ヶ月分という非常に限られたものである。著者の個性もあるであろう。英文が日本語からの翻訳である点も考慮しなければならない。こうした条件のもとではあるが、日本語の相対的なナル言語性、英語のスル言語性の実態の一端を確認することができた。

---

*1　池上（1995）では、「他動性」の程度には言語の〈恣意的〉な面と〈動機づけられた〉面とが絡み合っていることが論じられている（p.112）。また、同じ他動詞であっても英語の方が他動性が強いという現象についても述べられている（p.133）。

*2　受身形の扱いは問題が残るところである。池上（1982）にはスル言語とナル言語の間で受動態と自動詞という対立が顕著であることも指摘されている。

*3　使役形を含む。

*4　「その他」というのは、副詞・格成分・前置詞句など、他動詞以下の枠に収まらないものである。日本語例：国民食のカレーもしかりだ。英語例：I'm at a loss for words.

*5　例文末の数字は朝日新聞の日付を表わす。

*6　(6a）の1人称主語は潜在している。

*7　原文の意志自動詞文は絶対数が少ないので除外する。

*8　「軽量ながら、全身これ筋肉。」という原文は "Hardly a behemoth, he was all muscle." とウナギ文のように訳されていた。

*9　池上（1982）は、助詞のガが所有格でもあることから、日本語の動詞は本質的に「動名詞」のレベルに近いものではないかと述べている（pp.86–87）。

*10　デアルを除く。

*11　「ある」「なる」以外では「いる（居る）」が6例、「続く」が4例であり、「ある」「なる」の頻度が突出している。

＊12　コピュラの 'be' を除く。

＊13「ある」のうち、6例までが下のように著述の存在を表わすものであったが、これはジャンルの特性によるものであろうか。

・絵日記の初日に、〈白連車（原文のママ：筆者注）〉でお祭りに行きましたとあった。(9.4)　／The first entry in Yasuko's diary describes a summer festival she went to by bicycle.

＊14「ある」については寺村（1982)、高橋・屋久（1984)、大塚（2004)、吉川（1995）などで論じられている。

＊15　コピュラの「である」、カリ活用など、「ある」を含む形式も多い。

例文出典

「和英対照・天声人語」(http://astand.asahi.com/asahieng/jetenjin.html)

第9章

日本語の無主語文

1. はじめに

日本語の特徴とされることの一つに、日本語は主語を必須としない、というのがある。確かに、「そろそろ時間です。」「あ、雨です。」のように主語を想定しにくい例は少なくない。実際のところ日本語で主語のない文というのはどの程度産出されているのであろうか。また、主語のない文というのはどのようなものなのであろうか。本章ではこうしたことについて考えてみたい。

日本語に主語という概念が有効であるか否かに関して、これまで多くの議論*1 がなされているが、本章ではその議論には立ち入らない。仁田（2010）は、主語とは「事態がそれについて（それをめぐって）語ることになる存在・対象」であり、「述語の表わす動き・状態・属性を体現し担う主体として、文の表わしている事態が、それを核として形成される、という事態の中心をなす要素」（p.201）であると述べている。本章ではこの仁田の意味的規定に従って「述語で表わされる事態（動き、変化、状態、属性）の主体を表わすものを「主語」とし、その有無を観察する。

資料として用いたのは、前章と同じく朝日新聞「天声人語」の2010年8月21日〜9月28日分、およびその英訳版である。そこから得られた451文をデータとする。タイトル、言い差し文は対象としない。本章は日英語の対照を旨とするものではないが、適宜、該当記事の英訳版を用いて、最も主語性の強い言語と言われる英語との比較を交えつつ考察することとする*2。

2. 主語の有無による文分類

2.1　省略について

主語があるのかないのかを考えようとするときに問題となるのは〈省略〉という概念である。主語に相当する表現を欠いている場合、それが省略なのか、本来主語がないのかを判断することは簡単ではない。一般に、1人称主体、総称主体、あるいは前文の主語や目的語を先行詞とする場合に主語を省略することができるという了解がある*3。しかし、例えば（1a）の第2文には主語がないが、「月」の省略とは言い切れない。（1a）と、主語を復元した（1b）は意味的に等価とは言えないからである。

（1）a.　月が出た。とても明るい。

　　b.　月が出た。［月は／月が］とても明るい。

（2a）と（2b）も同様である。両者における話し手と聞き手の人間関係、距離は同等ではない*4。

（2）a.　こんにちは、営業部の田中です。

　　b.　こんにちは、私は営業部の田中です。

池上（1983）は、日本語の文の構造においては、英語の主語に相当するものが義務的に選択される必要はなく、「その部分は必要なら加えてもよいといった性質のものであり、本来そのような性質であるものについて「省略」ということを言うのはおかしい」(pp.19–20)、「日本語では表層的な構造における関係としてのみ「省略」を規定することは困難であり、そこにはコンテクスト的な要因が多く介入する」（p.21）と述べている。また、小池（2002）は、無主語文には、主語が表面化していないだけの擬似無主語文と、本質的に主語が現れ得ない真性無主語文があるという（p.363)。しかし擬似無主語文か真性無主語文かは必ずしも分明ではない。このように、省略の認定は困難であるため、本章では「主語省略」という用語を避け、文中に主語が見当たらないものを一括して「主語不在文」とする。

2.2　主語の有無による文分類

主語の有無を基準としてデータを分析した結果、表1のような類型を得た。

表1　主語の有無を基準とした文分類

- 主語存在文
- 主語不在文
  - 述語文
    - 主語相当句内在文
    - 主語無表示文
    - 無主語文
  - 非述語文
    - 名詞句独立文
    - 引用句独立文

まず、全体は主語存在文と主語不在文に二分される。主語存在文というのは、(3) のように主語が顕在している文である。

(3)　さすがは奇想の食通というべきか、作家の嵐山光三郎さんが「でこぼこ道の効用」について書いている。　(9.28)*5

主語不在文というのは、省略か否かを問わず、表面上主語を欠いている文である。主語存在文には、言い差しでない限り述語も存在するが、主語不在文には述語を持つものと述語のないものがある。述語のある文を述語文、述語のない文を非述語文とする*6。ただし、〈何を主語とするか〉と同時に、〈何を述語とするか〉も実は難しい問題である。本章では、伝聞の「という」や「のだ」「わけだ」「はずだ」などのモーダルな形式名詞を助動詞相当のものとし、それらの前接部までを述語とした。述語文には主語相当句内在文・主語無表示文・無主語文があり、非述語文には名詞句独立文・引用句独立文がある。主語相当句内在文というのは、(4) のように、従属節内に主節の主語に当たるものが含まれている文である。(4) の主節「何を思う」の主語は従属節内の「河合さん」である。

(4)　河合さんが健在なら何を思うだろう。　(9.17)

主語無表示文というのは (5) のように前後の文脈から主語相当の名詞を具体的に特定できるものである。(5) の「言いつけた」主体は前文中の「父親」である*7。

(5)　戦争の末期、妹を学童疎開に出した思い出を向田邦子さんが書いている。まだ字のおぼつかない妹に、父親は自分の宛名を書いたはがきをたくさん持たせた。「元気な時は大きいマルを書いて毎日出すように」と言いつけたそうだ。

(9.24)

無主語文というのは、(6) のように、主語を明確に補うことができないものである*8。

(6) 旅の空から絵はがきを出す。美しい風物と背中合わせに、道中の無事を告げる習いである。 (8.21)

(7) のように、主語相当の名詞を具体的に特定することはできないが、先行文脈から主語が漠然と想定できる文脈内陰題文 (後述) のようなものも無主語文とする。

(7) 固有の領土に毅然はむろんだが、そうした収め方を探れるか否かで、菅内閣の器も問われよう。試金石にして、正念場である。 (9.22)

名詞句独立文というのは、(8) のように名詞句の形式をとった非述語文である。

(8) 世相小話をつないで、歌あり客いじりありの異形の高座。

(9.19)

引用句独立文というのは、(9) のように引用部分で終止している非述語文である。

(9) 「粛々」という表現を使ってよく知られているのは、江戸時代の儒学者、頼山陽の漢詩だろう。「鞭声粛々夜河を過る……」。 (9.22)

以上、主語存在文、主語相当句内在文、主語無表示文、無主語文、名詞句独立文、引用句独立文の6類型が本章で用いる文の下位類である。

3. 主語の有無を基準とした各類型の分布

表2は、前節で提示した分類に基づいて、各類型の出現数を調査した結果である。

表2　主語の有無を基準とした文各類の分布

主語存在文………………	278（61.6 %）	計451（100 %）
主語相当句内在文………	8（ 1.8 %）	
主語無表示文……………	89（19.7 %）	
無主語文…………………	46（10.2 %）	
名詞句独立文……………	12（ 2.7 %）	
引用句独立文……………	18（ 4.0 %）	

6類型のうち、最も多いのは主語存在文で、全体の61.6 %を占めている。日本語は主題優先であり、主語性は弱いとされる。しかし、資料が書記言語であることを考慮に入れても、61.6 %という主語明示率は筆者の予想を超える高い数値であった。これには、「天声人語」がエッセイ的な文章ではあるが身辺雑事ではなく社会性のある論評であること、また、一般に主語省略率の高い1・2人称主体の会話文がないことなどが関係するのであろうか*9。

データの訳文に現れたのは主語存在文のみで、それ以外の5類型は見られなかった。名詞句独立文も引用句独立文も訳文では述語文ないし述語文の一部として表現されている。前節に挙げた名詞句独立文と引用句独立文の訳文は以下の通りである。

(10=8) a. 世相小話をつないで、歌あり客いじりありの異形の高座。

b. Sanpei broke tradition by ad-libbing social commentaries, singing songs and singling out members of the audience to engage them in banter.

(11=9) a.「粛々」という表現を使ってよく知られているのは、江戸時代の儒学者、頼山陽の漢詩だろう。「鞭声粛々夜河を過る……」。

b. A Chinese-style poem by Rai Sanyo (1780–1832), a Confucian scholar of the Edo Period (1603–1867), is well known for using the expression shukushuku (quietly or solemnly): “Bensei shukushuku/ Yoru kawa o wataru” (Paying attention to the sound of whips, [they] cross the river at night).

引用句独立文の訳文の多くは（11）のようにコロン「：」の後に引用部を提示するもので、半ば独立語文的であり、原文の形式に通じるところがある。主語の有無、主語を想定し得る可能性、自立度（引用句独立文＞訳文の引用部）等の観点から見て、訳文との間で質的な乖離の最も大きいのは無主語文と名詞句独立文と言える。ただし、最も主語性が強いと言われる英語であるが、無主語文が存在しないわけではない。ボウグランド、ドレスラー（1981［1984］）は英語においても「独立節で主語を省略するのはそう珍しいことではない」とし、（12）のような例を挙げている（p.91）。

（12）He's always asleep. Goes on errands fast asleep...（あの子はいつも眠っている。ぐっすり眠ったまま使いに行くんだ…）

英語の無主語文というのは極めて有標であるために、本章のデータに現れなかったに過ぎない。相対的な認識が必要であろう。

4．述語の品詞

前節で、原文には無主語文が10％強存在することが明らかになった。無主語文というのは文構成上の柱ともいうべき主語・述語のうち、主語を欠き、述語のみを有する文である。無主語文の述語とはどのようなものであろうか。

表3は主語存在文および述語文各類型における述語の品詞を調査した結果である。「他動詞使役形」「他動詞受身形」というのは品詞名ではないが、別立てとして立項した＊10。

表3　各類型における述語の品詞

	他動詞使役形	他動詞	意志自動詞	無意志自動詞	他動詞受身形	形容詞	名詞	その他	総計
主語存在文	2	51	6	111	16	39	49	4	278
主語相当句内在文	0	2	0	4	0	1	1	0	8
主語無表示文	1	41	2	14	6	7	14	4	89
無主語文	0	6	0	10	2	3	23	2	46
総計	3	100	8	139	24	50	87	10	421

表3に示されているように、主語存在文の述語には無意志自動詞が最も多く、主語無表示文には他動詞述語が最も多く、無主語文には名詞述語が最も多いという興味深い結果となった。無意志自動詞の多さは日本語がナル的言語であることを反映している。主語無表示文に相対的に多い他動詞述語文には、(13) のように、先行文と主語（主題）を共有し、一連の動きを述べるという文脈で主体表示の反復が避けられているものが多い。

(13) その子は継父に日記をつけるよう命じられ、毎日「お父さん大好きです」などと書いていたそうだ。だが、殴られたりした日には、気づかれぬよう日記に印をつけていた。

(9.24)

では相対的に名詞述語の多い無主語文とはどのようなものであろうか。

5. 無主語文

無主語文には以下のような類型が見られる。訳文と対照しつつ見ることにする。なお無主語文の類型化に当たっては三上（1970）が参考になった*11。

A.「(〜に) なる」を述語とする文

(14a)(15a) は変化動詞「なる」を述語としており、結果を表わすニ格が主語相当の意味を担っているものである*12。訳文は (14) では「昭和の爆笑王」である“Sanpei”が主語として設定され、原文の述部「30年になる」は副詞句として訳されている。(15) の訳文では原文の述部「無い物ねだり」の主体“I”が主語であり、「無い物ねだり」が動詞句として表わされている。

(14) a. 早いもので、「昭和の爆笑王」が鬼籍に入って明日で30年になる。 (9.19)

b. Dubbed “Showa no Bakusho-o”, Sanpei died Sept.20, exactly 30 years ago.

(15) a. 爆笑王への郷愁、詰まるところ右肩上がりへの憧れらしい。懐かしむつもりが、ついつい無い物ねだりにな

った。 (9.19)

b. In recalling the King of Guffaws with fond nostalgia, I suppose I'm actually yearning for what our country is sadly missing today—an era of sustained growth.

「なる」と結合する結果のニ格は「実（み）［に／が］なる」のようにガ格に連続的であることを考えると、ニ格が主格に代わり得ることは不思議ではない。

B. 主語的引用句を有する文

（16a）（17a）は引用句が意味的に主語に相当する文である。（16a）は存在文、（17a）も広義存在文である。英語では原文のナル表現が共に他動詞のスル表現に訳されている。

（16）a. 絵日記の初日に、〈白連車＊13〉でお祭りに行きましたとあった。 (9.4)

b. The first entry in Yasuko's diary describes a summer festival she went to by bicycle.

（17）a. 明快な無罪判決のあと、〈特捜が特高になる恐ろしさ〉と川柳欄に載った。 (9.23)

b. After Muraki was acquitted, the vernacular Asahi Shimbun's senryu section ran the following satirical poem: "How scary that tokuso can turn into tokko."

三上（1970）は「伝達動詞を受身か自発にすると、引用文を代役とする無主格文が得られる」（p.167）としているが、この類の述語は受身・自発に限らない。（16）（17）のような例はそれぞれ、「（〜と）記述が（あった）」、「（〜と川柳欄に）川柳が（載った）」という主語を想定できないわけではないが、必須の要素ではない。

C. 汎称主体の文

（18a）の述語は「表した」、（19a）の述語は「覚える」であるが、主体は表わされていない。これは主体を言挙げする必要のない汎称主体の文だからである。英語では音形のない汎称主体は定形節の主語位置には現れないため、（18b）では"we"が、（19b）では"one"が主語として設定されている。先の（6）もこの類である。

（18）a. その秋風を、日本では「色なき風」と表した。 (9.16)

b.　In Japan, we describe an autumn wind as "colorless."

(19) a.　激しい季節の終わりには、子どもならずとも一抹の寂しさを覚える。　(8.28)

b.　One does not have to be a child to feel a tinge of sadness at the end of this frenetic season.

D. 端折り文

三上（1970）は、「端折りや陰題で"ガ"が文面から消えている場合」があり、「「あっ雨が降ってきた。」を端折ると「あっ雨だ。」となって"ガ"が消える。」とし、「お訪ねするとの返事だった。(返事ガ来タ)」「そこへ急を知らせる電報です。」等の例を挙げている（p.165）。(20a)（21a）は必ずしも「ガ」が消えたものとは言えないが、端折りの文の一種と考えることができる。(20a）は「もう少しの我慢が必要だ／もう少し我慢すればよい」、(21a）は「間もなく命日が来る」といった命題（コト）の述部を端折って、それぞれ「我慢」「命日」という名詞に収束した形である。訳文は(20b）では「我慢」の主体"we"が主語、(21b）では「命日」が主語になっている。(20a）のような表現を可能にする要因の一つに、動作名詞という動詞的な性質を持つ名詞の存在がある。

(20) a.　安らぎの季節まで、もう少しの我慢である。　(8.28)

b.　We'll have to persevere a bit longer until the arrival of soothing autumn.

(21) a.　間もなく命日である。　(9.3)

b.　The anniversary of the boy's death falls on Monday.

E. 逆順的な文

(22a）の述語名詞「日本」とその連体部「新しい時代を作りあぐねる」とは意味上、主述関係にあり、(22c）のように言い換えても素材的意味に変動はない。(23a）の述語名詞「土俵」とその連体部も同様で、素材的意味を変更することなく（23c）のように言い換えることができる。無主語文の中にはこのように述語名詞句の連体部と主名詞が、論理的な述語一主語といった逆順的な関係になっている文がある。

(22) a.　ひとつの時代が終わり、新しい時代を作りあぐねる日

本である。 (9.15)

b. An era has certainly ended, but Japan has yet to build a new one.

c. ひとつの時代が終わり、日本は新しい時代を作りあぐねている。

(23) a. 戦後の食糧難の中、空腹に耐えて滝の汗を流したのは、関取になるまで帰らないと決めていたためだ。美しい土俵だった。軽量ながら、全身これ筋肉。上体の動きに連動して、太ももからふくらはぎに彫刻のような陰影が走った。 (9.3)

b. In the dohyo ring, Wakanohana was nothing but beautiful.

c. (彼の) 土俵は美しかった。

三上 (1970) はこうした文を「陰題」と称している。逆順的な文では伝えるべき情報は主名詞の連体部にあり、主名詞は主題に相当する。

F. 文脈内陰題文

(24a) (25a) の下線部は先行文脈に示された状況を主題として叙述した文で、表示されない主語の先行詞を先行文脈内にそれと特定できないものである。前後の意味関係は読み手に委ねられるが、(24a) の文連結には例えば「そのような豪華な土俵入りができた。こうした時代はよき時代だった。」といったつながりを読み取ることができ、(25a) には例えば「強く狂おしい夏が平年の比ではないほどの気だるさを残している。この時期は心身をしばし横たえる頃合いだろう。」といったつながりを見ることができる。このように当該文の主題は文脈から漠然と感じられるのみで、非明示的であるものを「文脈内陰題文」とする。先の (7) もこの類である。訳文の主語は (24b) (25b) 共に非人称の "it" となっている。

(24) a. 断髪式前の土俵入りは、太刀持ちが大鵬、露払いが柏戸という豪華版。よき時代だった。 (9.3)

b. It was the golden age of sumo.

(25) a. 強く狂おしい夏は、残していく気だるさも平年の比で

はない。優しい秋を待ちながら、くたびれた心身をしばし横たえる頃合いだろう。 (8.28)

b. It's time to rest our exhausted minds and bodies while waiting for merciful autumn.

以上が資料に見られた無主語文の分類である＊14。表４に無主語文各類の用例数を示す。

表４　無主語文各類の用例数

無主語文	用例数（名詞述語文数）
A.（〜ニ）ナルを述語とする文	3
B. 主語的引用句を有する文	6
C. 汎称主体の文	11
D. 端折り文	3（3）
E. 逆順的な文	4（4）
F. 文脈内陰題文	19（16）
計	46

用例数の（）内は名詞述語文の数である。前節で、無主語文の述語で最も多いのは名詞であることを指摘したが、それは表４に明らかなように無主語文のうちでも端折り文・逆順的な文・文脈内陰題文によるものであった。名詞を述語とする無主語文とはどのような文であろうか。次節では名詞を述語とする無主語文（以下「無主語名詞文」と称する）に焦点を当てる。

6. 無主語名詞文（端折り文、逆順的な文、文脈内陰題文）の機能

日本語の名詞文を意味構造を基準に分類した論考の主なものに、三上（1953）、上林（1988）、坂原（1990）、西山（2003）がある。これらは相違点も少なくないが、「措定文」（三上の「第一準詞文」、坂原の「記述文」）、「倒置指定文」（三上の「第二準詞文」、坂原の「同定文」）の設定において共通している。いずれも主語を持つ無標

の名詞文を対象とした記述であるから、名詞を述語とする無主語文（無主語名詞文）という有標な文を通常の名詞文と同列に置くことはできないが、あえてそれらに準じて考えるとすれば、無主語名詞文の過半数を占める文脈内陰題文は広義措定文（有題叙述文）である。有題叙述文とは（26）のように、述語名詞が主語の属性を述べる文であるが、文脈内陰題文は前文脈の内容を実質的な主語（主題）とし、それを受けて著者の感慨、認識、評価等を述語名詞で表現している。

（26）ある時代、「型破り」はほめ言葉だった。 (9.19)

（27）～（30）における無主語名詞文の主題は、（27）では前2文に表わされた内容、（28）では「出番前、共演者と談笑していても父親の手は冷たく汗ばんでいたこと」、（29）では仲麻呂の運命を背景としたベトナムと唐土、（30）では前6文の内容である。こうしてみると、文脈内陰題文というのは、一文内に収まりきらない主題を文脈に依存する名詞文と言えるかもしれない。

（27）近年はNHKの教養番組「美の壺」の案内役で、落ち着いた味を醸していた。和服が似合い、書画を愛でても、焼き物をなでても、軽妙洒脱で味わい深かった。音楽と笑いから出発した芸能人生の、見事な成熟でもあったろう。(9.14)

（28）出番前、共演者と談笑していても父親の手は冷たく汗ばんでいたと、次男の二代三平（39）が『父の背中』（青志社）に書いている。はぐれぬよう楽屋でずっと手を握っていた者だけが知る緊張だ。 (9.19)

（29）仲麻呂は帰国の船が難破して沈んだと思われたが、今のベトナムに漂着し、唐に戻って異土で没した。〈天の原ふりさけ見れば春日なる三笠の山に出し月かも〉はその帰路につく前の望郷の歌として知られる。だが作家の竹西寛子さんは、「唐土（もろこし）に心を残している人の歌」でもあると見る。今ふうに言えば「二つの祖国」だろうか。 (9.16)

（30）ペニシリンに始まる抗生物質は「20世紀の奇跡の薬」といわれる。多くの命を救ってきた。しかし細菌も、たまたま耐性を得たものは生き残り増殖する。その進化と新薬開発のいたちごっこが延々と続いている。切り札といわれる薬さえ効かない「スーパー耐性菌」も見つかっている。つまりは人と細菌の、生物間の生存競争なのだという。あなどれぬ敵との果てしない競争である。 (9.8)

文構造の柱は述語であり、命題は述語を中心に表わされる。名詞を述語とする無主語名詞文はモノ（名詞的概念）を核としてコト（命題）を描くものである。述語であることを主要な機能とするのは動詞であるが、無主語名詞文は動詞に代えて本来格成分たる名詞を据えている。クワーク、グリーンバウム（1977）は新しい情報を文末に配置しようとする文末焦点の原理を提唱している。通常、名詞述語で述べられる事態の主体は主語（主題）であるが、無主語名詞文では名詞述語の主体は明示されず、その分、単独に提示された述語名詞の指示対象を特立させ、際立たせる効果を持つ。名詞の指示対象を前景化するための効果的な情報構造である。また佐藤（1997、2001）は質規定が名詞述語文の基本的機能であると述べている。無主語名詞文は表現を簡潔にすると共に、話し手の感慨・評価を効果的に表出する操作でもある*15。そうした無主語名詞文の機能は（31）〜（33）のような名詞句独立文にも共通するものである*16。

(31) 静かなる溶暗。すべてを白くした頭上の光が、ゆるゆるとフェードアウトしていく。 (8.28)

(32) 青春から朱夏をすぎて、秋は白秋。〈秋野明らかにして秋風白し〉の一節が中国唐代の詩人、李賀にある。その秋風を、日本では「色なき風」と表した。夏の湿気が払われて、透き通って寂びていく景色。 (9.16)

(33) 両者の激突に遺恨も絡み、水膨れの党に一つの区切りがつく。国民の思い、厳しい経済とかけ離れた政争。その熱さと寒さは、冬の花火を思わせる。 (9.1)

7. おわりに

日本語は主語を必須としない言語であり、文節順に強い拘束のない言語である。本章ではそうした日本語の性質を具現する文構造を、主語不在文の実態という側面から観察した。

無主語名詞文は、高文脈、主要部末端型、情報構造重視型、単肢型、情意的、名詞指向的などと言われる日本語の特質を集約的に具現しており、英語との差異を際立たせる構文に名詞が大きく関わっていることを示している。主語の有無を調べるという本章の作業を通じて浮かび上がってきたのは、つまるところ相対的な日本語の名詞指向性であった。ただしこのような結果にはジャンルや資料の特性も関わっていると考えられる*17。また、無主語文は日本語の専売特許ではない*18。さまざまな言語との対照を含め、さらなる追究が課題である。日本語教育との関連で付言するならば、母語の如何にかかわらず、学習者の産出する文が不自然と感じられる要因の一つに主語を立てすぎるということが挙げられる。無主語文の習得は発想を異にする学習者にとってはかなり困難なものであろう。

---

*1　三上（1959）、奥田（1985）、湯川（1971）、北原（1975）、柴谷（1985）、鈴木（1992）、益岡（2000）、西村（2004）、野田（2004）、丹羽（2004）、松本（1991）など。

*2　Li and Thompson（1976）は Subject-prominent language、Topic-prominent language という言語類型を提唱した。Li and Thompson によれば、印欧語は Subject-prominent language、中国語は Topic-prominent language、日本語は Subject-prominent and Topic-prominent language とされている。なお、訳文との比較に当たっては、英文が日本語からの翻訳である点に留意する必要がある。

*3　久野（1978）、砂川（1990）など。

*4　例えば、(2a) における話し手と聞き手とは旧知であるが、(2b) における話し手と聞き手とは初対面というような違いがある。

*5　末尾の数字は新聞の発行日を示す。例文中、記述の対象となる箇所に下線を施すことにする。

*6　非述語文は「独立格の文」(時枝 1954)、「独立語構文」(国立国語研究所 1963)、「一語文」(鈴木 1972)、「独立語文」(南 1993)、「未分化文」(益岡 1991) などと呼ばれる。主語は述語の存在を前提とした概念であるから、非述語文に主語がないのは当然である。

*7　主語無表示文が成立する背景の一つとして、主観述語の人称制約により主

語を必要としないという事情もある。
＊8 三上（1970）は「省略の法則」として「略題」5原則、「無主格文」8原則を提示し、後者に「ある日の暮方のことである。」（羅生門）、「春です。うららかな天気です。」などの例を挙げている。
＊9 因みに小説『女社長に乾杯！』における会話文（訴え文、独立語文、言い差し文を除く冒頭からの383文）を調べたところ、主語存在文167（43.6％）、主語無表示文176（46.0％）、無主語文40（10.4％）という結果であった。盛（2006）は『雪国』の主語明示率を調査し、原文55.8％、3種の中国語訳がそれぞれ85.1％、85.7％、95.3％、英訳98.0％と報告している。
＊10 「その他」は「しかりだ。」「恐るべしである。」「（病は）気からだ。」のようなものである。
＊11 ただし三上（1970）の記述対象は無主格文であり、本章とは基準を異にする。三上は「無主格文」として、①時の副詞句＋デアル、②時間，寒暖，距離を表わす文、③〜（ニ）ナル、④格助詞カラ・デ・ニが主格を代用する文、⑤〜トシテハ・〜ニ限ッテ・〜ニシタトコロデが主格を代用する文、⑥端折り文、陰題文、⑦副詞ソウ・コウ・ドウや引用文＋トを用いる文、⑧主格を不問に付する言い方、の8項目を挙げている（pp.155–168）。奥津（1975a）は「無主語文は、自然現象、一般的状況、感覚、存在などを表わすものに多い」と述べている。
＊12 結果のニ格に連続するガ格の例は、「集金するだけ集金しての計画倒産。そのような事がならないか」（k:Yahoo! 知恵袋：2005）、「いつか復興がなるかもしれない」（k: アウトブリード）、「弱体な御家の存続がなるかどうか」（k: 喜知次）、「基地の恒久化がなった」（k: 辻の華）等、枚挙にいとまがない。韓国語では「もうすぐクリスマスの時期がなる」式に結果が主格で表わされるという。
＊13 原文のママ。表記の間違いをそのままに子供の絵日記を引用したものである。
＊14 本データにはなかったが、無主語文には〈時の副詞句＋デアル〉のような形式もある。小説や随筆等で多用されるものである。例：私がシャッターを切ると、興奮してキャーキャーとかしましい。その時である。父親である運転手が、いきなり部屋に入ってきて、大声で怒鳴りつけた。（文藝春秋77巻4号）
＊15 無主語名詞文の中には僅かながら、先の（20a）（21a）のような事象叙述的なものや、「少女の日記は〈明日からは、家屋疎開の整理だ。一生懸命がんばろうと思う〉と結ばれている。13歳。（これを書いたのは）原爆で亡くなる前日だった。」（8.31）のような指定文的なものもある。（　）内は筆者による。
＊16 名詞句独立文の主名詞は、英語では主語、動詞の目的語、前置詞の目的語、動詞句、副詞句、連体句と、さまざまな形に訳されており、名詞句のみを独立させる表現形式は採用されていない。ちなみに（31）では原文の名詞句独立文は後文に融合されており、（32）（33）の名詞句独立文の主名詞は主語として訳されている。（31 → The white-hot glare that fills the world starts fading quietly and slowly.　32 → With the humidity of the summer gone, the landscape becomes transparent and deserted.　33 → This hot and cold political battle has

nothing to do with what the public wants or the harsh economic times.)

＊17 三尾（1948）は「雨だ。」に、場との相関関係によって、「それは雨だ。」という判断文に相当する場合、「雨が降ってきたよ！」と叫んで注意する場合、「雨が降ってきた。」と独り言的に叫ぶ場合があるとする。通常、文章資料にはこうしたバラエティは見られない。

＊18 例えばマテジウス（1981）はチェコ語の無主語文として、大気現象を示す文、動詞による行為の主体が不明の文、身体的または精神的状態を表現する文、ある意志的な状況に関係する文の４種を挙げている（p.112)。

例文出典

「和英対照・天声人語」(http://astand.asahi.com/asahieng/jetenjin.html)

第10章
随筆の名詞文

1. はじめに

名詞中心言語、動詞中心言語というのは、文を構成する中核となるものが名詞であるか動詞であるかによる類別である。文脈が名詞を中心に展開していく英語のような言語は名詞中心的、用言を中心に展開していく日本語のような言語は動詞中心的と言われる。一部に主語無用論の根強い日本語が、従来言われてきたように動詞中心的であることは異論の余地がないと思われる。しかし第1章で述べたように、こうした議論とは別の角度から、日本語はある種、名詞中心的とも言えるのではないかと思われるふしがある。日本語には文脈展開の中核となる述語自体に名詞句が多用される傾向があるからである。

名詞は格成分となることを第一の統語的機能とする品詞である。しかし次のように日常、名詞句を述語として用いる例は枚挙にいとまがない。

(1) この辺はいい所ですね。

(2) この家は築10年の中古だけど、なかなかいい造りです。これは買いですよ。

(3) 今一番人気なのは、こちらの製品です。これは絶対おすすめですよ。この手の物としては異例の売れ行きなんです。

(4) そんな仕事、私はお断りです。―ナニ！　お前なんか、もうクビだ！

また第9章で述べたように、対峙する主語を持たず名詞句で完結する文もある。

(5) ごめんください。田中です。―あ、いらっしゃい。何かご用ですか？

(6) お出かけですか。いいお天気ですね。今日はお一人ですか？

(7) お食事の最中ですか？ お邪魔ではありませんでしょうか。

(8) 彼とは5時に会う約束です。

さらに、主語を持たないだけでなく、コピュラをも伴わず名詞句で終止する次のような文もある。

(9) あれから半年。彼からは何の便りもない。

(10) ところで例の件。それとなく探ってみたが、変化ないらしい。

(11) きれいな月！

述語は言うまでもなく、文の構造的な中心である。(1) ～ (4) のように、述語に名詞が用いられているということは、名詞を中心に文が構成されているということを意味する。また (5) ～ (11) のように、それ自体完結した文でありながら、構造的に未分化な文——主語を持たない名詞句がコピュラを後接した形で終止する文、あるいは名詞句単独で終止する文—— も、やはり名詞を中心に構成されているということができる。

名詞を中心としたこのような文、すなわち名詞述語文および名詞を文末に持つ未分化な文を総合して「名詞文」と呼ぶことにすると、名詞文は実際のところ、どのくらい、またどのように用いられているのであろうか。第1章で小説の1章分を資料とした調査を試みたが、本章では多数の著者による随筆を資料として名詞文使用の実態を調査し、随筆における名詞文の態様を記述する。日本語に特有のジャンルと言われる随筆において名詞文はどのように用いられているのであろうか。

2. データについて

資料として用いたのは、『文藝春秋』「巻頭随筆」77巻4号から77巻9号までの50篇である。著者が日本語非母語話者と思われる文章、および毎号連載の阿川弘之の文章は除外した。巻、号、文章のタイトル、著者名、著者の職業、および各編の文数は表1の通りである。

表1　データ一覧

編	巻・号	タイトル	著者名	著者の職業（原文のまま）	文数
1	77–04	情報公開の盲点	野田一夫	宮城大学学長	29
2	77–04	ミレニアム	髙樹のぶ子	作家	42
3	77–04	記憶	清家　清	建築家	51
4	77–04	機械《マシン》とわたし	宮部みゆき	作家	42
5	77–04	ロボカップの夢	北野宏明	ソニーコンピュータサイエンス研究所シニアリサーチャー	39
6	77–04	蒙昧な国	大高美貴	ジャーナリスト	49
7	77–04	デ・キリコの風景	木島俊介	美術評論家	34
8	77–04	消えた太陽	バーバラ寺岡	風土＆フードディレクター	39
9	77–04	「スラヴィク先生」	齋藤茂太	精神科医	44
10	77–04	春の匂い	吉本隆明	詩人、評論家	38
11	77–05	衰退を逃れる道	江崎玲於奈	茨城県科学技術振興財団理事長	45
12	77–05	金八先生だった私	川上亮一	現役中学教師、プロ教師の会	61
13	77–05	宮廷楽団への困惑	山下洋輔	ジャズピアニスト	38
14	77–05	未来の人間関係	伊藤洋一	住信基礎研究所主席研究員	49
15	77–05	旅をするように	利重　剛	俳優、映画監督	49
16	77–05	ディマジオがくれたもの	廣淵升彦	湘南短期大学教授	47
17	77–05	西洋音楽コンプレックス	藍川由美	ソプラノ歌手	33
18	77–05	しわだらけの手拭い	鷲田清一	哲学者、大阪大学教授	44
19	77–05	蔵が消えた	新藤兼人	映画監督	57
20	77–05	心臓物語西と東	山折哲雄	白鳳女子短期大学学長	54
21	77–06	コソボへの旅の記憶	辻　邦生	作家	28
22	77–06	心の目	石坂まさを	作詞家	58
23	77–06	人のペンを磨く	金子郁容	慶応義塾幼稚舎長	45

24	77-06	無駄遣いという道楽	なぎら健壱	フォークシンガー	50
25	77-06	声が出ない！	夏坂　健	作家	44
26	77-06	なにを食べても…	早坂　暁	作家	46
27	77-06	カウラの桜並木	山崎敏夫	元駐英大使	35
28	77-06	瀬戸川猛資さんとの訣れ	川本三郎	文芸評論家	54
29	77-06	雅楽のこと	平岩弓枝	作家	28
30	77-07	詩人の後姿	辻井　喬	詩人、作家	34
31	77-07	翼をありがとう	辻野臣保	横浜FC代表取締役	56
32	77-07	躍動する椅子	今福龍太	札幌大学教授	33
33	77-07	ワタシをご存知？	小林聡美	女優	54
34	77-07	柞《ははそ》の森	畠山重篤	牡蠣養殖業	38
35	77-07	アンコール遺跡修復	中川　武	JSA団長、早稲田大学教授	35
36	77-07	一期一会の録音	青柳いづみこ	ピアニスト	37
37	77-07	東大生との遭遇	蒲島郁夫	東京大学教授	52
38	77-07	山にまつわる想い	橋本龍太郎	衆議院議員、前内閣総理大臣	29
39	77-07	音声入力	水上　勉	作家	37
40	77-08	ビジョンとやら	船橋洋一	朝日新聞編集委員	56
41	77-08	ビアズレーについて少々	平野啓一郎	作家	40
42	77-08	ソルジェニーツィンのやわらかい手	中村喜和	共立女子大学教授	47
43	77-08	魔法のバレエ	佐々木忠次	東京バレエ団代表	37
44	77-08	他人の目	雨宮塔子	元TBSアナウンサー	56
45	77-08	イヌイットになった私	佐紀子ダオワナ	主婦	50
46	77-08	コドモの学級会	斎藤貴男	ジャーナリスト	41
47	77-08	電話をめぐる思い出	篠田正浩	映画監督	47
48	77-08	ジャカランダの花	塚本哲也	東洋英和女学院大学学長	37
49	77-08	大旅行時代	木村尚三郎	東京大学名誉教授	51
50	77-09	ヒューマン・バイブル	小川国夫	作家	51

総文数2190、1篇の平均文数は43.8である。この中には会話文も含まれるが、引用符によりマークされた会話文は考察の対象からは除外する。会話文として引用符によりマークされ、他の文から独立しているものは、一つの「　」内に複数文あっても1発話を1文として数えた*1。

「名詞文」というとき、文末における名詞のあり方も以下の（a）～（d）のようにさまざまで、何を名詞文とするかが問題となる。

（a）「太郎は1年生［φ*2／だ／らしい］。」のように、実質名詞で終止するもの、またはそれらが文末の付属語を伴うもの

（b）「太郎も来るはず［φ／だ］。」のように、形式名詞「もの」「こと」「はず」「つもり」「わけ」「の」などで終止するもの、またはそれらが文末の付属語を伴うもの

（c）「太郎は優等生だと思う。」「太郎は優等生と言える。」のように名詞または文末の付属語を伴った名詞が「と思う」「と言える」「と感じる」のようなモーダルな動詞を伴うもの

（d）「参加することにする」「彼が正しいということになる」「やめた方がいい」「彼が来るわけがない」のように、形式名詞「こと」「ほう」「わけ」などを含む合成的な形式を述部に持つもの

これら（a）～（d）のうち、本章では（a）、および（b）の一部を対象とする。文末に位置する名詞の形式性／実質性、モダリティ性／命題性は截然としたものではなく、述定に関わる名詞の機能を考える場合、あらゆる名詞を対象とするのが理想であるが、本章ではいわゆるノダ文のほか、助動詞的な「～わけだ」「～ものだ」「～ことだ」「～はずだ」などや接続助詞にコピュラが後接した形の「～からだ」「～ためだ」などは対象から除外する*3。なお、「当り前」「抜群」のように、形態的には「の」を介して名詞に前接するという名詞的な性質を持ちながら、意味的には形容詞であるために名詞に含めないものもある。引用文・倒置文・「それも、思わぬ形で。」のような文中形で終わる言い差し文も対象外とする。

3. 名詞文の使用率

名詞文に入る前に、全2190文における動詞文、名詞文、形容詞文の使用比率を見てみよう。本動詞「ある」「ない」を述語とするものは存在文とし、接続詞・副詞で終わる文や言い差し文を「その他」とする。結果は表2の通りである。

表2　動詞文・名詞文・形容詞文の使用比率

動詞文	1348	（約62％）
名詞文	483	（約22％）
形容詞文	144	（約 7％）
存在文	142	（約 6％）
その他	73	（約 3％）

22％という随筆中の名詞文の使用率をどう考えるべきかは、ジャンルを超えた調査を俟たなければならない。しかし、この22％に含まれていないノダ文（のだ・のか・のだろう・のだろうか、など）186例のほか、助動詞的な「わけだ」「ことだ」「ものだ」「はずだ」などの形式名詞で終わるもの、「〜することになる」「〜した方がいい」「〜した覚えがある」等々の（形式）名詞を含む合成的な述語を持つ文、「Nと思う*4」「Nといってもいい」等々を「名詞系述部」と呼ぶとすれば、本資料における名詞系述部は全体の4割近くに上る。日本語には広義名詞文が多用されているという印象が強い。名詞の主たる機能は補語になることであり、述語は名詞の二次的な機能であることを考えると、なおさらである。

4. 随筆における名詞文の類型

本章で「名詞文」と呼ぶものの中には、二つの名詞句がコピュラで結合されたいわゆるコピュラ文、文中に主語を持たず名詞句がコピュラを伴った形で終止する文、主語もなくコピュラも伴わず名詞句のみで構成されている文、の三者が含まれる。これら三者の文構造は相当に異質であるが、随筆というジャンルを名詞的表現という面から眺めるにはいずれをも欠くことができない。表3は第7章で考察した平叙文分類を参照しつつ、意味構造に基づいて資料中の名詞文483例を分類した結果である*5。次節以下で随筆におけるこれら各類型の態様を観察することにする。なお、以下で用いる例文の末尾の数字は用例の含まれる文章の編番号（表1）を示す。例文中の述語名詞句に施された下線は筆者による。以下、実線は述語名詞句、波線は主語（主題）名詞句、あるいは問題となっている箇所を示す。また一つの用例番号のもとに複数の文が含まれているとき、記述の対象は下線部を施した文である。

表3　名詞文の類型

	例文
①有題叙述文：有題叙述文〈1〉	太郎ハ長男ダ
有題叙述文〈2〉	太郎ハ欠席ダ
②指定文：有題後項指定文	コレヲ作ッタノハ太郎ダ
陰題前項指定文	タバコノ火ノ不始末ガ原因ダ
無題後項指定文	忘レラレナイノガソノ時ノ太郎ノ言葉ダ
③中立叙述文	西ノ空ガ夕焼ケダ
④無主語名詞文	雨ダ
⑤名詞句独立文	アレカラ5年（彼ハドウシテイルダロウ）
⑥その他	

4.1　有題叙述文

(12) 父は大正十一年に創設された神戸高等工業学校の教師だった。3

(13) 私の住まいの隣は乳牛を放牧する牧場だった。3

(12) は「父」について、「大正11年に創設された神戸高等工業学校の教師」という属性を持った存在であったことを、(13) は「私の住まいの隣」について、「乳牛を放牧する牧場」という属性を持った存在であったことを述べている有題叙述文である。有題叙述文というのはこのように「AはBだ」*6 の形をとり、前項名詞句A

の指示対象を主題として、その種類や性質や状態など広義の属性を後項名詞句Bで述べる文である。(12) の前項名詞句と後項名詞句はヒト名詞であり、(13) の前項名詞句と後項名詞句は場所名詞であるというように、(12) (13) はいずれも前項と後項が意味範疇を同じくし、モノをモノとして類別叙述しているが、有題叙述文の中には述語名詞が動作・変化のような動詞的な意味や性質・状態のような形容詞的な意味を表わしているものもある。

(14) その後、二年間の派米農業研修を経て、ネブラスカ大学の農学部に留学。37

(15) 私は一瞬、あの『ローマの休日』のグレゴリー・ペックの心境であった。34

(14) は著者自身についてその行為を述べたもの、(15) は「私」についてその心情を語ったものである。以下、(12) (13) のようにモノをモノとして叙述する文を「有題叙述文〈1〉」、(14) (15) のようにモノをモノとして叙述するのではなく、意味的には動詞述語文や形容詞述語文に近いようなものを「有題叙述文〈2〉」とする。

4.1.1 有題叙述文〈1〉

有題叙述文〈1〉は、前項の指示対象を主題として、後項名詞句の表わす事物によってその属性を規定する名詞述語文である。名詞文全体の26.5 % (128/483) が有題叙述文〈1〉である。

有題叙述文〈1〉は、(16) (17) のように、前項名詞句の属性の表示を、後項の主名詞である述語名詞よりも述語名詞を修飾する連体部が担っているものが大半を占める*7。

(16) 子供は、まさに、フラジャイルなきらめきをもった存在である。13

(17) 横浜FCはお金のないクラブなのである。44

しかも (18) ～ (20) のように述語名詞が前項の主名詞の反復であったり、(21) のように単に主題名詞句の意味範疇を表示するに過ぎないというようなものが多い。

(18)「イワン・デニーソヴィチの一日」や「収容所群島」を書い

た手は非常にやわらかな、あたたかい手だった。42

(19) そのときの顔は講演中とは打ってかわり、好々爺の顔だった。42

(20) このように、妙に深く“機械に感情移入してしまうという”ヘキは、いったいどのくらい一般的な性癖なのでしょうか。4

(21) 学校の入学式といえば、親にとっては、神妙な、まさに晴れの式典だ。23

特に多く用いられている述語名詞は、さらに抽象的な「もの」「こと」である。128文の述語に「もの」が24例、「こと」が15例使用されており、この2種類の名詞で有題叙述文〈1〉の30.5％を占める。「こと」をはじめとする抽象的な名詞の多用は全体に見られる傾向であるが、「もの」の使用は有題叙述文〈1〉に集中している。「こと」が多岐に用いられるのに対し、「もの」が専ら有題叙述に貢献する名詞であることが分かる。

(22) a.　あれほど華やかなスターとして活躍した割りには、ディマジオの引退後の生活はきわめて地味なものだった。16

(23) a.　一風変わったタイトルは、「狂気というしなやかな銃弾に頭を射抜かれる」という、作中の文章に由来するものです。4

(24) a.　そう考えるのは、道長と同じくらい脳天気なことでしょうか。2

(25) a.　しかし、このさんさんとふりそそぐはずであった「太陽」がわたしの許から消えてしまったのです。原因は、わが家の隣にたつことになった七階建てのマンションでした。これは思ってもみないことでした。8

これらは「もの」「こと」を使用せず（22b）～（25b）のように形容詞文や動詞文で述べても素材的な内容に変化を来さない*8。

(22) b.　ディマジオの引退後の生活はきわめて地味だった。

(23) b.　一風変わったタイトルは、「狂気というしなやかな銃弾に頭を射抜かれる」という、作中の文章に由来します。

(24) b.　そう考えるのは、道長と同じくらい脳天気でしょうか。

(25) b.　これは思ってもみませんでした。

有題叙述文〈1〉は典型的な名詞述語文と言ってよいものであるが、そのうちのかなりの部分が、このように内容上は名詞文である必然性のないものである。これらの文における述語名詞は属性叙述の実質的意味を連体部に負い、自身は専ら文形成の形式面で機能しているに過ぎない。このことは、出来事を出来事として表現するのではなく、主題の指示対象を類別規定する文として表現する傾向を示している。

池上（1982）は、出来事を表現する場合、そこから何らかの個体、典型的には動作の主体を取り出し、それに焦点を当てて表現する傾向を持つ言語と、そのような個体を特に取り出すことなく、出来事全体として捉えて表現する傾向を持つ言語があるとして、前者を〈モノ〉指向的、スル的な言語、後者を〈コト〉指向的、ナル的な言語と呼び、日本語は後者の型に属すると述べている。上記の例に見られるような、形容詞文や動詞文であり得るものを名詞文として表現する傾向も、日本語が動作主に焦点を当てることを避けたがるナル的な言語であることと無関係ではない。さらに（26a）と（26b）、（27a）と（27b）を比較してみよう。（26a）（27a）は非動作主、（26b）（27b）は動作主が主語である。動作主を主語に立てた（26b）（27b）のようなスル的な表現を避け、動作主主語の代わりに設定された「彼の報告」や「裁判所の示した回答」という非動作主的な主題を受け止めるのは「こと」であり「もの」である。

(26) a.　ウチの病院のB医長がゲッチンゲンに留学したとき、先生の研究所を訪ねてもらった。彼の報告は思ったより本が少ないということだった。9

b.　彼は思ったより本が少ないと報告してきた。

(27) a.　私が人間らしい生活を送るために太陽光が必要なのはいうまでもありませんが、次世代のエネルギーとしての太陽光の重要性、有効性に対して裁判所の示した回答はこのようなものでした。8

b.　次世代のエネルギーとしての太陽光の重要性、有効性

　　　　に対して裁判所はこのように回答し（てき）ました。

データ中、形容詞文の使用は名詞文の約3分の1にとどまっているが、それもこうした名詞文の用法に一因があるのかもしれない。事象を名詞の形で表わそうとする傾向は、(28) ～ (32) の「～というものだ」「[捨てた／ざらにある／生半可な] ものではない」「～てのこと」のような慣用的な表現に象徴的である。こうした述語名詞と助動詞的な「ものだ」「ことだ」との間にさほど大きな隔たりはない。

(28) 日本の伝統を踏まえ、一本の旋律に飾りを施して作られた古賀メロディーに西洋音楽の「三要素」を持ち込むのは筋違いというものだ。17

(29) 彼らが活躍する官僚制も捨てたものではない。37

(30) それほど弾きこんできた曲でも、一世一代の名演となるとそうざらにあるものではない。36

(31) 高名な哲学者の息子であるベジャールは驚くほど博識で、日本についての知識も生半可なものではない。43

(32) せっかく莫大な費用をかけて設置した発電システムも、太陽からの恩恵があってのこと。8

以上のように有題叙述文〈1〉の前項名詞句と後項名詞句の意味範疇は基本的に包摂関係にあるが、中には (33) ～ (35) のように述語名詞が比喩的に用いられているものもある。

(33) 逆境から身を起こし富と栄光を手にした彼は、長嶋茂雄や野村克也のような野球少年たちにとってかぎりないはげましの源だった。16

(34) 五線譜は、いわば世界の共通語である。17

(35) でも、幸せは遠くにいるが、悲しみはいつも隣にいてくれるので僕の心友だ。22

有題叙述文〈1〉における述語名詞の今一つの特徴は、人を表わす名詞の使用が多いことである。名詞「人」「人々」「ヒト」で5例、そのほかのヒト名詞が21例であり、有題叙述文〈1〉では5文に1文の割合でヒト名詞が述語になっている計算になる。佐藤（2001）は「一般に、動詞述語文は記述的なテクストのなかに使用され、ものがたりのすじをくみたてるという役わりをにないながら、そのおおくが、時間の観点から、継起的な、同時的な、あるいは後退的なむすびつきをつくっているのに対して、名詞述語文は、時間軸上への位置づけの義務から相対的に解放されているがゆえに、基本的には解説的なテクストのなかに使用され、そのおおくが《説明的なむすびつき》をつくっている。」(p.69) と述べている。有題叙述文〈1〉にヒト名詞が多いのは、文章の多くが人物を題材としていることの反映であるが、ヒト名詞を述語とする有題叙述文〈1〉は登場人物に関する文脈上重要な説明的機能を果たしていることが多い。名詞述語文は判断・認定の文であり、随筆における判断の主体は基本的に著者である。著者は自らの判断・認定を表わす名詞述語文、とりわけヒト名詞を述語とする有題叙述文〈1〉を要所要所に配置し、前後の文脈に認識的な枠組みを設けている。例えば (36) では「わたし」に対する「日常的にパソコンに話しかけるヒト」という属性規定が前後22文の内容的な出発点であり、(37) では第1文が第2文以降の「私」の行動背景を説明するものとなっている。(38) (39) はいずれも文章冒頭の1文であり、文章の内容に関連した著者の自己紹介の文である。

(36) 実は、わたしは日常的にパソコンに話しかけるヒトなのであります。(筆者略) ワタクシは変わり者なのか？(筆者略) わたしはもう立派にその主人公の仲間なのかもしれない……。(筆者略) 実はわたしも同じようなヘキがありまして――という方が百人ぐらいいたら、ずいぶん安心できるような気がするのですが、いかがなものでしょうね。4

(37) 私は戦後民主主義教育を受けた第一世代である。「封建的な学校を近代化しよう」と意気ごんで中学校に乗りこんだわけである。当時の学校は「戦前の世代」が実権を握っており、私の目には生徒たちが抑圧され、自由を奪われているように見えた。私は着任早々、職員会議で手を挙げて発言した。自分を生徒の側に置き、権力をふるっている古い教師たちに宣戦布告したわけである。12

(38) 私は三陸リアス式海岸の気仙沼湾で、牡蠣、帆立の養殖をしている漁民である。海の環境を守るために、海に注ぐ川、その下流の森を守ることの大切さに気づき、平成元年から、漁民による植林活動「森は海の恋人」運動を行っている。34

(39) 私は聖書の愛読者です。おもしろいから読み、味っているのですが、職業がら、小説のネタを拾いたい気持も働きます。50

(40)～(44)はヒト名詞述語ではないが、いずれも有題叙述文〈1〉が文章の中でキーセンテンスになっている例である。そのことは文末の（　）内に示したタイトルからも察せられるであろう。(40)～(43)はテーマそのものであり、(44)はテーマに直結する衝撃的な発見である。有題叙述文〈1〉の多くがこのように著者のモチーフを提示し、文章のかなめとして機能している。

(40)「記憶」とは不思議なものである。(記憶) 3

(41) 我々の出版記念パーティーは確かに奇妙だったが、これも「未来の人間関係」の形を示したものかもしれない。(未来の人間関係) 14

(42) とすれば、私が幻視した彼の彷徨の姿は歴史の後姿とでも言うべきものであったろうか。(詩人の後姿) 30

(43) そうだとすれば、椅子は、座るための道具というよりは、私たちの頭脳の働きを小気味のよい前進運動へと駆動すべき、精神のランニング・ギアなのかもしれない。(躍動する椅子) 32

(44) これは実は、私が小学生時代をすごした山間の小さな町の、今はもうすっかり消えてしまった風景なのだ。私は深いショックを受けた。今までずっと求め続けていた風景がこれだったのだろうか。いや風景というにとどまらず、私のなかに知を求めるばかりでなくそれを超える何かに憧れる心があるとして、美術史の探索や無数の旅のなかで探し続けていたもの、もっと痛切には数十年の人生のうちにそれと知らず求めていたものがこんな過去の風景だったのだろうか。(デ・キリコの風景) 7

4.1.2　有題叙述文〈2〉

(45) 勇払の冬は、金沢に何年か暮し、雪国の冬を知っていたはずの浅野にとっても予想外の厳しさであった。30

(46) 五千年の歴史があれば、千年はたかだかその五分の一だ。2

(47) 九二年秋のこと、同氏から、先生が自宅をたたんで老人ホームに移られたという便りをもらった。すぐ先生に見舞状を書いた。先生からクリスマスカードがとどいた。マジックペンで絵が描いてあった。峨々たるオーストリア・アルプスと森と青野〈ヴィーゼ〉を流れる川の絵だった。一九九七年四月十九日、先生死去。九十七歳だった。令嬢のヘルガさんから正式の死亡通知があった。9

(45) は「勇払の冬」を主題としてその状態を述べ、(46) は「千年」を主題として、その量的な説明をしている。(47) の「死去」は「先生」を主体とする出来事、「九十七歳」は主体の年齢である*9。このように、有題叙述文〈2〉「AはBだ」は、Aを主題としてBでその状態・性質・動的事態（動き・変化）・情意など、広義の属性を述べる名詞文である。前項名詞句と後項名詞句は意味範疇を異にする。有題叙述文〈2〉の後項名詞句で最も多いのは上の (46) (47) や次の (48) (49) に見られるような数量的な状態・属性を表わす名詞句で、有題叙述文〈2〉の 29 %（20/69）を占める。特に年齢、人数を表わすものが多い。

(48) 執筆者は全部で八人。14

(49) ここは北極まであと千四百キロ。45

数量詞は連用修飾機能を持つ点で名詞の周辺に位置づけられる語類であるが、一般に有題叙述文〈2〉の後項の意味するところは形容詞や動詞に近く、述語名詞は名詞の本来的な意味範疇であるモノから他品詞の領域に侵出する。「先生死去。」のように動的事態を表わす名詞文では、例えば「先生、遂にウィーンで死去。」のように、動詞に取って代わった述語名詞が名詞本来の機能に拘束されることなく連用修飾語や格成分を取ることも可能である。有題叙述文〈2〉は多かれ少なかれ名詞述語文の範囲を逸脱している。有題叙述文〈1〉は形容詞文や動詞文であり得たものを「もの」や「こと」で引き取って名詞述語文とし、有題叙述文〈2〉は本来動詞や形容詞が位置するところに名詞を起用するもので、両者の意味構造は異なるが、名詞化指向の叙述形式であるという点で共通している*10。名詞がこのような用法を持つのは漢語動作名詞の存在によるところが大きい*11。

(50) 戦争の終り頃、私は舞鶴に生活拠点があって、墓参を口実に或る土曜日の暮、賜暇をいただき、能衣装疎開の舞を拝見したことがあった。同僚の中尉と一緒にこの折、能楽師にお目にかかり、「これが本当のお仕舞いですね」などと駄洒落てみたが、私にとって戦争の終り近くは悲痛な時間の連続であった。その夜泊まるはずの京都ホテルに原隊より電話があり、福知山線の夜行列車で帰隊。木炭自動車が綾部まで迎えに来て呉れ、翌日の軍艦旗揚げにどうにか間にあった。3

(51) 期待を込めて腰を下ろし、自分の体型に合わせて四つのレバーと一つのパッドの位置をおもむろに調節すると……「ん?」「むむむ……」このフィット感には驚嘆。32

(52) ゼミは冬学期では終わらず、結局9月まで続いた。私は彼らに、研究室と設備一切を提供。研究室は知的好奇心に満ちた学生の溜まり場となった。37

動詞に代わる名詞述語の起用はどのような表現効果を持つであろうか。上例に即して考えてみよう。(47)の文章は著者の父親から二代に亘る故人との交流の歴史を客観的な筆致で淡々と語ったもので、その歴史に幕を下ろした重大な出来事を「死去」の1語に託している。これを、

(47') 先生が亡くなった/死去した。

のような一般的な表現にすると、「死去。」という凝縮された表現の持つ余韻が消える。(50)における名詞文の起用も内容の緊迫感によく合致しており、これを、

(50') 戦争の終り近くは悲痛な時間が続いた/?連続した。その夜泊まるはずの京都ホテルに原隊より電話があり、福知山線の夜行列車で帰隊した。

とすると、緊迫感、切迫感は薄れる。(51)の「驚嘆。」を、

(51') このフィット感には驚嘆した。

とすると、表現が説明的・客観的になり、同文中で用いられている「……」「ん？」「むむむ……」などの現場的な表現に合致せず、著者の驚きも直接伝わって来ない。

名詞述語は動詞の持つヴォイス・アスペクト・意志などのカテゴリーを持たない。文脈から自明であるそれらのカテゴリーを捨象し、説明的な言辞を回避することで、素材事態を浮き彫りにし、簡潔性・象徴性などの表現性を得る。また動詞的なカテゴリーを前後の文脈に依存することで、文脈の流れを緊密にする効果を持つ*12。例えば(52)の名詞文とその後続文は因果関係にあり、意味上、前文は後文に従属的であるが、これを(52')のようにしたのでは説明的で冗長であり、名詞で終止するテンポの良さは消えて、著者の意気込み、潔さも伝わって来ない。このように名詞述語は冗漫に流れる説明性を排除することにより、ある場合には冷静な、ある場合には臨場性のある特有の表現性を獲得する*13。

(52') 私は彼らに、研究室と設備一切を[提供したので／提供した。それで]研究室は知的好奇心に満ちた学生の溜まり場となった。

なお、(50)の「連続」は語彙的なアスペクト形式とも言えそうである。次の(53)～(55)も同様である*14。

(53) 着いたその日から驚きの連続だった。6

(54) ところが、心歌への思い込みが激しく、徹夜徹夜の連続。22

形容詞的な名詞述語も興味深い。(45)の「厳しさ」、(55)の「寒さ」、(56)の「若さ」はいずれも形容詞から派生した名詞である。

(55) 暦のうえの立春は、まだきびしい寒さだ。10

(56) この3月16日、ミステリー評論、映画評論、書評などでいい仕事をされていた瀬戸川猛資さんが、肝臓ガンのために亡くなった。まだ50歳の若さだった。28

形容詞であれば（45'）（55'）（56'）のように単独で述部を構成し得る。

（45'）勇払の冬は、厳しかった。

（55'）暦のうえの立春は、まだ寒い。

（56'）瀬戸川猛資さんが、亡くなった。まだ若かった。

しかし（45"）（55"）（56"）は不適格で、述語名詞に連体部が必須である。

（45"）＊勇払の冬は、厳しさであった。

（55"）＊暦のうえの立春は、まだ寒さだ。

（56"）＊瀬戸川猛資さんが、亡くなった。まだ若さだった。

形容詞的な名詞述語「〜さ」は形容詞の異形態ではない。性質・状態の存在自体に焦点を当てる形容詞と異なり、「〜さ」は連体部に表わされた性質・状態のあり様によって性状を類別しようとするものであり、その意味で「〜さ」を述語とする文の本質は名詞文に他ならない。「50歳の若さだった」は「50歳で、若かった」とも、「まだ若くて、50歳だった」とも異なる＊15。

有題叙述文〈2〉に見られる今一つのパターンに（57）〜（60）のようなものがある。

（57）20年目にして、ボクはなんか変な気分なのです。26

（58）私はこれまでこの3人の天才たちと親しく接してこれたことに、神にでも感謝したい気持ちだ。43

（59）アンコール・ワット（12世紀前半）と並んでクメール建築を代表するアンコール・トムの中心寺院バイヨン（12世紀後半〜13世紀）は、とりわけ危機的な状態であった。35

（60）科学アカデミーの大ホールでの式典開会直前に私は彼に引き合わされたが、予想に反してご当人はロシア人として中肉中背の体つきだった。42

これらの述語名詞は、主題についてそれぞれ「気分」「気持ち」「状態」「体つき」という側面・観点から叙述していることを明示しているが＊16、見方を変えれば文末が性状表現で終止することを回避するために置かれたようにも思える。それは、これらの述語名詞に叙述内容上必須でないものが多いからで、述定の実質が述語名詞の連体部にあるという意味で、形式名詞「もの」や「こと」を述語とする有題叙述文〈1〉に通じるところがある。有題叙述文〈2〉は有題叙述文〈1〉と異なり、意味的には名詞述語文らしくない名詞述語文である。有題叙述文〈1〉のようにテクストのかなめとなるような位置づけのものも少ない。しかし、有題叙述文〈1〉の半数を超える使用数があり、文章全体にアクセントやリズムを与えるなどの独自の表現効果を発揮している。

4.2 指定文

(61) その朝、夜も明け切らぬのに電話が鳴って私は慌てて枕元の受話器を取った。仕事先の徳島のホテルでのことである。声の主は石原慎太郎であった。47

(62) 実は、本当は机上でそうした夢を膨らませていることのほうが、楽しいことなのかもしれない。24

(63) 以来私はウィーンを訪れるたびに先生にお目にかかることがならわしになったが、忘れられないのが八二年のことだ。9

(61) は「声の主」の存在を情報の前提とし、その該当者を情報の焦点として「石原慎太郎」と後項で指定した文である。これに対し (62) は「何かが楽しいことである」ということを情報の前提とし、その何かを焦点として「机上でそうした夢を膨らませていることのほう」であると、前項で指定した文である。また (63) は「何かが忘れられない」ことと、それが「八二年のこと」であることという両項のそれぞれを新たな情報として提示し、前項の何かに該当するものを後項で指定した文である。このように (61) ～ (63) の情報構造は同じではないが、いずれも前項ないし後項の一方で提示された命題において欠落している情報を、他方で充たすべく指定するという共通性がある。(61) は「有題後項指定文」、(62) は「陰題前項指定文」、(63) は「無題後項指定文」である。

4.2.1 有題後項指定文

(64=61) a. その朝、夜も明け切らぬのに電話が鳴って私は慌てて枕元の受話器を取った。仕事先の徳島のホテルでのことである。声の主は石原慎太郎であった。何事かと聞くと、昨夜、松竹から私が監督した『乾いた花』のビデオが送られてきて、それを見ていたら改めて映画に心を動かされたことを伝えたくなり「貴方の居場所を見つけ、徹夜で朝になるのを待っていた」と、電話の声は笑っていた。石原は政界に転身して文学や映画から遠い存在になっていたと思い込んでいた私には予想できないコールであった。47

(65)a.　ウィーンのアレキサンダー・スラヴィク先生が亡くなって2年が経とうとしている。先生が亡父茂吉と初めて相見えたのは一九二二年（大正十一年）、ウィーン大学の学生二十二歳の時だった。（筆者略）やっと探したカフェの名はCANDIS、茂吉時代から数えて五回代替りしていた。先生の後継者はペーター・パンツアーさん。いまボン大学の教授である。九二年秋のこと、同氏から、先生が自宅をたたんで老人ホームに移られたという便りをもらった。すぐ先生に見舞状を書いた。9

（64a）（65a）は有題後項指定文である。有題後項指定文は「A（の）はBだ」の形をとり＊17、Aを主題として、Aに該当するものをBで指定する文で、名詞文全体の16.6％（80/483）を占める。（64b）（65b）はそれぞれ（64a）（65a）と意味的に等価で、これらは次節で述べる陰題前項指定文に当たる。

(64)b.　石原慎太郎が声の主であった。

(65)b.　ペーター・パンツアーさんが先生の後継者。

有題後項指定文は、（64b）（65b）のような無標の語順を避けて有標の語順をとることにより後項名詞句を文脈上の焦点として際立たせると同時に、前項で先行文脈を受け、後項から後続文脈へと、文脈の流れを円滑にする構文でもある。（64a）では、先行文脈の、電話が鳴ったという記述を前項の「声の主」が受け、後項の「石原慎太郎」を後続文が引継いでその言動や著者の感想が述べられる。（65a）では「先生」に関する先行記述を受けて「先生の後継者」

が前項となり、後項の「ペーター・パンツアーさん」に関わる記述が後続する。このように、有題後項指定文を中継点として前後が緊密に続いている。

有題後項指定文の述語は、人を表わすものが25％（20/80）、時を表わすものと「こと」がいずれも約16.3％（13/80）、時を表わす名詞句＋「の」＋「こと」が5％（4/80）で、この3種類の名詞で62.5％に上る。(64a)（65a）のように、ヒト名詞を述語とする有題後項指定文は、前項によって当該人物の立場・役割を提出しておき、後項でその人物を導入するという機能を持つ。

(66)（67）のように1人称代名詞を述語名詞とする慣用的な構文もある。命題は前項内で完結しており、「と思うのは私だけではないだろう」「と感じるのは私だけだろうか」に素材的な意味は希薄である。書き手の認識・主張を有題後項指定文という構造に託し、自らの正当性を強調するものである。

(66) 多くのアメリカ人の心を、このひと言が象徴的に言い表わしていると思うのは、私だけではないだろう。16

(67) その発言や演奏に、本業を全うできなかったという忸怩たる偲いが滲み出ていると感じるのは私だけだろうか。17

時を表わす名詞による述語は、(68) のように事態の時を焦点化すると同時に、後続する叙述の時間的枠組みを明示する機能を兼ねる。

(68) 浅野晃が勇払に辿り着いたのは敗戦の年の十月である。東京は一面の焼野原になっていたし、それよりも尚彼にとって厳しかったのは戦犯詩人としての追及の火の手であったろう。30

(69a)（70a）は前項がそれぞれ「場所」「相手」という、出来事の中での意味役割を提示し、後項でそれを特定するという意味構造であり、まさに出来事の枠組みを明示するための文となっている。

(69) a. 十七世紀のことだ。場所は、イタリヤはフィレンツェ近くの田舎村。その地の尼僧院長、ベネデッタ・カルリーニの身の上に異常な事態がおこる。20

(70) a. 私は少しイライラしながら質問した。相手は首都カブールの孤児院の校長。6

（69a）の3文、（70a）の2文を、それぞれ（69b）（70b）のように1文にした一般的な形と比べてみると、有題後項指定文として独立させた効果は明らかであろう。

（69）b.　十七世紀にイタリヤのフィレンツェ近くの田舎村で、尼僧院長、ベネデッタ・カルリーニの身の上に異常な事態がおこる。

（70）b.　私は首都カブールの孤児院の校長に少しイライラしながら質問した。

「こと」を有題後項指定文の述語とするのは「〜こと」の焦点化であるが、同時に、長い名詞節を補語の位置から切り離し、述部に据えることによって読み手の解釈を助ける手段でもある。実際「こと」を述語とする有題後項指定文のほとんどが、（71）（72）のように、主題は短く、述部は長い。短い主題は、「もう一つの特色は」「大事なことは」「僕が考えていることは」「厚生省の本音は」「面白い発見は」「よかったと思うのは」という類で、前項と後項は〈枠組み〉と〈内容〉のような関係にあり、伝えるべき情報は後項でほぼ完結していると言える意味構造である。短い主題に主観表現が多いのも一つの傾向で、それらは一文のモーダルな輪郭を明示するものとなっている。

（71）裁判所で一番びっくりしたのは当事者の生の声を聞いてくれるはずの裁判官が、弁護士だけでいい、と私を部屋から出したこと、そして太陽光発電の問題は取るに足らない、つまり大したことではないという判決が下ったことです。8

（72）私が嬉しかったのは、さまざまな理由で、研究や作業が滞っているゼミの仲間を、他のメンバーが、司法試験や公務員試験の勉強の合間を縫って、ほぼ連日助けにきてくれたことである。37

4.2.2　陰題前項指定文

（73）a.　流行歌の世界も同様で、東京音楽学校出身の藤山一郎は、古賀メロディーで世に出たにも拘わらず、古賀政男について批判的な発言をしている。（筆者略）それよりも、古賀が、ユリ、コブシ、ソリ、スカシといった伝統的な歌唱法を生かして書いた装飾音符を、プロの歌手が正確に再現できないことの方が問題である。17

(74=62) しかし子供の頃は、そうしたことへの興味を実現するための物を買えるほどの小遣いを与えてもらってなかった。ひたすら空想や願望だけを膨らませ、本などにそれを求め、そこにある写真などを日がな眺めては、あたかも実際それを体験しているかのように思いを馳せていた。今無駄遣いをするのは、その反動なのかもしれない。実は、本当は机上でそうした夢を膨らませていることのほうが、楽しいことなのかもしれない。24

(75) 欧州連合のブルーの旗ではなく、やはりイタリアの三色の国旗なのだ。どこかに理念と現実との間の危うい ギャップが広がりつつある。それこそが、ベルサイユ体制の陥穽だったのではないか。40

(76) エゴを大事にすることで、人とぶつかるかもしれないが、ぶつかることを避けるより、憎まれてもそれを辞さない方がずっと自分にも人にも優しいことなのではないか。44

(73a)～(76)は陰題前項指定文である。陰題前項指定文は「AがBだ」の形をとり、Bと叙述される該当者をAと指定する文で、Bが実質的な主題である。(73a)は、「問題」について言えば、それは「古賀が、ユリ、コブシ、ソリ、スカシといった伝統的な歌唱法を生かして書いた装飾音符を、プロの歌手が正確に再現できないことの方」であるという意味になる。陰題前項指定文は基本的に、(73b)のように、前項・後項を交換し、意味を変えることなく有題後項指定文に転換することができる。

(73)b. それよりも、問題は古賀が、ユリ、コブシ、ソリ、スカシといった伝統的な歌唱法を生かして書いた装飾音符を、プロの歌手が正確に再現できないことの方である。

陰題前項指定文は全部で7例を数えるに過ぎないため、使用傾向を導き出すには数が少な過ぎるが、使用数の少なさは指定文としての有標性を示すものでもある。有題後項指定文の前項が前文を受けていたように、陰題前項指定文の前項も7例中4例が「そうした夢」(74)、「それこそが」(75)のように前文を指示語で受けていることから、陰題前項指定文か有題後項指定文かの選択が文脈に左右されていることは否めない。しかし、有題後項指定文のように旧情報は前提として継承するのが無標の形式である。陰題前項指定文は旧情報を前提ではなく焦点として継承している点が有標なのであり、文は伝達情報量の小さい要素から伝達情報量の大きい要素へと線条的に推移し、最大の伝達情報量を持つ要素で終止するという communicative dynamism＊18 の原則にも抵触する。陰題前項指定文の前項は5例までが、「〜こそが」「〜ほうが」「〜でなく、〜が」という強調や対比を表わす形式をとっており、先行文脈に対して逆説的、対比的な意味合いを持つ傾向がある。陰題前項指定文は単に情報上欠落した項目を充たすものとして前項名詞句を提示する以上の強い主張を含んでおり、文自体の意味は対応する有題後項指定文と等価であるとは言え、独自の表現性を持つ文類型である。

4.2.3 無題後項指定文

(77)a.　今回は、人工知能だけではなく、ロボット工学や関連の研究領域も含めての総力戦が始まっている。その中心的役割を果たしているのがロボット・ワールドカップ構想、別名「ロボカップ」である。ロボカップは、世界中の研究者が、サッカーロボットの開発という共通の課題を設定して研究を行い、それを通じて次世代産業の基盤へと波及していく技術を開発しようという構想である。5

(78)　この月輪冥想をわが国に導入し、それに新解釈を加えたのが空海だった。かれによると、大日如来を冥想する場面では、その大日如来がわれ(修行者)の方に近づき、われもまた大日如来に近づいていくのだという。

20

(79) a.　今インターネット上では、「この二千年で一番重要な発明発見は何か」という面白い議論が展開されている。（筆者略）「動物の家畜化」「鏡」「時計」などという答えが並ぶ中で、圧倒的に多くて、百人の回答者の中で約十人の人が挙げているのが「印刷術」。二番目は「ゼロの発見」や「インド・アラビア数字記述法」など数字がらみ。それに続く第三位が、コンピューター、インターネットなど情報関連の分野の発明である。（筆者略）それは多分こうした技術が、経済の形ばかりでなく人と人、人と社会、社会と社会のつながりを大きく変えるであろうと多くの賢人たちが感じているからではなかろうか。14

(80)　ところが手術終了後、意識が戻って最初に感じた違和感が、異常な自分自身の静寂だった。医者が何かを訊ねる。答えているつもりが声にならない。言葉以外コミュニケーションの手段を持たない私としては、何としても医者に意思を伝えようとするが、すべて呼吸と共に音量が拡散され、「ざわざわ」とした感じの騒音しか出て来ないのだ。25

(77a）～（80）は無題後項指定文である。無題後項指定文は「A（の）がBだ」の形をとり、AとBの両項を情報として提供しつつAに該当するものをBで指定する文である。名詞文の4.6％（22/483）がこのタイプである*19。(77b）は（77a）を通常の語順に戻したもので、全体が情報価値のあるものとして提出されているという意味では同等であるが、(77b）が命題全体を一体化して表わしているのに対し、(77a）は後項を分離することにより、事態の提示と同時に後項名詞句の前景化や効果的な導入が図られている*20。

(77) b.　ロボット・ワールドカップ構想、別名「ロボカップ」がその中心的役割を果たしている。

無題後項指定文という有標な構文形式を選択するのは、書き手が

1文の素材事態を重視し、読み手の注目を喚起すべきものと捉えているからに他ならない。無題後項指定文が22文中11文という高い確率でテーマに直結していることもその間の事情を裏付ける。例えば（77a）は「ロボカップの夢」というタイトルの文章で全体のテーマである「ロボカップ」を導入する文、（78）の後項は後続6文の主題で、全体の論旨に大きく関わる素材、（80）は「声が出ない！」というタイトルの文章で内容の出発点となる事態を表わしている。

ただ、有題後項指定文で表現するか無題後項指定文で表現するかはそれほど厳密に規定されるわけではなく、前項を主題化させるか否かに関してはかなり恣意的なところがある。例えば（79a）の＿＿部に見られる「は」を「が」に、「が」を「は」に変えても、ほとんど違いは感じられないであろう＊21。

(79) b.「動物の家畜化」「鏡」「時計」などという答えが並ぶ中で、圧倒的に多くて、百人の回答者の中で約十人の人が挙げているのは「印刷術」。二番目が「ゼロの発見」や「インド・アラビア数字記述法」など数字がらみ。それに続く第三位は、コンピューター、インターネットなど情報関連の分野の発明である。

4.3 中立叙述文

(81) そこで思い出すのが、スティーブン・キングの『しなやかな銃弾のバラード』という短編のことです。（筆者略）これがもう、機械《マシン》を使っている物書きには他人事とは思えず、身につまされて、涙なしには読めない短編なのですね。4

(82) 結局、四日間カブール市内をかけずりまわり、ろくな取材ができなかった。タリバンの「出国ビザ審査（約二十分間）」の面接を無事パスしたのがせめてもの救いだった。6

(83) つい最近パソコンを購入した。これが三台目のパソコンである。24

(84) いま、世界遺産がブームである。35

(85) この五月、十数人の仲間と南フランス、プロヴァンスの旅に出た。いま話題のアカデミー賞受賞作「恋におちたシェイクスピア」をはじめ、数多くの字幕を担当している、戸田奈津子さんが「事務局長」である。49

(81)～(85)は中立叙述文である。有題叙述文は主題とその解説部分から成り、指定文は未定項を含む部分と未定項の該当者からなる部分で構成されているのに対し、(81)～(85)の前項・後項は主題と解説に分かれることも、未定項を含む部分とその該当者に分かれることもなく、前項と後項の結合が一つの事態としてまるごと提示されている*22。有題叙述文と同じく、前項名詞句は何らかの対象を指示し、後項名詞句は前項名詞句に帰属する広義属性を表わすもので、(81)(82)では事態に対する印象、感慨が表出され、(83)～(85)では事態が客観的に叙述されている。中立叙述文で表わされる事態は静的、動的さまざまで、命題全体が情報の一つとして出来事の中に組み入れられている。中立叙述文は16例あったが、いずれも事態説明の詳細に貢献しているものの、述語名詞に特別の傾向は見られず、文章中の位置づけも特別のものではない。

4.4 無主語名詞文

(86) 私がシャッターを切ると、興奮してキャーキャーとかしましい。その時である。父親である運転手が、いきなり部屋に入ってきて、大声で怒鳴りつけた。6

(87) まずは髪を短くし、ひげを剃り、ネクタイにスーツという衣装に変身することにした。次に、台詞と身振りである。12

(88) 温泉町の医者がホテルまで往診してくれ、「確かに胆石のようですが、心筋梗塞をおこしてます」と、びっくりするような診断です。26

(89) いまの私は手術から三ヶ月経過しているが、相変わらず声が出ない。数ヶ月単位で快復するから心配いらないとは思えない状況である。25

(90) タクシー、バス、飛行機、電車……といろいろ乗ってみて、それぞれの交通機関の動きと椅子の質や構造が、自らの腰を通じて細かく体感され、いままでは意識もしなかった情報が、私の頭脳のなかの身体感覚データベースのなかに蓄積されていった。腰椎にかかる微細な力を、椅子の座り心地を通じて感じながら外界を理解する、という不思議な感覚のモードである。32

(91) 他人を観察し、返ってくる反応を待って、それによって自分の心がどう動くのか、それすらもどこかで客観視していたように思う。私は順応性があって、優しそうな人のように見えただろう。でも、自分で動かすことよりエネルギーを必要としない、ズルいやり方でもあった。44

(86) ～ (91) は、いずれも主語ないし主題を持たない名詞句が、コピュラを伴って文を構成している。このような名詞文を「無主語名詞文」とする。無主語名詞文は述語名詞*23 に対峙する主語や主題を持たないが、コピュラを伴った判断・認定の形式をとっており、判断・認定の非明示的な対象は文脈に求めることができる。例えば、(86) は「これから述べる出来事が起きたのはその時である。」、(87) は「次に考えるべき対象は台詞と身振りである。」、(89) は「今の状況は～とは思えない状況である。」というように。ただこれは、ノダ文で「～のだ」の対象を文脈に求めようとするのにやや似ている。

無主語名詞文は、(86) (87) のような一語文的なものから (89) ～ (91) のような複雑な構造の文までさまざまであるが、いずれにしても主語を問わない、それ自体で完結した文である。三上 (1975) は述語としての体言の一類型として、存在、出現を表わす「火事ダ」という無主語文の類を認めている (p.25)。ただし「火事ダ」も「空の明るさなり火焔なり発煙なりを眺めて何か異変のあることを認め、次にその異変を以て火事と断定したのなら」判断を表わす品定め文の下半分でこの類型ではないとし、存在、出現の「火事ダ」は「眼前の実景やサイレンの音を知覚した途端に」発する場合であると言っていて、本章の分類とは基準が異なる。本章では判断か存在・出現かにかかわらず主語を持たないものは無主語名詞文である。三上の言う存在、出現を表わすものは資料中の無主語名詞文には見られず、それらは専ら次節の名詞句独立文として表わされていた。

述語名詞の多くは事物の客観的な属性・状態や書き手の評価を表わす連体部を伴い、無主語名詞文に限ったことではないが、連体部と述語名詞は日本語の連体修飾の持つ意味構造の多様性をそのままに具現している。ただ、主語を持たない無主語名詞文における名詞句の連体構造は、それ自体、主述が対峙しない形での論理的な主述関係ないし題述関係を成していると考えられるものが多い。無主語名詞文は主述関係（ネクサス）でなく連体関係（ジャンクション）で事物とそのあり方（属性、内容）を述べる形式である。主張・情報の中心は連体部にありながら、そこに示される事物のあり方よりも事物の存在自体を前景化する形式と言える*24。(92) は文章冒頭の1文であるが、これだけで〈出版記念パーティーが開かれたこと〉〈そのパーティーが奇妙だったこと〉が理解でき、冒頭の情報としても十分に充たされている。

(92) 奇妙な出版記念パーティーだった。集まったのは、約九十人。スーツ姿は、わずか二、三人。みんなラフな服装で、季節柄、三分の一はゆかた姿だった。14

(93) 生徒が悪い、と考えることができれば楽だったろう。しかし私はそれほど思いあがってはいなかったようだ。とすると、私の能力の問題である。私には生徒を導く人間的魅力がないのかもしれない。12

(94) これまでの私が関心をもってきたテーマの推移の背後には、相互性と関係性、それに、フラジャイルな（壊れやすい）もののきらめきとでもいうものがある。子供は、まさに、フラジャイルなきらめきをもった存在である。相互性と関係性はどうか。それが、舎長としての最初の仕事である入学式で、いきなり実現した。（筆者略）会場は不思議なみずみずしさが残った。私のなかには、なんともいえない「いい感じ」が充満していた。（筆者略）それが、いきなり、会って初めてで向こうから（それも、壇上にいる私に）話しかけてきてくれたのだ。救われたという気持ちだった。（筆者略）それがうまくゆきそうな予感をもてるスタートだった。23

(95) 十六年前、私には心筋梗塞の経験がある。（筆者略）その後順調に快復し過ぎたことは、当節の超過密スケジュールでも一目瞭然だが、しかし、いい気になりすぎてはいけないはずの人生なのである。それが昨年の秋頃から、どうにも息苦しくてならない。十六年前に逆戻りの感がある。25

主張・情報の中心が連体部にあることは、(92）では「奇妙」の内容が、(93）では「能力」の内実が、(94）では「うまくゆきそうな予感をもてる」根拠が、(95）では「いい気になりすぎてはいけないはず」の根拠が後続文や前後の文脈で展開されていることからも明らかである。「いいお天気ですね（≒お天気がいいですね)」「10円のおつりです（≒おつり［が／は］10円です)」のような構文はごく日常的で、資料中でも無主語名詞文は有題叙述文〈1〉に次いで多く、名詞文全体の22.4％（108/483）を占める。無主語名詞文は、日本語が名詞的に把握する傾向のある言語であり、かつ単肢言語であることを象徴的に示す文類型と言えるのではなかろうか。

無主語名詞文の述語名詞には、(87）の「台詞と身振り」、(88）の「診断」のように実質性の濃いものから、「こと」のように形式的なものまで多様である。文としての完全な形式を備えたものに実質性の稀薄な名詞や形式名詞が後接した文の名詞文らしさは弱い。有題叙述文〈1〉の場合と同様、形式的な名詞述語は「わけだ」「のだ」などの助動詞的なものに限りなく近く、その峻別は難しい。特に無主語名詞文で最も多く用いられている述語名詞「こと」と助動詞的な「こと」との境界は定かでない。(96）(97）のように「〜ということだ」「〜ということだろう」「〜ということではないか」などの形で、先行の叙述内容に解釈や判断を加えるものが10例あったが、これらの「こと」やいわゆる伝聞の「〜ということだ」などは名詞述語ではなく文末形式とすべきかもしれない。ただこれらの「こと」も（98）の「意図」のような名詞述語に連続している。

(96) これもまた海外での旅行情報で、これだけ旅行業者の広告が新聞雑誌に溢れているのに、「千年の節目を○○で迎えよう」といったツアーを日本では見かけない。不況で、それどころではないということなのだろうか。2

(97) フランス人の奥さんにお会いしたことはないが、今回の旅でちらりと姿を見せたニース大学のお嬢さんが、どこから見てもフランス人のマドモワゼルで、じつに可愛い。ボーイフレンドとかしこまって私たちの前に並んだ様子が、日本の青年と違って何とも初々しく、好ましかった。親のしつけがきちんとしているということであろう。49

(98) 先日、住宅用太陽光発電システムについての公的援助制度が新たに認められることになりました。つまり、太陽光発電の将来性と実用性について国が認めその普及をバックアップしましょうという意図です。8

(99) の「何たることだ」、(100) の「〜ばのこと」、(101) の「それだけのこと」、(102) の「〜したまでのこと」などは半ば慣用化している。

(99) 何たることだ！1

(100) ただし千年先に、ちゃんと日本という国が存在していればのことだけど。2

(101) 何のことはない、紙をセットしたとき、給紙トレイのダイアルをB4の目盛りに合わせてなかったという、たったそれだけのことだったのでした。4

(102) 本来なら法案提出に先立って政府の側が公開しておかなければならない情報や方針を秘匿して嘘に嘘を塗り固め、国民を欺いて無理を通そうとするやり方が卑劣に過ぎるから、私は物書きの当たり前の仕事として取材し、本を書き、頼まれたから参考人として話をしたまでのことだ。46

(96) (97) のような「ということ」の例にしても (99) 〜 (102) のような「こと」にしても、認定や判断を「こと」という名詞の枠に納めた形で差し出しているわけであるが、無主語名詞文に5例見られる「話」*25 も、「こと」に近い名詞化機能を帯びて用いられることがある。(103) の「話」は先行4文をまとめて、解説を加えたものである。

(103) ベルサイユ体制によって上から植え付けられた「民族自決」と「民主主義」は、その単位を国民的〈ナショナル〉共同体に置くこととしたため、少数民族の共同体や文化は排斥された。ハンガリーでは一九二〇年に、それまで「多種多様な信仰を持つハンガリー人」の一部であったユダヤ人を「異人種」と規定する法律を制定した。ポーランド、スロバキア、ルーマニアがこれに続いた。近代化を急ぐトルコはアルメニア、ギリシャ、クルドの順で"民族浄化"を行った。すべてヒトラーの登場以前の話である。

後述する名詞句独立文にも共通することであるが、無主語名詞文には出来事の叙述から切り離され、独立に出来事の時・所を表わし、後続文脈で展開する出来事の枠組みを提示する機能を担っているものが多くある。(86) や次の (104) は出来事の時を表わしており、「こと」にも (105) (106) のように時を表わす語と結合して同様の機能を果たしているものがある。

(104) その中に大島渚がロンドンから送ってきたファックスがあった。講演旅行の途中に立ち寄ったロンドンで武満の死を知った彼は待ち切れなくてファックスしてきたに違いない。その直後である。大島がロンドン空港で脳内出血で倒れたというニュースがテレビに流れた。47

(105) 十七世紀のことだ。場所は、イタリヤはフィレンツェ近くの田舎村。その地の尼僧院長、ベネデッタ・カルリーニの身の上に異常な事態がおこる。20

(106) もうひとつ十月三十一日のセレッソ大阪戦のあと横浜国際競技場でサポーターが全日空スポーツと話合いをしたときの事だ。話合いは長時間に及び、サポーター達に疲れの色が見え始めた。そんな時、サポーター達に、大量のハンバーガーを、一説には二百個とも二十万円分とも言われている、を差し入れしてくれた人がいた。31

(107) ～ (109) のように、まず伝えるべき出来事を提示した後に、後続文で時や所を示すという手法をとることも少なくない。

（107）お母さんはこの蔵の中で死んだ。家を売った翌年だった。
19

（108）小津安二郎の遺体はすでに解剖室に移されていた。その戸外に杉村春子さんがいた。十二月十二日の冬の夜である。
47

（109）その朝、夜も明け切らぬのに電話が鳴って私は慌てて枕元の受話器を取った。仕事先の徳島のホテルでのことである。
47

出来事の状況を表わすこうした無主語名詞文は、「昨日　庭で　太郎が転んだ。」のように、1文の中で出来事を命題の中心に据え、副次的に「時」や「所」を表示するのではなく、「時」「所」を文として独立させることにより、時間軸・空間軸を前景化する手法であり、同時に命題の中核である出来事自体を状況成分から切り離して特立させるものでもある。無主語名詞文は事象の断片であるために意味を文脈に依存する度合いが高いが、まさにそのことによって文章構成に寄与しているわけである。

また、本資料中には1例しか見られなかったが、時々耳にする「〜この頃である。」という慣用的な表現がある。

（110）大正七年生まれの私は馬齢を重ねて現在、八十歳。いつ死ぬるかとさえ考えるこの頃である。3

飯間（2003）はこの表現について、「文の終わりに使われる「……このごろである」は、多くの場合、それ自身にはさほど深い意味はなく、文の調子をやわらげるために添えられた表現であると考えられます。」（p.47）と述べている*26。「〜この頃である」は現在そうした状況にあることを表わしており、意味的にはいわば「いつ死ぬるかとさえ考えている」のテンス・アスペクト形式「ている」に相当すると言ってもよい。しかし機能形式の「ている」と違い、語彙形式による「この頃である」には主体のおかれた状況や主体自身までをも髣髴とさせる響きがある。「文の調子をやわらげる」というのもそうした表現の持つ含蓄から来ているのではなかろうか。この文型のコピュラは「（この頃）だ」ではなく、「である」がふさわしい*27。

以上見てきたように、資料中には無主語名詞文が形式面でも機能面でも多様に使用されている。

4.5　名詞句独立文

(111) イスラム原理主義・タリバンが支配するアフガニスタン。そこで女性たちがどう考え、どう生きているのか、知りたくて私はこの国に来た。6

(112) 一人のピアニストは、いったい一つの作品を生涯でどのぐらいの回数弾くものだろうか？　デビューのきっかけとなった曲、いつ弾いても評価の高い曲、弾きこむうちに次第に深みの増してきた曲、子供のころ弾いた思い出の曲、アンコールの定番。頻度が高いのは、いわゆる手の内にはいった作品ということになる。36

(111)（112）はコピュラを伴わない名詞句で文が構成される、いわゆる体言止めの文*28であり、本書で「名詞句独立文」と呼ぶものである。連体部を持つのが一般的であるが、名詞単独の場合もある。名詞句独立文は無主語名詞文よりもさらに構造の未分化な文である。両者は形式的にはコピュラの有無において相違しているだけであるが、無主語名詞文は文の中核たる述語の形式をとっているという意味で文としての体裁を保っているのに対し、名詞句独立文は単に素材を提示しただけという形式である*29。(112）のような素材列挙型が名詞句独立文の35.3％（18/51）に上る。これらを名詞句独立文として文中から独立させ、長く複雑な構文を回避するのは読み手の解釈を助けることにもなろう。名詞句独立文は文末のモダリティ形式を欠き、肯否のカテゴリーも持たない。素材の意味的な補完は文脈に委託される。野田（1989）は真性モダリティをもたない文は他の文ないし文章・談話の枠に依存していると述べ、坪本（1998）は、「人間の知覚および認知機構は、不完全な形状に出会った時にそれを補填し、まとまりのある図形として認識する。断続する境界を何らかの形で補い、1本のつながりにすると考えられるからである。」(p.102）と述べている。

名詞句独立文は文らしい要素の削ぎ落とされた文であるが、明示的なモダリティ形式の欠如は、むしろ名詞句独立文に自由な表現性を与えており、名詞句は書き手のさまざまな意図を担って文中に位置づけられている*30。名詞句だけの文は感嘆・詠嘆の表現とされることが多いが*31、名詞句独立文の帯びる語用論的機能は多様である。

名詞句独立文には、文で言えば状況語に相当する機能を果たしているものの比率が、有題後項指定文や無主語名詞文よりも多い。時・所を表わす名詞句独立文は出来事自体から切り離されて時空的枠組みを独立に表わし、具体名詞による名詞句独立文は付帯的状況を表わして出来事を具体化する。最も多く用いられているのは（113）や、（114）の3例のような事態生起の時を表わす名詞句で、「〜時のこと」という形を含めて13文（名詞句独立文の25.5%）見られる。

(113) 夜。ボンのホテルの部屋でテレビをつけた。アルバニア系の住民を乗せたトラックがマケドニアの難民キャンプからコソボに帰っていく光景をCNNが映している。40

(114) そんなヤケクソ的な最新刊が出版されたある日のこと。「キミは、最近本を出したらしいじゃないか。げっへっへ」と、ワタシが老後の楽しみの為にと地味に通っている英会話の先生（日本人）が言った。（筆者略）そしてその数日後。銀行で支払いなどをしていると、奥から支店長がでてきて、「奥様、ご本をまた出されましたね。うちは出版元の○○舎さんとも取り引きさせていただいておりまして、新刊のリストが送られてまいりますものですから。ぜひ、注文させていただきます」と、ご丁寧にそう言った。（筆者略）さらにまた後日。「裏の家で飼われている猫は、きたない紐でつながれていて、いつも路上に佇んでいる。それが、うちのと瓜ふたつのデブ猫で、はじめて路上でその姿を目撃した時は、うちのが脱走したんじゃないかと見まごう程だった」ということをある新聞の小さいコラムで書いた。ある朝、散歩の途中その家の前を通ったら、「先日はうちの猫のことを書いてくださって、ありがとうございました。こきたない紐でねぇ。おっほっほ」とその家の奥様に声をかけられてしまった。33

(115)（116）の「〜すること〜時間」のような形式は、容易ならない時間の経過を表わす慣用的な表現形式で、通常は動詞文で表わされるはずの物語り文である。

(115) マニュアルを引っぱり出してきてページをめくり、あれやこれやと試すこと半時間。でも、やっぱり駄目です。仕方がない。リースのサービスセンターに電話しました。4

(116) 還暦も過ぎたというのに、先日もスコットランドの苛酷なリンクスを手曳きカートで歩くこと連続二十二日間。25

場所の表現は（117）の第3文や（118）のように、連体部で出来事の舞台としての状況を叙述する。また単純な場所表現は（117）の第1文のようにしばしば時の表現と共起する。(113)（117）は共に冒頭の1文であり、文章全体の状況的枠組みを示すものである。

(117) 銀座の夜。酒宴のあと、仕上げに？（麺）類を食べたくなって、通りかかった露地の奥のラーメン屋さんの暖簾をくぐった。間口がかろうじて三メートルあろうかという狭い店。カウンター席の後ろをいざりながら進み、奥に空席を一つ見つけたときはもう、眼鏡が湯煙でくもって真っ白になっていた。18

(118) 小学校の入学式といえば、親にとっては、神妙な、まさに晴れの式典だ。百三十余名の新入生と保護者でほぼいっぱいの会場。壇上には慶応義塾長、常任理事のお歴々、幼稚舎の教員スタッフ全員が居並ぶ。23

(119)（120）は出来事の付帯的状況である。

(119) ヨーロッパの鉄道の二等客車らしき向かい合わせの座席の一隅に、小さな野ウサギが一匹、ゆったりと腰を下ろしている。側面には灰皿と、飲み物を置く細い棚。32

(120) 英語圏以外で、チャンネルをひねって英語がとび出してくると、何だかほっとする。勿論半分程度しか耳にはひっかかってこないが、半分だけでも有難いし、おおよその見当をつけながら見るのも楽しいものだ。手にはフライドポテト。かなりだらしない恰好ではあるが。6

（121）（122）のように、文章の新たな展開の始発部に用いられて部分的タイトルの機能を果たしている名詞句独立文もある。

（121）ところで、雅楽といえば、舞楽。戦前、私の叔父が名古屋の熱田神宮で舞人を務めていたことがあり、私も舞楽を習いたいと思ったのだが、父は女のやるものではないと相手にしてくれなかった。29

（122）さらにまた、こんなこともあります。わたしにとっては仕事の必需品であるパソコン。同じくワープロやパソコンを使っている友人の作家のなかには、愛機に名前を付けているという人もいますが、「じゃ、声を出して話しかけたりする？」4

名詞句独立文が、文脈の中で出来する現象や動き、あるいは認識や知覚の対象を表わす場合、それらは（123）～（125）のように感嘆や詠嘆などの情意の対象であることが多い*32。(123）～（125）の名詞句独立文はそれぞれ、＿＿部に表わされた感覚や心情の対象である。情意の主体は随筆においては著者に一致する。

（123）はっとした。まったく音がないのだった。時折そよぐ風が微かに耳をくすぐる以外、まったくの無音の世界。浮遊しているようでもあり、何かに包まれているようでもあり、畏怖のような、だけどそれとはまた違うこの感覚は、それでだったのかとわかった。15

（124）多くの委員が真剣に耳を傾けてくれたが、呆れ果てた者も少なくなかった。法案を推進する政党に属する一部委員たちだった。私語に雑談、薄笑い。汚い野次。46

（125）見ているわたしには、言葉の少なさというのがきもちよかった。ちょっと意表を突くけれど、すぐに、あ、そうかと分かる、朴訥だが寸分の狂いもない精確な所作。ふつう、たとえば、水を出してくれるとき、お箸を置いてくれるとき、メニューをくれるとき、いちいち「これは何々で、このようにして使ってください」とは説明しない。18

（126）～（128）の名詞句には文章を貫く書き手の思いが凝縮している。(128）の名詞句は「しわだらけの手拭い」というタイトルに呼応して文章の趣意を象徴するものである。

（126）日本に残された唯一のクリーンな資源、太陽光による発電が国の基本政策になるよう、今後とも活動を続けていくつもりです。ことは我が家一軒の問題にとどまりません。日の本の国、日本。日の丸から太陽が消えてしまったら、それは現在の環境問題やエネルギー問題に白旗を上げることになるのですから。8

（127）いろいろうまくいかなくても、クヨクヨする事はない。たった一つの命。たった一つの人生。22

（128）粗品で貰うようなな宣伝入りのあの白いタオル、きちっとたたまずに置いてあったしわしわのタオルというよりは「手拭い」。(筆者略）言葉の過剰が〈出逢い〉の可能性を遠ざけるのだ。無言でも、動作が無骨であっても、汚いぼろ布であっても、思いは通じるものなのに。18

名詞句独立文の連体部と文末の名詞は無主語名詞文と同様に論理的な主述関係を構成していると見られるものが多い。坪本（1998）は「レンコ（バスに）飛び乗る。閉まるドア。」の下線部のような表現形式を「ト書き連鎖」と名付け、ト書き連鎖はコトとモノの両義性を持ち、その働きは「名詞句を意識の中心におきながら、全体で場面を描写するところにある」(p.182）と述べている。通常の文構成を退け、特定の指示対象を前景化するという逸脱した形式の名詞句独立文は、さまざまな機能を担って文脈の中に述語文と対等に位置づけられている。

テンスからもムードからも解放された素材のままの形式は詩や俳句に似た表現効果を持ち、時に文章のクライマックスを演出し、さらにはその簡潔性で文章にリズムを与える。また、一語文的な名詞句独立文は、文章や段落における状況語的、見出し語的、あるいは提示語的な機能など、自在な働きを見せて、印象的な表現効果を演出する。学術論文のような科学的な文章には使用されることの少ないものであるが、随筆ではその特性が大いに活かされている。名詞句独立文は随筆の非散文的な一面を象徴している*33。

4.6 その他

以上の名詞文の類型のいずれにも該当しないものが2例あった。(129) の中の2文である。最初の例の前項は先行文に依存して省略されているが、前項と後項の意味関係を考えると、両文ともいわゆるウナギ文的なものと思われる。「その他」として挙げておく。日常会話に頻出するこの種の文が本資料に少なかったのは意外であった。

(129) このエレガンスの質は、決してワイルドの『サロメ』が目指した「ビザンチン風」ではないし、モローとも、デゼッサントとも違う。バイロスの絵にしばしば見られるフラゴナール的なロココともやや違う。寧ろ、ヴァトーか。しかし、これはおそらく、ラクロである。41

4.7 まとめ

以上が随筆50篇における名詞文の類型である。表4に各類型の使用数を示す。

表4 名詞文の類型と使用数

① 有題叙述文	有題叙述文〈1〉	……128	(名詞文の 26.5 %)	40.8 %
	有題叙述文〈2〉	…… 69	(〃 14.3 %)	
② 指定文	有題後項指定文	…… 80	(〃 16.6 %)	22.6 %
	陰題前項指定文	…… 7	(〃 1.4 %)	
	無題後項指定文	…… 22	(〃 4.6 %)	
③ 中立叙述文		…… 16	(〃 3.3 %)	
④ 無主語名詞文		……108	(〃 22.4 %)	
⑤ 名詞句独立文		…… 51	(〃 10.6 %)	
⑥ その他		…… 2	(〃 0.4 %)	
		計 483		

名詞文の典型は「鯨は哺乳類だ」のようなもの、本章で有題叙述

文〈1〉とした、主体をめぐってその属性を類別規定するというものであり、本資料中で最も多く見られたのもそうしたタイプであったが、それらは名詞文全体の26.5％にとどまっている。全体では非典型的な名詞文の方が圧倒的に多く、特に文構造の未分化な無主語名詞文の多用が目に付く。名詞が名詞らしくない働きをする有題叙述文〈2〉や明示的な情報構造をとる指定文も少なくない。これらの名詞文はそれぞれの文章において以下のように多様な機能を果たしていた。

・先行文で言及された素材の属性を述べることによって文脈に説明を組み入れる。
・判断文としての名詞文は重要な論点の提示や文章のキーセンテンスであることが多い。
・出来事の構成要素である時間・空間・登場人物・付帯状況などを明示し、事態の状況的枠組みを明らかにする＊34。
・有標の文構造により情報の焦点を明示し、文章の中心的な素材を効果的に導入すると同時に、前項・後項の適切な語順が文脈の流れをスムーズにする。
・動詞の持つ陳述性を捨象することにより、名詞句の指示対象である素材事物を強く印象づけ、読み手の想像力を引き出す。
・情報上は不要な名詞述語を付加することにより、文の調子を和らげ、余韻を持たせる。
・時に簡潔で軽快、時に重厚な調子を与え、文章に抑揚をつける。
・先行する複数の文を総括して、文章の分かりやすい結構に寄与する。
・文章のタイトルに呼応して文章全体の結構に寄与する。あるいは文脈の新たな展開を告げて、部分的なタイトルの役目を果たす。

名詞文が文章においてこのような機能を持ち得るのはなぜであろうか＊35。それは、一つには名詞文の構造的特性によるものであり、今一つは名詞という品詞的特性によるものである。動詞文のような、述語を主成分とする従属的な構造と異なり、名詞文は基本的に前項・後項の二項が対峙する構造である。動詞文が述語を中心として一つの出来事を語るのに対して、名詞文では主語（主題）と述語との一致／不一致が問題とされる。有題叙述文では後項が前項を性状規定し、指定文では一方に欠落する項目を他方で指定する。主語を持たない無主語名詞文も、文脈に潜在する非明示的な対象に相対しているという意味で例外ではない。無主語名詞文と有題叙述文・有題後項指定文との境界が連続的であるのもこうした名詞文の本質に根ざしている。(130) ～ (134) は無主語名詞文としたものであるが、(130) (131) は主題の省略された有題叙述文〈1〉に近く、(132) ～ (134) は有題後項指定文ないし無題後項指定文に近い。

(130) ロボカップの活動は、「夢」が、推進力になっている。国や専門分野を超えた研究者の夢の共同体である。5

(131)「カピタン」の仕事が終ったあと、昨年の七月、「文藝春秋」でまた三人で映画の座談会をする機会に恵まれた。瀬戸川さんと一緒に「アラビアのロレンス」の音楽を歌い出してしまうほど楽しい夜だった。28

(132) それに、日本人として考えておかなければならないことがある。欧州と米国が道義外交・軍事介入に踏み出してくる時、日本の身の処し方が難しくなるということだ。40

(133) 多くの委員が真剣に耳を傾けてくれたが、呆れ果てた者も少なくなかった。法案を推進する政党に属する一部委員たちだった。46

(134) 立役者がもう一人いる。永年パリ在住の友人、浅田幸夫氏である。49

また、名詞は事物を名詞的な概念、すなわちモノとして表わす語である。有題叙述文〈1〉では動詞的な事象や形容詞的な事象も、それらを連体部とする被修飾名詞で受けてモノをモノとして叙述するものが多かった。また有題叙述文〈2〉では動きや性状自体がモノとして表わされていた。指定文は構造的にモノを特立させるものであり、無主語名詞文や名詞句独立文は全体がモノの提示であった。このように名詞文は、事物をモノとして、あるいはモノに収斂させて表現する文である。「存在」「話」「問題」などの抽象的な述語名詞も多いが、何よりも「こと」「もの」が全体の約20％を占めている事実は、そのことを端的に物語る。(135) は「ドラマチックな環境で暮らした」ことよりも、どんな「患者」であったかという表わし方であり、(136) (137) では事態をそれぞれ「もの」「こと」として表わしている。

(135) 思えば何とドラマチックな環境で暮らした患者だったのだろうか。25

(136) とにかく後で考えると、金の無駄遣い以外の何ものでもない。24

(137) 自分の理想を押さえ込み、自然の自分をねじまげるのは精神的にものすごくつらいことだった。12

事態表現そのものを文末に露出させず、モノ（名詞）というコードを介在させるのは書き手であり、こうした名詞文のあり方に、事態をモノとして意味づけしつつ言葉を進める書き手の態度を読み取ることができる。「こと」「もの」「の」などの形式名詞がモダリティ形式として文法化したのは、このような表現傾向に由来するものであろう*36。参考までに、述語名詞を「こと」・「もの」・人を表わすもの・時を表わすもの・数量を表わすもの・場所を表わすもの・

表5　文類型別述語名詞類の使用数

名詞の種類／名詞文の類型	「こと」	「もの」	人	時	時+「のこと」	数量	場所	その他	計
有題叙述文〈1〉	15	24	26	3	0	1	6	53	128
有題叙述文〈2〉	0	0	0	3	0	20	0	46	69
有題後項指定文	13	1	20	13	4	3	1	25	80
陰題前項指定文	2	0	0	0	0	0	0	5	7
無題後項指定文	1	0	4	1	1	0	1	14	22
中立叙述文	0	0	1	1	0	0	0	14	16
無主語名詞文	23	2	8	10	4	0	2	59	108
名詞句独立文	2	0	0	11	2	1	4	31	51
その他	0	0	2	0	0	0	0	0	2
計	56	27	61	42	11	25	14	247	483

その他に類別してその使用数を調べた結果を表5に示す。

名詞述語はコピュラによって肯否・テンス・ムードなどのカテゴリーを持つが、述語を本来の機能とする動詞の持つカテゴリーの多様さには及ばず、プロセスを述べるには欠けるものが多すぎる。しかし文脈から明らかであれば、詳細はむしろ余剰であり、時に蛇足となる。波多野（1953）は、野球放送における「打ちましたがファウル」「投げました。ボール」のような表現は、「状景をもっとも端的に聴取者の心に印象させる方法で、日本文において特に有効に使用される表現手段であろう。」（p.102）と述べている。本資料には名詞文、特に無主語名詞文や名詞句独立文が少なくなかった。随筆というものがすべてを正確に述べることを要求される科学論文のようなものと違って、表現効果に依存するところの多いジャンルであることを示している。

文は、文脈・場面の中で意味を持って存在している限り、述語の有無にかかわらず陳述性を持つ。林（1993）は、もしも信号機に「歩行」「待機」と出るとすれば、「命令はしていなくても、陳述はしていると見なければならない。」（p.793）とし、「日本語文の述語には、描叙、判断、表出、伝達の四段階が含まれる。（略）陳述は、伝達段階にまで達したものが最も文句無しの陳述になるが、どの段階ででも、とりあえずの陳述は果たされる。時には、述語が無くても、これら四つのうちいずれかの機能が発揮されて、とりあえずの陳述が果たされることがある。その「とりあえずの陳述」を「仮り陳述」と称」すとして、陳述に「本陳述」と「仮り陳述」を認めている。また、時の場面設定をする「時の状況語」が、「ある日のことでした。」のように独立した文になったものは本陳述であるが、話の冒頭ではなく、「話がクライマックスにさしかかるような所で、「その時でした。」などと、鋭く、時の一文が投げ込まれることがある。これは、文の形をした間投句で、ここにある陳述は、仮り陳述である」とも述べている（p.807）。林の言葉を借りれば、本資料中の名詞文には「本陳述」「仮り陳述」が入り混じっているわけである。

5．文章例

文章における働きに触れながら名詞文の類型を見てきた。同じ随筆というジャンルとは言え、著者の職業も文章のテーマもさまざまである。たとえ同一著者であっても題材や年代などさまざまな要因により文体は変異する。当然ながら名詞文に関しても資料とした50編の文章中、名詞文が多用されているものと、それほど用いられていないものがある。最も多い文章で約41％の使用率、最も少ないもので約7％、平均約22％であった＊37。しかしいずれの文章においても名詞文はそれぞれに効果的に配置され、独自の貢献をしている。出来事の記述を動詞文で、書き手の主観・主張を名詞文で、という違いが明確なもの、名詞文のディスコースマーカー的な機能が顕著なもの、名詞文がキーセンテンスとなっているもの、短い名詞文が客観的な淡々とした筆致を印象付けているもの、逆に感覚的な描写に名詞文を多用して詩的な効果を出しているもの、出来事の重要な道具立てを名詞文で提示しているもの、名詞文のみで大要が把握できるもの、クライマックスを名詞文で表現しているもの等、名詞文は各文章で多彩な表現性を発揮している。

下に名詞文の最も多かった文章の全文を挙げ、文章中の名詞文の働きをみてみよう＊38。1文ずつ改行を加えて番号をつけ、名詞文としたものに下線を施し、類型を記す。

〈文章例：「一期一会の録音」全37文〉

〈1〉 一人のピアニストは、いったい一つの作品を生涯でどのぐらいの回数弾くものだろうか？

〈2〉 デビューのきっかけとなった曲、いつ弾いても評価の高い曲、弾きこむうちに次第に深みの増してきた曲、子供のころ弾いた思い出の曲、アンコールの定番。（名詞句独立文）

〈3〉 頻度が高いのは、いわゆる手の内にはいった作品ということになる。

〈4〉 ピアニストの一日の練習時間は、学生時代で平均八時間。（有題後項指定文）

〈5〉 プロになっても、最低四〜五時間。（有題後項指定文。前項

省略）

〈6〉併行して数曲は練習するし、一つの曲をくりかえして弾くわけでもないが、それにしても膨大な反復回数になるだろう。

〈7〉世界をまわるピアニストは、シーズン前にリサイタルのプログラムを考え、いろいろ組み合わせを変えながら各地のステージをこなすという。

〈8〉その数、多い人で年三百回。（有題後項指定文）

〈9〉そのシーズンのために新たにレパートリーに入れる曲もあるが、全部なじみのない曲では心配なもの、さりげなく、前記のような「十八番」を組みこんでいく。

〈10〉それほど弾きこんできた曲でも、一世一代の名演となるとそうざらにあるものではない。（有題叙述文〈1〉＊39）

〈11〉演奏は生物《なまもの》だから、ピアニストの体調、楽器やホールの音響、当日の温度や湿度、聴衆の質や量に左右される。

〈12〉協奏曲なら、指揮者やオーケストラとの相性もからんでくる。

〈13〉よしそれら全部が満たされたとしても、その演奏がよい条件のもとにライヴ録音され、CDとして今日耳にすることができるということになると、確率はさらに低くなるといわざるをえない。

〈14〉そんな奇跡的CDのひとつが、この二月にビクターからリリースされた。

〈15〉今は亡き恩師であり、フランス帰りの天才少女として一世を風靡した安川和壽子の弾くショパン『ピアノ協奏曲第一番』である。（有題後項指定文。前項省略）

〈16〉今から二十年前、井上道義指揮のNHK交響楽団と共演した折の録音で、九六年七月に安川が亡くなったとき、FMの追悼番組で放送されたものである。（有題叙述文〈1〉。前項省略）

〈17〉八三年に、リウマチによる腱断裂で演奏活動から引退を余儀なくされた安川は、LP時代にショパンやドビュッシーの

ピアノ曲全集を録音しているが、CD化され、市場に出たものはこれまでわずか一枚だった。(有題叙述文〈2〉)

〈18〉録音嫌いで知られる安川は、四十二年にわたる演奏活動の間、自主リサイタルの録音を禁じたため、ライヴ録音の数もきわめて少ない。

〈19〉そんな安川の足跡を残そうと、遺族や門下生を中心に記念会が結成され、NHKライブラリーに残された音源をリサーチしたところ、ピカ一の候補にあがったのがこの演奏だった。(無題後項指定文)

〈20〉安川と協奏曲というと、戦前は尾高尚忠やローゼンシュトック、戦後は森正や岩城宏之など、大物指揮者との顔合わせが多かった。

〈21〉一九七九年当時五十七歳、楽壇の重鎮だった安川と、三十二歳の新進指揮者井上との組みあわせは、夏休みの青少年コンサートという舞台で、大家で観客をひきつけ、新人には経験を積ませようという上層部の配慮からだったことと思われる。

〈22〉今にして思うと、これが一期一会の出会いを演出した。

〈23〉井上にとって安川は、子供のころから知っているあこがれのピアニスト、「雲の上のひと」である。(有題叙述文〈1〉)

〈24〉しかし、NHKホールでの演奏の前に五回の地方公演を行ううち、親子ほども年の違う新人と大家は、ステージ上ですっかり意気投合してしまった。

〈25〉ショパンはソロ部分にテンポの変化が多いため、相性次第では難しい協奏曲だが、安川とは、最初からうちあわせをする必要もないほど気持ちが通じあい、回を重ねるごとにそれが深まっていった、と井上は回想する。

〈26〉外交官だった父親の仕事の関係で、生後まもなくパリにわたり、第二次世界大戦の勃発によって十七歳で帰国した安川は、パリ音楽院で師事したラザール・レヴィの教えに従って、ロマン的感情を露わにしない端正なスタイルを貫いていた。

〈27〉その典雅な弾きぶりは、多彩な音色、美しい舞台姿とあいまって熱狂的なファンを生んだが、同時に、演奏が客観的すぎて物足りないと不満をもらす向きもないではなかった。

〈28〉若くして楽壇の頂点にのぼりつめ、常に規範たることを義務づけられた演奏家ならではの軛もあったことだろう。

〈29〉しかし、この録音を聴くと、そうした印象はきれいにぬぐいさられる。

〈30〉イントロダクションに漂うただならぬ熱気。(名詞句独立文)

〈31〉きらめく音。(名詞句独立文)

〈32〉朝露をふくんだ花びらのように瑞々しいカンティレーナ。(名詞句独立文)

〈33〉子馬のように活気にみちたロンド。(名詞句独立文)

〈34〉それは、すでに何千回、何万回と歩いてきた道を定石通りにたどる大家の演奏ではない。(有題叙述文〈1〉)

〈35〉初舞台の異様な緊張と高揚の中で、キャリアの第一歩に胸はずませる新人の初々しいときめきすら感じられる。

〈36〉端正なスタイルはそのままに、ショパンのフレーズのすみずみにまで反応し、感動を聴衆に伝えようとするひたむきさが胸を打つ。

〈37〉「雲の上のひと」と、夢みるような瞳をもつ新進指揮者の、舞台の上に限定されたむつまじい語らいは、音楽の神秘、人のこころの不思議さを私たちに教えてくれるかのようだ。

以上が「一期一会の録音」の全文である。この中に本章で名詞文としたものが15文含まれる。名詞文を中心に各文の働きを見てみよう。

〈2〉の名詞句独立文は、〈1〉で提起された課題を受けて、考察の対象となる「一つの作品」の候補を例示している。一つ一つの名詞句は書き手の脳裏に浮かんだものであり、読み手にとっても列挙された順に次々と辿りながら思いをめぐらす対象ともなる。〈4〉〈5〉の有題後項指定文は〈1〉の課題を解決するための客観的な材料を簡潔な形で提示している。〈5〉の主題は〈4〉と共通であるため省略されている。〈8〉は〈7〉に数量的な説明を加えたもので、やはり〈1〉の課題を解決するための間接的な材料提示となっている。これらは書き手の思考プロセスに介在した情報であると同時に、読み手の思考を促す材料でもある。〈1〉の「一つの作品」、〈3〉の「手の内にはいった作品」、〈6〉の「一つの曲」、〈9〉の「十八番」などの名詞句がやがてタイトルに直結する〈10〉の「一世一代の名演」への伏線となるのであるが、〈4〉〈5〉〈8〉の後項に示された客観的な数字は前後の文脈と相俟って「膨大な反復回数」を強力に裏打ちするものとなる。〈10〉の有題叙述文〈1〉では、1人のピアニストが一つの作品を弾く回数は数え切れないというそれまでの論調から一転して、しかし「一世一代の名演」はそうあるものではないと述べて、テーマを暗示し、本題の開始を告げている*40。「一世一代の名演はそうざらにはない」に比べて、「一世一代の名演となるとそうざらにあるものではない。」という勿体を付けた名詞化表現は、書き手の信念をより強く感じさせる。〈11〉～〈13〉では〈10〉の論拠が展開され、特に〈13〉のCDに関する記述が〈14〉の「奇跡」という表現に説得力を与えたのち、〈15〉でタイトルの指示対象であり文章の中心素材である「安川和壽子の弾くショパン『ピアノ協奏曲第一番』」が、前文を引き継ぐ自明の主題を省略し焦点のみを残した形で劇的に導入される。「安川和壽子」を修飾する連体部は主役の簡潔な紹介となる。この1文はすなわち文章全体の焦点であり、「～である。」という文末形式と相俟って名詞文の重みが効果的である。〈16〉は〈15〉と共通する主題が省略された解説文で、有題叙述文〈1〉である。述部には「今から二十年前、井上道義指揮のNHK交響楽団と共演した折の録音」と「九六年七月に安川が亡くなったとき、FMの追悼番組で放送されたもの」という二つの名詞句が並列されている。〈16〉は〈14〉〈15〉で提示された題材に関して録音の概要を客観的に述べており、録音に至る経緯や録音の性質・評価を語る後続文脈に対して、その枠組みを示している。また、この1文で、安川和壽子と並ぶもう1人の主役「井上道義」が導入される。〈17〉の有題叙述文〈2〉から、録音に至った背景・経緯の説明が始まる。「これまでわずか一枚しか市場に出ていない」という無標の文形式でなく、「市場に出たものはこれまでわずか一枚だった」という名詞文が数量を強調し、「一期一会の録音」の価値を間接的に高めることにもつながっている。〈19〉はCD化の背景説明である。「ピカ一の候補」という前項で読み手の目を引き付け、後項でそれが「この演奏」であると明かす〈19〉は無題後項指定文の情報構造が効を奏している。主役2人の背景事情が説明されている〈20〉〈21〉、およびその事情が文章の核心に触れることを述べた〈22〉を受けて、〈23〉の有題叙述文〈1〉では2人の関係が主観的な筆致で述べられており、その異色さが強調されている。主役2人の尋常ならぬ関係は、尋常ならぬ演奏を予測させる。〈30〉～〈33〉では、「この録音を聴くと、そうした印象はきれいにぬぐいさられる」という前文の意味がたたみかけるように列挙された四つの名詞句独立文の感覚的な表現で明らかにされる。〈34〉の有題叙述文〈1〉では判断文に戻って演奏に説明的な評価を加え、冒頭の1文から続く演奏回数の話題に衝撃的な終止符が打たれる。続く〈35〉〈36〉で〈34〉の詳細が語られる。

以上「一期一会の録音」を名詞文の働きを中心に見た。〈2〉〈4〉〈5〉〈8〉は本題に入る前の助走的な部分に提示された客観的な材料であり、〈10〉で文章の本題の開始が暗示され、〈15〉で文章の中核となる素材が提示され、〈16〉でテーマである出来事の枠組みが示され、〈17〉〈19〉〈23〉で背景事情を述べてテーマを際立たせる効果をあげ、〈30〉～〈33〉でクライマックスを演出し、〈34〉で印象的な評価が与えられている。文章の精彩は名詞文の使用に負うところが大きい。

6. おわりに

随筆の名詞文をさまざまな角度から見てきた。文には、動きや変化を述べて出来事を進行させる文と、立ち止まって感じたり、考えたり、反芻したりする文がある。名詞文は基本的に後者のタイプである*41。動詞文の述語である動詞、形容詞文の述語である形容詞は本来用言であるために述語性を免れないが、名詞は体言であるため、名詞句独立文のように述語性、陳述性を持たないまま文章中に配置されることもある。名詞文はそれぞれの文章に、内容的にも形式的にも起伏を与えている。

言語を運用する際、話し手・書き手の頭にあるのは、文法性や整合性よりも、情報をいかに効果的に、またどのような態度で伝えるかということであろう。文法論としてはむしろ周辺的に扱われる有題叙述文〈2〉・無主語名詞文・名詞句独立文などの使用は、言語運用上のメカニズムに基づくものであり、言語行動の現実を示す興味深い現象である。本研究で資料とした随筆が、学術論文や論説文などに比べると話し手の情意を伸び伸びと表現できるジャンルであることも名詞文の多用に関係しているであろう。また、日本語は情報構造重視の主題優先言語であり、文構成に述語のみを必須とする単肢言語であり、意味を文脈に依存することの多い高文脈言語である。名詞文各類型のあり方は、こうした日本語の特徴を象徴的に示している。

冒頭、英語（欧米語）名詞中心説、日本語動詞中心説に触れた。名詞中心的か動詞中心的かという二分法は、モノ指向的かコト指向的かという二分法に平行する。この場合のモノは統語的には多く主語を指す。本資料中名詞文は約22％の使用率であった。これが多いか少ないかは今のところ比較の対象がないため、不明である。しかし、これら少なくとも22％の名詞文は、主語ではなく、文そのものの形成においてモノ（名詞）指向的であったし、使用率はともあれ、「この食材は栄養価が高い。」のような表現と「この食材は栄養価の高いものである。」のような表現とが違和感なく併用されているのが日本語である。述語であることは名詞としては副次的な機能であるが、ある種の名詞は、「～するこの頃である。」「～したまでのことだ。」「～している場合ではない。」「～したある日のこと。」「～すること1時間。」「（成功したのも努力）あってのこと。」等々、あるものは文型として、あるものは合成的な述部内部の要素として、固定化されている。

以上は僅か随筆50編の、それも短い文章を対象とした名詞文の観察である。本資料中の名詞文は形式的にも機能的にも多様であったが、会話に見られる「じゃあ、一つ質問。」や「賛成！」のような遂行文的な名詞文も、「太郎の弱虫！」のような表出の文型も見られなかった。表現主体の属性、文体、ジャンルなど、文章（談話）の種類と表現形式との間には強い相関関係がある。名詞文も例外ではないであろう。

＊1　例えば、「え、そこまではしないよ。ミヤベさん、話しかけるの？」で1文となる。
＊2　「φ」は言語形式を持たないことを示す。
＊3　今後はこれらを含め、形式的には名詞文とは言えない（c）（d）、さらには従属節における名詞述語なども視野に入れる必要があるであろう。
＊4　「N」は名詞句を表わす。
＊5　資料に現れたもののみを対象としており、名詞文の類型を網羅するものではない。
＊6　主題を表示する「というのは」「とは」「も」などの諸形式を係助詞「は」で、コピュラの「です」「である」およびその変化形を「だ」で代表させる。主題が無助詞で表わされる場合も主題が省略される場合もある。また「自宅は寝るだけの場所。」（45）のようにコピュラを伴わない場合もある。なお、「A［は／が］Bだ」のAを「前項」ないし「前項名詞句」、Bを「後項」ないし「後項名詞句」と呼ぶことにする。
＊7　三上（1975）は「牛ハ草食動物ダ」「コレハ片桐君の帽子ダ」の「動物」「帽子」は「解説に役立たぬ付けたり」と言っている（p.25）。本章の資料中、「どうやらこれ、テーブル・ナプキンらしいのだ。」（18）、「その人に声をかけ返すのも礼儀だ。」（22）のように、後項名詞句が、名詞一語で構成されている有題叙述文〈1〉は少ない。
＊8　「もの」「こと」に限らず有題叙述文〈1〉の多くの述語名詞に言えることである。
＊9　この「先生」は「は」も「が」も伴っておらず、主題であるとも単なる主語であるとも解釈できる。
＊10　南（1993）は「ボクラハ12日ニ神戸カラ船デ出発ダ」のような、本章で有題叙述文〈2〉とする文を「擬似名詞述語文1」とし、本章で「その他」とする「ワタシハカレーライスデス」のような文（いわゆるウナギ文）を「擬似名詞述語文2」としている。
＊11　漢語動作名詞を松下（1930）は「無活用の動詞」と呼んでいる。波多野（1948）は「名詞状動詞」と呼び、「形態部をゼロとする全く新しい動詞なのであって、それは英語において名詞と同じ動詞が出て来、中国語において活用のない動詞が存在するのと同じ事由にもとづく」（p.434）特殊な新聞文法の用法

であると述べている。また村木（2012）は補語として機能せず、補語を受けて述語として機能しているものは「名詞ではなく、動詞とみなさなければならない」（p.128）としている。
＊12　上原（2010）は、「プロセス概念では中心的な意味特徴である関係性と時間性が、「もの概念」化した時に背景化される」（p.30）と述べている。
＊13　名詞述語の起用には動詞の「〜シタ」「〜スル」などの同形態の反復を回避する側面もあるであろう。なお、「（皇后様は）とっくの昔に、森と海との関わりにお気づきだったのである。」（34）の「お〜だ」の形は動詞から派生した尊敬語の一形式で、日常頻繁に使用される形態であるが、本資料では敬語の使用がほとんどなく、用例はこの1例のみであった。また「そのことは言わずじまいだ。」「彼はあれ以来だんまりだ。」のように、動詞的な意味を表わす和語名詞は少なくないが、本資料にはそうした例も皆無であった。
＊14「還暦も過ぎたというのに、先日もスコットランドの苛酷なリンクスを手曳きカートで歩くこと連続22日間。」（25）という副詞的な「連続」もあった。この文は後述する名詞句独立文である。
＊15　第3章参照。
＊16　第6章参照。
＊17　有題後項指定文は「まっ先にインタビューに応じてくれたのは、息子の嫁（26歳）だった。」（6）、「初めてカナックを訪れたのは二年前の夏。」（45）、のような「〜のは〜だ」という形式のものが過半数（約63％）を占める。
＊18『現代英文法辞典』（1992 p.271）
＊19「ようやく再開した登山がこの時でした。」（38）という変則的な文があったが、これも無題後項指定文であると考えられる。前項後項を転換すると「この時がようやく再開した登山（の時）でした。」となる。無標の形式は「この時ようやく登山を再開しました。」であろう。
＊20（77b）は次節で述べる中立叙述文である。
＊21　例えば（77a）（78）なども、「は」か「が」かは流動的である。
＊22（82）は「せめてもの救いは〜面接を無事パスしたことだった」とも言い換えられるので、陰題前項指定文の可能性もある。
＊23　主語を持たないのであるから、「述語名詞」というのも適当ではないかもしれないが、便宜上「述語名詞」と呼ぶことにする。
＊24　このような意味構造は後述する名詞句独立文に共通する。
＊25　有題叙述文〈1〉にも「これだけ危険な数字を持ちながら、体系立った治療法がいまだ確立されていないというのも解せない話。25」という例がある。
＊26　飯間（2003）は「〜このごろである」を女性に多い表現であるとしている。（110）の著者は男性であるが、本資料外の随筆で拾うことの出来た5例中、著者が男性のものが2例、女性のものが3例であった。全体の男性著者：女性著者の割合がざっと4：1であったことを考えると、確かに女性に多い表現と言えるかもしれない。
＊27　メイナード（2004）に「だ」と「である」に関する考察がある。
＊28　名詞句が終助詞「か」を伴うものは無主語名詞文とした。その他の終助詞を伴うものは本資料中には見られない。なお「体言止め」の定義は諸家により一致していない。

＊29　芳賀（1962）は「頂上！」のようなものを「不完全分化文」、「きれいな雪景色！」のようなものを「分化文」と呼び、後者を述語文と同列に扱っている。また、中村（1991）は「なんらかの言語形式を省くか、伝達すべき情報の量から見て、通例よりずっと少ないことば数で表現をまかなうかする技法」である「省略」の一部として、述語を省略した結果の「体言止め」と黙って名詞を投げだした感じの「名詞提示」を挙げている（p.214）。
＊30「せめてスポーツに救いを求めれば国際オリンピック委員会のていたらく。」（35）のように、内容的に文に近いものも1例あった。
＊31　山田（1908）の「喚体句」は希求や感動を表わす文である。ただし喚体句には終助詞を伴うものも含まれる。波多野（1953）は名詞ばかりで出来ている現代詩を「通達性を犠牲にして、感情の表現性を増そうとしたもの」（pp.118–119）と述べている。
＊32　感嘆文は「！」で表わされることが多いが、名詞句独立文で文末に「！」が用いられていたのは1例のみである。情意の性質はさまざまで、先の（112）などは、選択肢の羅列といったおもむきが強く、情意性が薄いが、それでも1句1句に思いが込められていると言えないわけではない。日本語記述文法研究会（2003）は、「感嘆文の特徴は、名詞を中心として文が構成されること」とし、名詞を文末に置く感嘆文として「おいしい水！」「この曲の序奏の美しさ！」「この作品の面白いこと！」というタイプがあると述べている（p.82）。本章の資料にはこれらのうち第2、第3のタイプは見られなかった。
＊33　高橋（2006）は「修飾節＋主名詞。」という形式（本書の名詞句独立文に相当する）の機能として、名詞修飾表現に注目を集めやすい、表現が簡潔になる、修飾節の内容を先に示すことが出来るという3種を、同形式の用法として話題の提示、前提の設定、事物の状態の説明、出来事の出来、補足的説明の挿入（属性の説明、指示対象の提示、事態の評価を含む）という5種を認め、それぞれの用法と機能との関連について言及している。
＊34　時を表わすものが全体の11％を占める。
＊35　すべてが名詞文だけの持つ機能というわけではない。
＊36　森山（2000）は、「「太郎は（が）悪い」では、例えば、自分の判断として「太郎が悪い」という判断を組み立てることになっているが、「悪い太郎」といえば、「太郎＝悪い」ということがすでに前提として成立していることになる。同様に、「太郎が悪いのは〜」などと言う場合でも、「太郎＝悪い」という関係はいわば前提扱いされるのである。述語を言い切りでなく、名詞相当の構造として収束することには、このような一種の前提化の操作が認められ、これが「のだ」などの形式名詞の用法の根底にあると見てよいであろう。」（p.33）と述べている。
＊37　本資料外であるが、『文藝春秋』80巻14号の巻頭随筆における「北の国から」という文章では名詞文が44％で、そのうち70％が名詞句独立文であった。
＊38　著者はピアニストの青柳いづみこ氏である。本文を掲載するに当たって著者の許諾を得た。
＊39「もの」を、「一世一代の名演」という主題に対応すると考え、「もの」を述語名詞とする有題叙述文〈1〉とした。

＊40　読み手の頭の中では「一世一代の名演」という名詞句が、「一期一会の録音」という音形的にも近似のタイトルに結びつくであろう。
＊41　林（1998）は「外界での事件を追って、具体的事物の変化や動きを叙して行く文章」を「事件モードの文」、「心の中を徘徊するタイプの文章」を「心モードの文」と呼んでいる。（p.48）

第11章
名詞句独立文をめぐって
意味的な完結性をもたらすもの

1. はじめに

何をもって文と見なすかは諸説あって統一されていない。例えば大槻（1897）は「主語ト説明語トヲ具シタルハ、文ナリ、文ニハ、必ズ、主語ト説明語トアルヲ要ス。」（p.252）と言う。大槻の「説明語」は「述語」と言い換えられる。これに従えば「雨だ。」のような表現は主語がないから文とは言えず、ましてや「いい天気。」のようなものには主語も述語も認められないから、文からはさらに遠い存在ということになる。これに対し、山田（1936）は、文とは「統覚作用によりて統合せられたる思想が、言語といふ形式によりて表現せられたるもの」（p.902）で、主語・述語の具備や、一語で構成されているか多くの語で構成されているかなどの外形上の問題は文の本質には関わらないとする。犬が突然襲ってきたときに「犬」と叫び、火災が起きたときに「火事」と叫ぶのも、思想の発表であるから文であり、「月下に奏する劉亮の曲。」「検非違使等の武職。」などは思想を表わすものではないから、文ではなく、連語にとどまるという（pp.897–913）。また、南（1993）は文を、述部を主要な成分として持つ「述語文」と、述部を含まない「独立語文」に分け、「松野呉服店」「スナックNOW」のような表札、看板、商品名、署名、見出し語等の類も独立語文すなわち文として扱っている。ここでは南（1993）に従って文を認定する。

文の中には述語を持つものと述語を持たないものがある。述語を持つか持たないかで、文は「述体（の）句」「喚体（の）句」（山田1908、1936）、「述語格の文」「独立格の文」（時枝1954）、「叙述体」「非叙述体」（芳賀1962）、「述語構文」「独立語構文」（国立国語研究所1963)、「二語文」「一語文」(鈴木1972)、「述語文」「独立語文」(南1993)、「分化文」「未分化文」(益岡1991)などと呼ばれる。本章では南(1993)の呼び方に従い、述語を持つ文を「述語文」、述語を持たない文を「独立語文」と呼ぶ*1。独立語文には上述した表札、看板の類もあれば、「あら!」「きゃー!」「いいえ。」のような一語文、「それはちょっと……」のような言い差し文、「いい天気。」のような名詞句で終止する文もある。本章で考察の対象とするのは「いい天気。」のように、名詞句で終止し、主述関係を構成せず、コピュラも助詞も伴わない表現形式で、一定の文脈の中で用いられた「名詞句独立文」である*2。南(1993)の言う文の範疇には文脈を持たない看板、商品名の類も含まれるので、本章の対象は南(1993)における文の一部ということになる。名詞句独立文は連体修飾部を伴うものが多いが、名詞が連体修飾部を伴わず、単独で現れる場合もある。名詞句独立文は述語を持たないから大槻(1897)の定義では文とは認定されない。また、名詞句独立文には「思想の発表」となっているものも「思想の発表」となっていないものもあるから、山田(1936)における文の範疇には納まらないものもある。本章の目的は、このような名詞句独立文を構造の観点から類型化することである。なお、文という単位は所与のものではない。音声言語では音調が手がかりになるものの、文の単位を認定するには困難が伴うことが多い。書記言語においては句点が文の切れ目を示すものとして認知されているため、書記言語をデータとすることにする。

2. 名詞句独立文の表現性

同一の事象が名詞句独立文で表現されたものと述語文とで表現されたものとを比べてみよう。(1a)(2a)(3a)の下線部は名詞句独立文、(1b)(2b)(3b)は対応する述語文である。

(1) a. 「世界がオレを待っているのに、家で子供の相手なんかしていられるか」と言って、二十年間育児を放棄し続けた私の夫。 (文藝春秋80巻10号)

b.　私の夫は「世界がオレを待っているのに、家で子供の相手なんかしていられるか」と言って、二十年間育児を放棄し続けた。

(2) a.　わたしたちの一方は念願の古本屋に出会えた喜びに打ち震え、もう一方はたんに寒さのあまり震えながら本屋に突入した。ところが、「クライム・フィクションが得意だなんて、全然たいしたことないじゃないか。ひどい。せっかく東京から来たのにぃ」絶叫する夫。(筆者略)「入れてもくれないなんて、ひどい。せっかく東京から来たのにぃ」絶叫する夫。わたしは黙って鼻をすすった……。　(文藝春秋80巻13号)

b.　「入れてもくれないなんて、ひどい。せっかく東京から来たのにぃ」夫が絶叫した。

(3) a.　そんな奇跡的CDのひとつが、この二月にビクターからリリースされた。(筆者略) イントロダクションに漂うただならぬ熱気。きらめく音。　(文藝春秋77巻7号)

b.　ただならぬ熱気がイントロダクションに漂っている。音がきらめいている。

(1b) ～ (3b) と同様に、(1a) ～ (3a) の名詞句独立文も事態叙述の一つの形である。しかし通常の語順である (1b) ～ (3b) における統語関係は、名詞句独立文 (1a) ～ (3a) においては述語名詞とその連体部という形で表わされている。(1b) は「私の夫」を主題としてその行為を語ったものであるのに対し、(1a) は「私の夫」を主名詞として末尾に位置づけ、(1b) で表わされていた「私の夫」の行為は「私の夫」を説明するための修飾語となっている。(1b) は「私の夫」の行為を述べているが、(1a) の焦点は「私の夫」の存在自体である。(2a) と (2b) の違いも同様であるが、(2b) では「夫」の動作が過去に位置づけられ、時間軸上の出来事として表わされているのに対し、(2a) ではテンスは捨象され、「絶叫する」が単に「夫」を特徴付けるものとなっている。(3a) と (3b) にも時間の表現に違いが見られる。(3b) では「漂う」「きらめく」がテイル形で表わされ、一時的な状態であることが明示されているが、(3a) ではそうしたアスペクトは捨象されている。(3a) の名詞句独立文２文はテクストのクライマックス部分である。(1a) と (1b)、(2a) と (2b)、(3a) と (3b) を比べてみると、(1b) ～ (3b) が事態の存在を客観的に述べ、事態を言語によって忠実に再現しようとする冷静な叙述であるのに対し、(1a) ～ (3a) は末尾名詞（名詞句独立文の末尾の名詞を「末尾名詞」と呼ぶことにする）の指示対象の存在を印象付けようという情意的な表現性に重心を置いている。連体部に表わされた事態・性状によって引き起こされた感嘆の気持ちを込めて名詞の指示対象を提示する形式である。非難、共感、賛嘆、驚きなどの情意を誘発するものは連体部に表わされた事態である。

このように、述語文とそれに対応する名詞句独立文（を含む文連結）とは知的意味を同じくするが、表現性において異なる。(1a) と (1b)、(2a) と (2b)、(3a) と (3b) で知的意味に変化がないのは、名詞句独立文の連体部と末尾名詞の関係が非限定的だからであり、このことは、(1a) ～ (3a) における連体部と末尾名詞がそれぞれ述語と主語のような論理関係にあることを意味する*3。述語文においては述語に従属する要素であった名詞句が、名詞句独立文では、単独で、あるいは逆に述語を連体修飾部として名詞に従属させる形で取り出される。こうした操作は、叙述対象となる事象の中で名詞の指示対象を特立させ、焦点を当てるためである。それに伴って名詞の指示対象が構成要素として関わっている動きや状態や属性は背景化する。名詞句独立文は特定の指示対象を前景化するための表現装置と言える。

名詞を中心とする表現が「感嘆」という表現性を帯びることは、山田（1936）を始めとして従来から多く指摘されている。安達（2002）は、「〈感嘆〉を表わす文の特徴は、文末が名詞であるか、そうでない場合には「の」や「こと」のような名詞化形式によって名詞化されることである。つまり、何らかの属性によって引き起こされた驚きの気持ちを、名詞を中心として述べるのが〈感嘆〉の基本的性質だと考えられる。」(p.201) と述べている。名詞句独立文の中心的な表現性も「感嘆」である。「感嘆」には驚き、称賛、憧れ、非難など、諸々の感覚、感情が含まれる。こうした感嘆は事象の中で生じるものであるから、名詞句であっても看板、表札の類は名詞句独立文とは言えない。(2a)(3a)の連体部における時間性の捨象も、話し手の意図が対象に対する主観的な印象表明にあり、事象の客観的な叙述にないことの表れである。では(4a)(5a)のような場合はどうであろうか。

(4) a. 誰もがいうように瀬戸川さんは博識だった。ミステリーのこと、映画のこと、古本のこと。学校で教えられる知識とは違う。 (文藝春秋77巻6号)

b. 誰もがいうように瀬戸川さんはミステリーのことや映画のことや古本のことに博識だった。

(5) a. 準決勝・日本対ブルガリア戦。二セットを連取された日本は、その後二セットをかろうじて取り返し、最終セットを迎えた。 (文藝春秋80巻15号)

b. 準決勝・日本対ブルガリア戦で、二セットを連取された日本は、その後二セットをかろうじて取り返し、最終セットを迎えた。

(4b)では「ミステリーのこと」「映画のこと」「古本のこと」が「博識」の具体的な内容として述語に従属する形で表わされ、(5b)では「準決勝・日本対ブルガリア戦」が状況語として表わされているのに対し、(4a)(5a)ではそれらが主文から切り離されて置かれている。(4a)(5a)の名詞句独立文には関連する事象の表現がないため、前後の文脈に拠らなければ何が言いたいのか分からない。しかし、このような場合にも名詞句独立文の本質的な表現性は共通している。メイナード(2000)は、「感嘆名詞句」は「名詞をそのまま談話の世界に提示して、それに対するコメントの言明を避ける感動表現のストラテジーである」(p.144)とし、メイナード(2004)は、感嘆名詞句と体言止めは、「感情をそのまま描写するかわりに、感情の対象を提示して、それに感情を託す」(p.264)という付託効果を狙って使用されるもので、「述部を伴わない文の終わり方は、その感動の対象を場の中で解釈することを余儀なくする」(p.263)という*4。(4b)よりも(4a)に「博識」への驚きが感じられ、(5b) よりも (5a) に試合に対する印象の深さが感じられる。名詞句独立文の表現性は感嘆にとどまらないが、濃淡の差はあれ、感嘆という表現性は名詞句独立文に本質的なものである。

3. 名詞句独立文とモダリティ

通常、文は命題とモダリティから構成される。命題は文の素材部分に対応する表現であり、モダリティは命題を核として何を伝えようとするかという話し手の心的態度に対応する表現である。ただ、何をもって文と見なすかが定まっていないように、何をもってモダリティとするかも研究者によって異なる。

これまでモダリティの概念をめぐってさまざまな角度から研究が進められてきたが、その対象は述語文であり、特に述部に多くの関心が寄せられてきた。世の中の事象を文に表わそうとするとき、通常、文を構築する柱は述語である。動詞は述語であることを第一の機能とし、事象の視点的側面、時間的側面、意思的側面をさまざまに表わし分けるべく、形態を分化させている。述部の形態変化や助動詞がモダリティの顕著な文法化形式であることを考えると、研究者の目が無標の述語文に向けられ、モダリティの主たる存在場所である述部を欠く独立語文がモダリティ研究の射程に入ることがなかったのも無理からぬところである。

工藤 (1989) はモダリティを「話し手の立場からする、文の叙述内容と、現実および聞き手との関わり方についての文法的表現」、「客観的には、文の〈ありかた〉、存在の「様式 mode、mood」であると同時に、主観的には、文の〈語り方〉、話し手の「気分 mood」である。」(p.14) と言い、仁田 (2009) は「単語連鎖を文たらしめるにあたって、重要な役割を果たしているのが、言表態度 (モダリティ) 的な意味の存在であることからすれば、モダリティへの問いは、文とはどのようなものであり、どのようなあり方をしているかといった、文そのものを問うことに深く関わってくるものである。」(p.5) と言う。工藤も仁田も述語文についてモダリティを語っているのだが、モダリティを、文のありかた、語りかたとして論ずるのであれば、述語を欠く名詞句独立文という文の差し出し方もモダリティ考察の視野に入り得る。

本節では、名詞句独立文のモダリティを二つの観点から考えようと思う。一つは述語文で表わすか、独立語文で表わすかという文形式の観点であり、今一つは表現類型の観点である。

文形式の観点のモダリティというのは、上述したように述語文という無標の文形式で表わすか名詞句独立文という有標な文形式で表わすかという選択自体が話し手の言表態度の表れにほかならないのではないかということである。Maynard (1993) は、「ディスコース・モダリティ」という概念を提唱し*5、ディスコース・モダリティを実現する装置をDM標識 (D (iscourse) M (odality) indicators) と呼んでいる。DM標識としては、音調や音色効果などのパラ言語的な装置、能動構文・受動構文や語順などの統語的な装置、感嘆詞・間投助詞などの自立的な装置、助動詞・補助形容詞などの複合的な装置、「だ」と「です／ます」の交替や引用の「という」などの "multi-phrase" が挙げられているが、名詞句独立文という構文形式も統語的なDM標識の一つと言える。

二つ目の表現類型の観点というのは益岡 (1991) に示唆を得たものである。益岡 (1991) はモダリティを「判断し、表現する主体に直接関わる事柄を表わす形式」(p.30)、「主観性の言語化されたもの」(p.34) とし、「文は、表現・伝達の観点から見れば、聞き手の行動を促すとか話し手の感情を表わすとかいった様々な機能を果たしていると言える。こうした表現・伝達上の機能の面から文を類型的に特徴づけるモダリティを、「表現類型のモダリティ」と呼ぶ」(p.50) としている。益岡の表現類型のモダリティは分化文*6 に限定されているが、その点について益岡は「文がいかなる表現・伝達機能を有するかを問題にしようとする時、一つ考慮しておかなければならないことは、「太郎が花子に会った。」のような、述語を中心に組み立てられた「分化文」とでもよぶべき文と、そうした組み立てを持たない、「太郎君！」のような「未分化文」とでもよぶべき文との違いである。「分化文」と「未分化文」の表現・伝達機能のあり方は必ずしも一致しないように思われるが、「未分化文」の表現・伝達機能をどのような形で体系的に捉えることができるかについては将来の検討に委ねることとし、本章で実際に取り上げる対象は「分化文」に限定したいと考える。」(p.77) と述べている。筆者は未分化文（独立語文）である名詞句独立文にも表現類型の分化があるのではないかと考え、表現類型という観点から名詞句独立文の類型化を試みようと思う。ただ、名詞句独立文のすべてに表現類型のモダリティを適用できるわけではない。

文には、意味的に完結しているものと完結していないものがある。完結しているものとは、言うべきことがひとまず表現されているもの、言語活動の単位として機能しているものであり、完結していないものとは何を言おうとしているのかがその一文だけでは分からないもの、「それで？」「それがどうしたの？」などの質問文を誘発するような文である。意味的な完結・未完結は形式的な完結性、述語の有無とは必ずしも対応しない。野田（1989）はモダリティ形式が話し手の発話時の心的態度を直接に表明している場合を「真性モダリティ」と呼び、モダリティ形式がそうした条件を満たしていない場合を「虚性モダリティ」と呼んでいる。「虚性モダリティ」の文は文としての形式を整えていても意味的には未完結のものである。また、応答表現のように、文の体をなしていなくても意味的に完結しているものもある。名詞句独立文にも意味的に完結しているものと完結していないものがある。意味的に完結している名詞句独立文とは（6）のような例であり、意味的に完結していない名詞句独立文とは（7）のような例である*7。

（6）翌日午後、モスクワから飛行二時間。首都エリスタに着いた。（文藝春秋 80 巻 8 号）

（7）山田さんておられるでしょう。山田初枝さん。あの人に、僕言われたんです。（太郎物語）

述語文か名詞句独立文かという文形式自体のモダリティは意味的な完結・未完結に関わらないが、表現類型のモダリティを考える対象となるのは、意味的に完結している名詞句独立文である。

4. 意味的に完結していない名詞句独立文

本節では意味的に完結していない名詞句独立文を概観しておく。意味的に完結していない名詞句独立文には、談話の主題、時・場所などの状況、前後の文の格成分に相当するものなどがある。(8)～(10)は談話の主題を提示するものである。

(8) さて、私。「山川太郎A銀行に○○円、その他預金者千八百名。A銀行の合計……」と夢の中で数え出す。もともとが数学落第生である。いくら焦っても進まない。

(文藝春秋80巻14号)

(9) 万病の元といわれる「便秘」。ほとんどの女性が苦しめられている。男性でもヤツに苦しめられている人は少なくないはず。かくいう俺もお仲間だ。 (文藝春秋80巻8号)

(10)「この間、話した生活保護を受けてるごうつくばりのお婆さん。古い掛蒲団の上に、おかゆひっくり返して、仕方なく、私の持ってった蒲団着てくれたの。そしたら渋々、軽くて温かい、なんて言ってるんだってよ」 (太郎物語)

(11)～(15)は談話の時や場所などの状況を提示するものである。しばしば(11a)(14)(15)のように「時間名詞＋ノ＋コト」、「場所名詞＋デ＋ノ＋コト」という慣用的な形式が用いられる。

(11)a. そんな中、シチリアの美しい城壁の街、山の頂きにあるタオルミーナの広場でのこと。「ここを動かないで」と父を置き去りにして、欲しかったシチリアの操り人形を買いに出掛けて戻ってくると、広場のベンチで黒い山高帽を被って正装をしたシチリアの老人たちと父が談笑をしていた。 (文藝春秋79巻6号)

(12) 忘れもしない、今年の五月二十二日。住まいのある軽井沢はよく晴れて、風もなく、まことに気持ちのいい天候に恵まれていた。 (文藝春秋78巻12号)

(13) 平成十四年十月八日。東京サンケイビル十四階の私の部屋。私が大切に保管していた「小野田さん生還」のスクラップブックを、テーブルの上に拡げる。

（文藝春秋 80巻15号）

（14）一九五九年初秋のこと。駐仏大使館付き外交官補としてリヨンで研修を命じられた私は、この古い街の中心部に下宿を決め、博士課程の新学期開講まで間があったので、電話帳をめくって、かねてお会いしたかった滝沢敬一さんの住所と電話番号を見つけた。日取りを指定してもらい、トロリーバスに乗って午後早く、お宅を訪問した。

（文藝春秋 78巻14号）

（15）一九八四年頃だったが、桑原先生のお宅にひとり伺ったときのこと。一あのな、高田保馬さんに学術会議の書類のハンコをもらう用があってね、すぐそこ、道の向うの家まで行った。それがきのうのことや。おとついの昼間に、ぼくがここで庭を見てたら、いつもうちの猫をいじめる猫が、塀の下を歩いてよる。うちの猫の耳をかみ切ったりしよる悪いやつやしな、庭の小石を投げつけてやった。そしたらでっせ、パチーンと命中した。　（文藝春秋 79巻4号）

主題や状況を表わす語を名詞句独立文として分離するのは、一つには主題や状況自体にも注意を向け、存在感を与えたいという意図があるためであろう。確かに、例えば（11a）の名詞句独立文を（11b）のように述語文内に収めると、事象の状況に対する印象は薄れる。また今一つには、複数の命題、複数の文をスコープとするため、事象の枠組み的なものを名詞句独立文として分離するという内容、形式の両面にわたる理由も大きいと思われる。

（11）b.　そんな中、シチリアの美しい城壁の街、山の頂きにあるタオルミーナの広場で、「ここを動かないで」と父を置き去りにして、欲しかったシチリアの操り人形を買いに出掛けて戻ってくると、広場のベンチで黒い山高帽を被って正装をしたシチリアの老人たちと父が談笑をしていた。

（16）～（21）は名詞句独立文と前後の文における名詞句が指示対象を同じくするものである。大半は名詞句独立文が前文における指示対象に言及し、情報を補充して、聞き手または話し手の理解を強めようとするものであるが、(21) のように名詞句独立文が先行し、後続文で説明を与えるものもある。

(16) 5時には帰ってきてください。5時。いいですね。

(17)「ほー、きっかけは何なんですか？ホテルを好きになった」不意に訊ねられ言葉に詰まった。きっかけ……。ふと頭に浮かんだ単語を口にした。「交通事故、かな」

(文藝春秋80巻7号)

(18) 私のは、おむすびなのよ。梅干とタラコの入ったお握り。

(太郎物語)

(19)「昔は、そのほかにも、おっとりした先生がいたね。お父さんの友達のあの東の小父さん」「ああ、大阪で食堂やってる人ね」「あの小父さんは、いつも、ぽけんと空ばかり見てるんだ」

(太郎物語)

(20) ケミカルピーリングって知ってる？　グリコール酸、サリチル酸、乳酸などを顔に何度か塗って、古くなった角質を溶かす方法。

(文藝春秋79巻9号)

(21) 猫はまたしどけなく身を横たえた。ミニョン。ふと浮かんだゲーテ好みの名をあたえる気になった。

(文藝春秋79巻4号)

こうした名詞句独立文には (22) ～ (27) のように列挙型が多い。(26) の名詞句独立文は後続文の「それ」に対応している。(27) の名詞句独立文は前文に同一指示の名詞句を持たず、「博識」という属性表現に間接的に対応している。

(22) 歩き遍路には実に様々な人がいた。元高校教師で、定年退職し人生の区切りとして歩いている男性。七十三歳にして一日六十キロを歩くおじいちゃん遍路。私と同い年の青年修行僧や、若くしてリストラにあった野宿くん。巡礼に憧れてやってきたアメリカ人女性ふたり組み。

(文藝春秋80巻13号)

(23) あたりにはごみごみした家が立ち並んでいた。自動車の修理工場、砂利置場、小さな印刷工場、連れこみ宿。

(太郎物語)

(24) 携帯電話を持つ人の気が知れない。そのことは、三年ほど前一度此の欄に書いたので、これ以上繰返すのを控へるが、電話よりもつと嫌ひなものがある。ワープロ、パソコン。

（文藝春秋 80 巻 14 号）

(25) 終身雇用や年功序列という言葉は、四十九日を迎えたばかりだ。ボーナス払い。ベースアップ。定期昇給。社員親睦運動会。なんという懐かしい言葉だろう。（文藝春秋 80 巻 8 号）

(26) 人間が平凡な生活から出発すること。平凡な生活の中から、学び得るものを引き出す癖をつけること。たとえ他人より少しでも秀でたところを持ち得たとしても、人間としての謙虚さを失わないこと。タダの人間、タダの太郎であるという思いを片時も忘れないこと。それがオヤジの好みなのだということを、太郎はよく知っている。（太郎物語）

(27) 誰もがいうように瀬戸川さんは博識だった。ミステリーのこと、映画のこと、古本のこと。学校で教えられる知識とは違う。

（文藝春秋 77 巻 6 号）

(28)～(31) は「(ヒト名詞) ノ＋コト」という慣用的な形式で前提的に人物の評価を表わし、事態を予測させるものである。

(28) 賭けるのではない、乗って駆ける。と言いたいところだけれど、そこは見込みのない者のこと。暴れん坊将軍のように砂浜を疾駆するなんてことは、当分できそうにない。

（文藝春秋 81 巻 6 号）

(29) 70 年代の半ば、私がヴェネツィア建築大学に留学していた頃、ナポリの若者も大勢、勉強に来ていた。陽気で人懐こい彼らのこと。すぐに親しくなって、家に呼ばれることもあった。

（文藝春秋 77 巻 12 号）

(30) 革命後わが国を訪れたソ連の文人はエレンブルグをはじめ多士済済だが、大正十四年に来日し、赤い国から来た最初の国際的作家というふれこみで大いに歓迎されたボリス・ピリニャークの名は、いまではもうすっかり忘れられてしまったようだ。もっとも、戦後一冊の訳書にすら恵まれない彼のこと。それも不思議はないかもしれない。

（k: 幻の作家たち）

(31) 僕が時々覗いている西荻窪の「富士陶芸」はその有田焼の卸屋さんで、GTR と陶磁器が同居している面白い店です。近くなのでけっこう寄ったりもするのですが、なにしろ卸屋さんのこと。通りかかるとやっていないこともけっこうあります。 (k: 職人技を見て歩く)

このように名詞句独立文は、談話標識として複数の命題をスコープとした役割を明確にする、あるいは文構造が複雑になり過ぎるのを避けるなどの効果と同時に、当該要素に焦点を当てるという名詞句独立文に共通する表現効果を持つ。当該名詞句に集中させて聞き手の認識を喚起する、話し手自身の認識を確認するという働きである。名詞句独立文はそもそも明示的なモダリティ形式を含まない命題の断片であるから、このように、意味的な完結を文脈に依存することに不思議はない。野田（1989）は、「真性モダリティをもたない文というのは、独立した文としては、非常に不安定なものである。そういう文が存在できるのは、なんらかの形で、他の文なり文章・談話なりに従属しているからである」（p.134）という。野田の真性モダリティを持たない文と意味的に完結していない名詞句独立文とは同じではないが、意味的な完結を文脈に依存する点で共通している。

しかし、名詞句独立文の中には、文の中核たる述語を欠くにもかかわらず、それ自体で文としての十全な意味を備えているものも少なくない。次節でそうした名詞句独立文を見ていくことにする。

5. 意味的に完結している名詞句独立文

名詞句独立文の中には意味的な完結を文脈に依存するものと、文脈・場面からは独立に、その形式自体に表現機能の焼きついているものがある。後者が文形式として不完全でありながら自立的であり得るのはなぜであろうか。また、これら不完全文の性質とはどのようなものであろうか。本節では表現類型の観点から構造を基準とした名詞句独立文の類型を示し、それぞれが完全文とどのように対応しているかについて考察する。

益岡（1991）は、「文は、表現・伝達の観点から見れば、聞き手の行動を促すとか話し手の感情を表わすとかいった様々な機能を果たしていると言える。こうした表現・伝達上の機能の面から文を類型的に特徴づけるモダリティを、「表現類型のモダリティ」と呼ぶことにしよう。」（p.50）と述べ、「対話文はその伝達機能に基づいて類型化され、非対話文はその表現機能に基づいて類型化される」として、述語文の「表現類型のモダリティ」に「演述型」「情意表出型」「訴え型」「疑問型」「感嘆型」の5類を設定している。表1は益岡（1991）に基づいて筆者が作成したものである*8。

表1　述語文の表現類型のモダリティ

	演述型	情意表出型	訴え型		疑問型	感嘆型
対話文：伝達性有	話し手の知識を提供	話し手の感情・感覚や意志を表わす	聞き手の行為を要求		聞き手に情報の提供を要求	×
			命令・依頼系	勧誘系 例：「急ごう」		
非対話文：伝達性無	表現主体の知識を表わす	表現主体の感情・感覚や意志を表わす。例：「急ごう」	×	×	疑いの提示	表現主体の感動や驚きの気持ちを表わす。例：「きれいな花だなあ」

さて、「表現類型」という観点から名詞句独立文を見ると、述語を持たず、名詞で終止するという一定かつ不完全な形式の中にも、不完全ながら表現類型への形式的分化が見られる。すなわち「情意表出型／感嘆型」「演述型」「訴え型」がそれである。「疑問型」の表現類型は見られない。なぜなら、状況に対する話し手の確たる認識の上にたった感嘆的な表現性は、不確実や疑いなどの主観とは相容れないからである*9。「情意表出型／感嘆型」としたのは、述語の欠如により両者の区別が曖昧であるためである。名詞句独立文は基本的に感嘆という表現性を持つが、そうした共通性の上に、「情意表出型」「演述型」「訴え型」の3種の表現類型を認めることができる。感嘆詞や応答詞などによる独立語文に比べて名詞は実質的な意味を持つ命題成分であり、連体修飾され得る成分でもある。そのことが名詞句独立文の機能の多様性をもたらしている。3種の

表現類型はそれぞれが慣用化した下位構文を持っている。次節以降で表現類型の観点から名詞句独立文の類型化を試みる。

5.1　情意表出型の名詞句独立文

情意表出型の名詞句独立文というのは、称賛・衝撃・驚き・怒り・意志などの情意を表わすものである。以下のような名詞句独立文の類型はそうした表現主体の情意を表出する表現形式として固定化している。

5.1.1　モーダルな副詞・連体詞を含み持つ名詞句独立文

名詞句独立文の中にはモーダルな副詞や連体詞と共起して、対象に対する驚き・称賛・悲しみ・興奮・怒り・悲観などの話し手の強い感情を表わすものがある。

(32) 長くお世話になっているその友が「本当にふっくらしたわね。『幸せ太り』ね」とさりげなく言った。なんと柔らかい語感。（朝日新聞 2004.10.6）

(33) あ、山本さん、なんてお美しいドレス！　スパンコールが白いお肌に映えてとっても素敵！（k: 熟れすぎた林檎）

(34) 新聞を広げると週刊誌の広告が目に飛び込んでくる。なんとも刺激的な見出し。（朝日新聞 2007.1.24）

(35)「なんだと！？　アンフォラ国女王である私に向かって、なんという無礼な言葉！！　今すぐ手討ちにしてくれようか！？」（k: 風色の自由王）

(32) ～ (35) は〈([ナント／ナンテ／ナントモ／ナントイウ] ＋形容語句) ＋名詞〉というパターンの名詞句独立文である。「ナント」「ナンテ」「ナントモ」は副詞、「ナントイウ」は連体詞相当の連語である。これらのモーダルな副詞や連体詞が (32) ～ (35) の名詞句独立文を単独で情意表出型の文として自立させている。これらの共起がなく、例えば「柔らかい語感。」だけでは、文脈に依存しない限り表現・伝達上の機能は不明である。「なんと」「なんて」「なんとも」「なんという」という語彙のモーダルな特性が文の表現機能を支配しているわけである*10。この「なんと」類は別のパターンにも頻出する＊11。

（36）〜（38）に見られるように、「まさかの」「あいにく（の）」なども同じく文のモダリティを支配し得る語類である。ただ、「まさかの」「あいにく（の）」を受ける末尾名詞は出来事や状態などの事象を表わすものが中心であり、末尾名詞のこうした意味特徴が命題としてのまとまりを支えている。

（36）まさかまさかの奇跡的な出会い！　思わず声をかけてしまいましたよ！！　(k:Yahoo! ブログ：2008)

（37）衣替えの日　初めての絵本『ぱたのはなし。』を子どもたちの前で読み聞かせする野外イベントがあって、前夜から朗読の練習をしたりしてどきどきしていたのですが、あいにくの雨。　(k：ほんじょの眼鏡日和。)

（38）久し振りなのですごく楽しみにしていたのに、あいにくのお天気。　(k:Yahoo! ブログ：2008)

同様のことが、動作の頻度・程度・量などが大であることを表わす「よく」という副詞が〈よく＋動詞辞書形＋名詞〉という形式をとった場合にも言える。「よく」を用いた（39a）（40a）はいずれも「驚き」「呆れ」という情意性を帯びているのに対し、類義の「しょっちゅう」を用いた（39b）、「たくさん」を用いた（40b）にはそうした表現性は感じられず、完結した一文としては不自然である。このことから「よく」もモーダルな性質を持ち、文に情意性を加味する要素であることが分かる。ただし、「よく」が（39c）（40c）のように述語文中に用いられると、単なる程度副詞となり情意性が消える。「よく」がモーダルな性質を帯びるのは名詞句で終止するという構造と相俟ってのことである。

（39）a.　よくサボる奴！

　b. ?しょっちゅうサボる奴！

　c.　あいつはよくサボる奴だ！

（40）a.　よく食べる子！

　b. ?たくさん食べる子！

　c.　太郎はよく食べる子だ！

（39a）（40a）の末尾名詞は実質名詞であったが、（41）のように、末尾名詞が「こと」の場合も同様の表現機能を持つ。「こと」に呼応する「よく」には、(42)(43)のように本来の程度性を失い、単に驚嘆や意外さを表わす陳述副詞となったものが現れる。「こと」はモダリティ形式として文法化が進んでおり、詠嘆の文末形式「ものだ」に近い*12。

(41) まー、よく降ること！　(k:Yahoo!ブログ:2008)

(42) そんな乱暴な扱い方をしてよく壊れなかったこと！

(43) こんな所でよく眠れること！

陳述副詞「よくも」が〈ヨクモ+動詞+コト〉というパターンで用いられると、「こと」と呼応して行為の遂行に対する非難を表わす自立した名詞句独立文を構成する。動詞は可能動詞ないし可能形が多い。

(44) よくもそんな図々しいことが言えたこと！

(45) よくもこの私に向かってシャアシャアと言えたこと！

(46) よくもこんな小さい子に重い荷物を持たせること！

指示語の「あんな／こんな／そんな」も表現性を左右する修飾句である。「あのような／このような／そのような」に比べると「あんな／こんな／そんな」には「軽侮」という評価性がかなりの程度に焼きついている。

(47)「学校で、園芸クラブ入ってたっけ？」太郎は尋ねた。「あんなもの」藤原は少し笑いながら言った。「僕はもう少し、クロウトだから」　(太郎物語)

(48)「ついこの間まで、妻子ある人と恋愛してたのさ。だからその思い出があまり強烈で、次の人に会えない、って言うんだ」「そんなこと！　十年経ちゃ、お笑い草さ」　(太郎物語)

5.1.2　情意・評価を表わす名詞で終止する名詞句独立文

(49a)～(51a)の名詞句独立文は情意や評価を表わす抽象名詞が事象を表わす連体部で修飾されているパターンである。連体部に表わされている事象は情意や評価の誘因・対象である。連体部の事象は情意の性質を規定するもので、時間軸上における事象の生起を伝えるものではない。連体部におけるテンスの捨象はその表れである。

(49)a.　父上と慕う熱い私の心も、春の心ときめく野の光も、一瞬、時の間の後に無惨に空となってしまう恐ろしさ、惨さ。もうあの強い慈愛に満ちた笑を見る事も出来ないのです。　(k: 王朝の挽歌)

(50)a.　フローリアン・フォーテスキュー・アイスクリーム・パーラーFlorean Fortescure's Ice-Cream Parlour ダイアゴン横丁一の人気店。子どもからおとなまで、ここに来たときには必ず買ってしまうおいしさ。

(k:『ハリー・ポッター』大百科)

(49b)(50b) はそれぞれ (49a)(50a) の末尾名詞を情意性のない名詞に置き換えたものであるが、(49a)(50a) が情意表出型という独立した表現機能を有するのに対し、(49b)(50b) の表現意図は不明である。このことから (49a)(50a) の意味的な充足は、末尾名詞に情意や評価を表わす主観的な名詞が配置されているという意味構造に裏付けられていることが分かる。末尾名詞が感情や評価に関わるものでなければ、(49a)(50a) のような表現性は得られない。

(49)b.　父上と慕う熱い私の心も、春の心ときめく野の光も、一瞬、時の間の後に無惨に空となってしまう状態。

(50)b.　子どもからおとなまで、ここに来たときには必ず買ってしまうアイスクリーム。

(49a)(50a) は (49c)(50c) のように述語文で表現しても知的意味に変化はないが、(49c)(50c) の叙述は客観的であり、感嘆という表現性は消失している。

(49)c.　父上と慕う熱い私の心も、春の心ときめく野の光も、一瞬、時の間の後に無惨に空となってしまうのは恐ろしく、惨めだ。

(50)c.　(ここのアイスクリームは) 子どもからおとなまで、ここに来たときには必ず買ってしまうほどおいしい。

工藤 (1989) は「先生の意地悪!」「風呂上がりのビールのうまさ (ヨ、ッタラ)!」のような文は、内容的には「先生は意地悪だ」

「風呂上がりのビールはうまい」のような叙述文と極めて近く、それを「凝縮」的表現として「体言止め」にしたものである。これを「擬似喚体」または「擬似独立語文」と呼んでおこう、と述べている（p.21）。

このパターンにはさまざまなバリエーションがある。(51)(52)の末尾名詞は情意の内容を説明する語句で修飾されており、原因となった事象は先行文脈内に表わされている。(53)の連体部には事象と、その中で特に情意の対象として特定されるもの（音）が表わされている。(54)(55)の連体部は短いが、末尾名詞が「なんという」「なんともいえぬ」というモーダルな語句で修飾されているために、情意表出型の文として自立性を獲得している。(56)では、連体部の「あの」が情意の対象を指すだけでなく、情意性を加味する要素ともなっている。

(51) 背後に人の気配が立った。湿った霧にまとわりつかれたような気持ち悪さ。 (k: 道中霧)

(52)「若社長ったら、お父様にそっくりなんですの。いずれ劣らぬ美男でねぇ。お仕事の方もバリバリと辣腕でらして」本人の前でよくも、よくも、と思える無神経さ。 (k: うさぎの聞き耳)

(53) 皺が残らぬように、ジーンズやYシャツを重ねてぽんぽんと叩く時の音の心地良さ。 (文藝春秋78巻4号)

(54) ビールのなんともいえぬうまさ。 (朝日新聞2004.8.27)

(55) 古い知り合いのバレリーナや女優の二人に一人は大食いしては吐き戻している。なんという愚かしさ。 (k: ダブル・シークレット)

(56) ご主人、尾上様のおやさしいこと…。それに引きかえ、あのお局様—岩藤様の憎らしさ。 (k: 恋占い)

このパターンで最も多く表れるのは形容詞から派生した「〜さ」という名詞であるが、(57)〜(59)のように、「〜感」「〜ぶり」なども同様の機能を持つ。

(57) 何もすることがなくなった私の目は、自然とアレに吸い寄せられていく。薄暗がりにあるにもかかわらず、あの異様

な存在感。　(k: 蹴りたい背中)

(58) 最初に少し躰を濡らして石鹼を塗りたくり、最後にそれを流し落すという節水ぶり。　(k: マイ・ファミリー)

(59) 最高記録をつくっていたヨン様主演映画『スキャンダル』の110万人を大幅に上回る盛況ぶり。(k: 女性セブン 2004.7.8)

5.1.3 「こと」で終止する名詞句独立文

(60a)〜(62)は、末尾名詞「こと」が、事物の状態や性質を表わす連体句で修飾されている。〈性状叙述＋こと〉というパターンである。

(60) a.　その鳴き声が大きいものだから、いつのまにかチャーも小ボスもやって来て、三匹で出迎えてくれる。その三匹の合唱のにぎやかなこと。　(k: やっぱり猫はエライ)

(61)　ほら、おとうさん、見てごらんなさい。あのお魚のきれいなこと。　(k: 私の気ままな老いじたく)

(62)　玄米をよくかんで食事に三十分もかける。そのおいしいこと！　(朝日新聞 2000.11.19)

これらの連体部において、状態や性質の主体は「その三匹の合唱の」「あのお魚の」のように、主格の「が」ではなく、連体格の「の」を伴って表わされたり、「その」という指示連体詞によって間接的に示されている。このような連体形式による主体表示は名詞句独立文としての一体性を表わしている。このパターンは、

(60) b.　その三匹の合唱のにぎやかなことに驚く。

のように情意を表わす述語を付加することによって述語文に転じることができる。(60a)〜(62)においては(60b)の「驚く」のような演述型述語文の述語の持つ主観的な意味が名詞句独立文という表現形式に転じている。(60a)〜(62)が述語を欠きながら情意表出という表現機能を有しているのは、主名詞「こと」がモーダルな文末詞として文法化を進めているためである。この「こと」のモーダルな性質は、5.1.1節に掲げた「よく降ること！」のような「こと」と共通である**13**。

5.1.4　意志的な行為を表わす動作名詞の反復

（63a）～（65a）は話し手の、実行に向かってはやる気持ちを表わしており、意志的な行為を表わす動作名詞の反復がそれらの文におけるモダリティの形式となっている。（63a）（64a）のように発話が話し手自身に向けられると自らを鼓舞する表現となり、（65a）のように聞き手に向けて発せられると、聞き手に対する強い促しの表現となる。

（63）a.　キラメキライトと送風でリフレッシュしたら、さあさあ仕事仕事！　（朝日新聞 2006.6.21）

（64）a.　高橋さんが知る店では、木曜の朝にオーナー社長がデザイン画を描き、トラックを運転して生地を買い、そのまま縫製所へ直行。すぐに仕上がった商品を自分の家で洗濯する。土曜の朝には店頭に並べて「商売商売」。こんな感じでもうけた業者が多かった。　（朝日新聞 1998.5.28）

（65）a.　彼の仕事が終った頃、太郎はパチンとスイッチを切り、「さあ、これからは勉強勉強」と背のびをした。何のことはない、辰彦にはテレビを見せないつもりなのである。　（太郎物語）

（63b）～（65b）はそれぞれ（63a）～（65a）を述語文化したものであるが、（63a）～（65a）のような緊迫した情意性は感じられない。

（63）b.　キラメキライトと送風でリフレッシュしたら、さあさあ仕事しよう！

（64）b.　土曜の朝には店頭に並べてさあ商売だ。

（65）b.　さあ、これからは勉強しろ。

（66）（67）も動作名詞を末尾に持ち、（63a）～（65a）と類似の形式であるが、不自然である。これは「回復」「成功」という動作名詞に意志性がないためである。

（66）　＊もうすぐ回復回復！

（67）　＊きっと成功成功。

5.2　演述型の名詞句独立文

演述型の名詞句独立文というのは話し手の知識が提示される文である。演述文は、話し手が聞き手の心に働きかけたり話し手の感情や意見を表明したりするためではなく、事象を客観的に述べ伝える文であり、名詞句独立文にも述語文と同様の演述文を認めることができる。ただ、名詞句独立文は深い感情や関心を伴う点で述語文と相違している。演述型の名詞句独立文は素材的意味において述語文と大きな差異はないが、文脈の中で独自の表現性を発揮する。事象を知識として表現・伝達する演述型の文として構文形式を定着させている名詞句独立文にも名詞句独立文が基本的に持つ感嘆文的な情意性が消えてはいない。

5.2.1　期間を表わす名詞で終止する名詞句独立文

本節の名詞句独立文は末尾に期間を表わす名詞を持つものである。このパターンには3種の類型がある。いずれも素材事態よりも事態に関連する時間・期間を前景化する文で、事態に関係する時間の容易ならざる経過を表わしている。これらの3類型は書き言葉でのみ用いられる。

5.2.1.1　動詞辞書形＋コト＋期間を表わす名詞

（68a）〜（70a）は〈動詞辞書形＋コト＋期間を表わす名詞〉というパターンの名詞句独立文である。

（68）a.　競馬がロイヤル・スポーツであることはよく知られているが、皇太后の愛着ぶりは趣味の域をこえているといっていい。これに没頭することかれこれ五十年。

（文藝春秋78巻12号）

（69）a.　還暦も過ぎたというのに、先日もスコットランドの苛酷なリンクスを手曳きカートで歩くこと連続二十二日間。　（文藝春秋77巻6号）

（70）a.　激しい風雨にさらされること3時間。

（68a）〜（70a）を述語文で書き直すと、（68b）〜（70b）のような述部が相応しいであろう。

(68)b.　かれこれ50年これに没頭し続けている。

(69)b.　連続22日間スコットランドの苛酷なリンクスを手曳きカートで歩き続けた。

(70)b.　3時間激しい風雨にさらされ続けた。

(68b) 〜 (70b) の平坦な叙述に比べ、(68a) 〜 (70a) は事象の期間を前景化し、尋常ではない状況におかれた時間の長さを印象付ける。「こと」を修飾する動詞からはアスペクトもテンスも捨象され、動詞の意味のみが活かされている。「こと」に前接する動詞の意志性の有無は問われないため、(70a) のような意志性のない事象も適格である。

5.2.1.2　動詞テ形＋期間を表わす名詞

(71) 〜 (73) は〈動詞テ形＋期間を表わす名詞〉というパターンの名詞句独立文である。前述のパターンと同じく、主体が長期に渡ってある行為を継続したり、ある状況の中にあり続けたという事実に対する深い感情を表わしている。

(71) 大岡越前守忠相を演じて三十年。その年数は実際の越前が江戸町奉行として任務に就いていた十八年をはるかに上回るという。（文藝春秋79巻13号）

(72) 飛行機はエコノミークラスで、窮屈な座席にじっと座って十二時間。（文藝春秋79巻6号）

(73) 15歳で上京して以来、世間の荒波に揉まれ続けて50年。

5.2.1.3　［動詞テ形／動詞テ形＋カラ／名詞＋カラ］＋期間を表わす名詞

(74) 〜 (76) は〈［動詞テ形／動詞テ形＋カラ／名詞＋カラ］＋期間を表わす名詞〉というパターンである。この類型は前述の2類型とはやや異なった意味を持つ。前の2類型が行為や状況の持続を表わしていたのに対し、本節の類型は行為や状況の終了後の経過時間に焦点を当てるもので、事象の生起以来一定の期間が経過したことに対する感慨を表わすものである。前の2類型では継続動詞が用いられるのに対し、本類型では、〈動詞テ形＋期間を表わす名詞〉

の場合、動詞は変化動詞である。〈動詞テ形＋カラ＋期間を表わす名詞〉の場合は、格助詞の「から」によって意味が支えられるため、継続動詞か変化動詞かを問わない。動詞の意志性の有無が問われないのは前節と同様である。

(74) 父である十九世宗家という、大きな傘がなくなって五年。

(文藝春秋 78 巻 6 号)

(75) 新大阪駅で「いってきます」と母に手を振ってから六年。

(文藝春秋 78 巻 3 号)

(76) 赤軍派の九人が羽田発福岡行の日航機「よど号」を乗っ取った、わが国初のハイジャック事件から三十二年。

(文藝春秋 80 巻 14 号)

5.2.2　引用節を持つ名詞句独立文

本節に挙げるものは、直接・間接に引用した部分を「との」「という」などを介して末尾の名詞が受けるという構文である。このパターンにも 3 種の類型がある。いずれも書き言葉で用いられる。

5.2.2.1　〜トノ＋発話名詞

(77) 〜 (79) は引用節が発話行為を表わす名詞を修飾しているパターンである。引用節と末尾名詞とは発話と発話行為という意味関係にある。末尾名詞には「依頼」「命令」「通達」などの動作名詞が用いられ、構造的に無標の述語文に近い。

(77) そんなことがきっかけとなり、次第に不思議な現象が身辺に多く起こるようになり、夢でのお告げも頻繁に現れるようになったという。そしてある日、夢のなかで「信仰で人を救え」とのお告げ。　(k: にっぽん新・新宗教事情)

(78) アクリル画の表紙からカットまですべてお願いして順調に続きすっかり安心していたのだが、あるとき突然一寸来て下さいよとのお呼び。　(文藝春秋 79 巻 5 号)

(79) 何事ならんと参上すると、「ぼくにも少しは好きなことをさせてよ、ワイフと旅行にも行きたいし絵も描きたいし、ついてはあんたに編集をたのむよ」との仰せ。

（文藝春秋 79 巻 5 号）

（77）〜（79）はそれぞれ「〜とのお告げがあった。」、「〜と呼ばれた。」、「〜と仰せがあった。」のような述語文に対応する。名詞句独立文では発話行為の存在が示されているだけであるが、動詞性の捨象により簡潔で印象的な表現となっている。

5.2.2.2　〜ト＋ヒト名詞

（80）〜（82）も発話行為を表わすもので、〈引用節＋ト＋ヒト名詞〉というパターンである。引用節と末尾名詞とは発話と発話者という意味関係にある。発話行為を表わす要素を必須としないのは、「〜と」という引用表現が発話行為を暗示するためである。

（80）「勉強が嫌いになってしまった僕が、本を読んでいたのです」と彼。「そうですか。それが、今の大学とつながっているのですね」と、私は応じた。　（k: メランコリーチェア）

（81）採血で白血球の数が下がっていたので下痢止めをもっと強いものに替えましょうと先生。点滴を打って…これで少しは楽になるかな〜と思ってましたが。（k:Yahoo! ブログ : 2008）

（82）「高い苺食べさせてもらえるだけの…値打ちまだあるかいな？　私」と母。…思わず胸が詰まった。

（k:Yahoo! ブログ : 2008）

末尾名詞は引用した発話の話し手に限られるため、（83b）は適格、（83c）（83d）は不適格である。このパターンは、（名詞句独立文の）話し手の関心を惹いた人物—引用された発話の話し手—の存在を前景化する。

（83）a.　昨日「俺、留学する。」と太郎が教室で言った。
　　b.　「俺、留学する。」と太郎。
　　c.　*「俺、留学する。」と昨日。
　　d.　*「俺、留学する。」と教室。

5.2.2.3　〜トノ＋［コト／由／情報を表わす名詞］

本節のパターンは伝聞を表わす。引用節と、情報を表わす名詞の下位類である「噂」「話」「ニュース」「意見」などや「こと」「由」

が結合したものである。引用節と末尾名詞とは発話とその枠組みという関係にある。

(84) カルチャークラブのボーイジョージが凄く太ったとの噂。 (k:Yahoo!ブログ:2005)

(85) 病院のことが気になり電話を入れると、裕さんはすやすや眠っているという話。 (k:裕さん、抱きしめたい)

(86) 書物を読む人が減ったとのこと。 (文藝春秋81巻5号)

(87)「サワグチは、イタリア料理を技術的なアプローチのみならず、精神的（根性、気合い等）な存在を考証したのが認められた」との由。 (文藝春秋79巻6号)

(84)～(87)は、述語文であれば用いられるはずの「(～との噂)を聞いた／が報じられている／がある」などの述語を欠いているが、引用表現と情報に関連した名詞との結合で意味は充足しており、「～とのこと」「～との由」という表現形式は慣用表現として固定化している。「由」には「との」を介さない(88)のような形式もある。

(88) 正月21日に地震のあった由。 (k:北国の雁)

5.2.3　条件節＋名詞

(89)～(92)は条件節と名詞の結合である。条件節から主名詞への流れは、時間的、空間的な進展や論理的展開に沿っている。例えば、(89)の条件節は境界をまたいだ移動を表わすため、末尾名詞が到達点を表わすことが予測できる。また(90)の条件節はモノの身体への接触を表わすため、末尾名詞はそのことによって生じた感覚であると予測できる。このように本パターンの場合、一般的な通念を背景として、条件節と末尾名詞との間に因果関係を見出すことは容易であり、述語文並みの事象理解が獲得される。

(89) ただし、外国人はいかなる事があろうとも出入り禁止である。「僅か白線一本なんだ」と、そのカメラマンは言った。道路に引かれた白線を越えればアフガン。ソ連軍の大基地があるジャララバードまで一直線だ。 (文藝春秋79巻14号)

(90) 五徳に目が止ったのは五年前。火鉢の中、炭火の上へ置き鉄瓶などをかける。三つ脚や四つ脚の輪形の鉄製。露天の市の薄縁へ重し代わりに置かれていた。輪を下にした形が美術作品のように見えたものだ。肌は使い込まれた黒い褐色。手に取ると、重くひんやりした触感。（文藝春秋 81 巻 1 号）

(91) 終って見れば四位のドイツに〇秒一七差の銅メダル。

（文藝春秋 78 巻 14 号）

(92) 梅雨が明けると夏。（文藝春秋 78 巻 9 号）

5.2.4 場所名詞＋ニ＋名詞

(93)～(95) は〈場所名詞＋ニ＋名詞〉というパターンを持つ存在表現である。これらは場所を表わすニ格名詞句により、存在動詞を欠いた状態でありながら存在文となっている。

(93) 海外に出かけて昼間は取材などでうごきまわっていても、夜は所在もなくホテルの部屋でテレビを見ていることが多い。(略) 手にはフライドポテト。かなりだらしない恰好ではあるが。（文藝春秋 77 巻 4 号）

(94) 側面には灰皿と、飲み物を置く細い棚。（文藝春秋 77 巻 7 号）

(95) 床いっぱいに変虫の死骸。（文藝春秋 80 巻 15 号）

5.3 訴え型の名詞句独立文

訴え型の名詞句独立文というのは聞き手に行為を要求する文で、〈動詞辞書形＋コト〉というパターンを持つ。命令・指示・忠告などの表現機能を持つものとして構文形式を定着させている。この「こと」はすでに命令文の文末形式として文法化し、モダリティ要素となっている。

(96) 9 時に体育館に集まること。（朝日）

(97) どんな他人にでも及ぶかぎりよくしてやること。なにごとも思いつめないこと。本を読むのをなまけないこと。（k: 絶唱）

(98) 紀ノ国屋　青山五丁目交差点角にある高級スーパー・マーケット。註 195 も参照のこと。（k: なんとなく、クリスタル）

以上、本節では独立した文として表現機能を有する名詞句独立文について記述した。最後に名詞個々の語彙的意味が慣用により表現機能と直結している例を指摘しておきたい。

(99) じゃあ、一つ質問。 (太郎物語)

(100) お勘定。

(99) は意志を表明する情意表出型の文であり、(100) は聞き手に行為を要求する訴え型の文である。前者の類例には「賛成。」「反対。」「却下。」「降参。」「失礼。」「お願い。」「お断り。」「お待たせ。」*14 などがあり、後者の類例には「起立。」「着席。」「禁煙。」などがある。「賛成。」「反対。」「却下。」「降参。」「お願い。」「お断り。」は遂行的である。「失礼。」「お待たせ。」は詫びの表現である。中右(1994) は発話態度に関わるDモダリティとして、感嘆詞・呼称・ののしりことばなどを感嘆表出のモダリティ、挨拶・感謝・謝罪の決まり文句などを慣行儀礼のモダリティとしている。こうしたものも視野に入れるならば、上に挙げた慣用的な表現もモダリティを帯びた名詞句独立文と言えるであろう。ただし、このように単独で表現機能を帯びる名詞は多くはない。例えば、「質問。」は独立した発話であり得るが、「お尋ね。」「お伺い。」などは類義であるにもかかわらず断片に過ぎない。次の (101) の名詞も同様である。例えば、「お詫び。」は「お詫びします。」という意味にはなり得ず、無意味な表現に留まる。

(101) *お詫び。/*回答。/*お祈り。/*お尋ね。/*要求。/*謝罪。/*忠告。/*承諾。/?約束。

6. おわりに

名詞句独立文は部分的な省略や短絡の形式である。池上 (2000) は「コミュニケーションにおける〈省略〉の問題に関する一般的なアプローチとして、「構造は機能によって規定される―つまり、話し手は自らの言語表現を自らがそれに託している機能がもっとも能率的、かつ、効果的に遂行されるように仕組む―という〈機能主義〉(functionalism) 的な言語観」(p.251) があるという。とすると、たとえ省略の結果であるにしても、名詞句独立文という構文形式は談話の原則に則った発話態度の表れである。

名詞句独立文の中にはそれ自体で文意が完結し、コミュニケーションの単位たるべき表現性を持つものが少なくなかった。名詞句独立文が、文の中核である述語を欠くにもかかわらず意味的に完結し得ているのはなぜか。それを可能にする要因としては、連体修飾節の存在や用言相当の意味を持つ末尾名詞（形容詞派生の名詞や動作名詞）の存在によって命題相当の意味内容を持ち得ていること、断片的な表現の連なりを事象として自然に理解し得る受容者の認知能力、モーダルな語彙の共起などが挙げられるが、根本的な要因は、Traugott（1988, 1989）が「語用論的強化（pragmatic strengthening）」と呼んだ現象、すなわち話者の主観的解釈が歴史の中でその語句の意味に取り込まれてしまう現象であろう。

述語の省略や短絡から始まった構文形式が歴史的経過を経て感嘆という表現性を帯びた形式として定着し、一部の名詞句独立文に意味的な自立性をもたらした。「こと」がモーダルな文末形式として文法化したように、名詞句独立文の各構文形式の固定化も文法化の一つのありかたであろう*15。

---

*1 永野（1985）の「述語文」は「地震だ。」のような本来的無主語文を指す。
*2 「出身はどこ？」「長野県。」のような応答文の、省略を含む名詞句は対象としない。
*3 益岡（1995）は形式は装定で内容は述定という性格を持った非限定的連体節表現を「述定的装定」と呼んでいる。川端（2004）は「主述の実現は述定にとどまるものではない。現象構造上は述定の倒逆となる、例えば、青い（下線川端）花、のような装定の主述が直ちに思われる。ここに、「花」は被修飾語、「青い」は修飾語と呼ばれ、概念の内包を豊かにし概念の外延を狭くするものとしての限定構造が把えられるのだが、その限定は何において成立しているのか。被修飾語が資格上の主語、修飾語が資格上の述語である主述関係、すなわち一つの判断構造を了解してのみ、その限定の所以は、説明可能であろう。修飾とそれを呼ぶとき、それは語の問題に過ぎぬような概観を持つが、二項の対峙と統一はここにもあって、いわば、実現としての文のなかなる（すなわちそれを離れることもない）、関係としての文で、それはある。関係としてのこの文は、例えば感動の喚体にあって、直ちに実現としての文に顕れるであろう。現象上は語の問題に過ぎぬかのような修飾の関係を、文の関係として装定の名

で私は呼ぶ。述定に対するその倒逆構造は、主述の限定関係の積極的な述定性のその実現を、当面、抑止することの形式である。」(pp.74–75) と言う。また、坪本 (1998) は「開くドア」のような表現形式をト書き連鎖と呼んで「ト書き連鎖は〈もの〉的性質と〈こと〉的性質とが渾然一体となっている構文」(p.182) と述べている。

＊4 メイナードの「感嘆名詞句」は助詞を伴うものも含む。また「体言止め」は主語や主題を伴うものである。メイナードの感嘆名詞句も体言止めも名詞句独立文と同じではない。

＊5 Maynard は “Discourse modality conveys the subjective emotional, mental or psychological attitude of the speaker toward message content, to the speech act itself or toward his or her communication partner” と述べている。(p.6)

＊6 益岡の「分化文」「未分化文」はそれぞれ本書の「述語文」「独立語文」に相当する。

＊7 先の (1a) (2a) (3a) は意味的に完結している例、(4a) (5a) は完結していない例である。ただし、両者の境界線は截然とはしていない。

＊8 益岡 (2007) では「表現類型のモダリティ」が「発話類型のモダリティ」となっている。

＊9 疑問型の名詞句独立文はすべて意味的に自立していない。

＊10「柔らかい語感。」のようにモダリティ指標のないものも、「柔らかいゴカン！」という音調によって情意表出という表現機能を獲得することはできる。

＊11 笹井 (2006) は「なんと〜だろう！」という形式の感動文が表現する情意とは「「なんと」によって強調された「程度の甚だしさ」に対する話し手の情意」(p.22) であると述べている。笹井の考察対象は名詞で終止するものに限らないが、本節 5.1.1〜5.1.3 に共通するところが多い。

＊12 詠嘆の「ものだ」にはコピュラが必須であるが、「こと」の場合、コピュラの後接は任意である。コピュラを伴った「こんな所でよく眠れることだ！」は述語文である。

＊13「BGM は？　2人の男の寝息ってわけ…？　まぁステキだこと！」(k：突破)、「同意したですって？　ずいぶん寛大だこと！」(k：皇女セルマの遺言) などは連体部述語が連体形でなく、終止形をとっており、文法化が完成している。

＊14「お待たせ」「お断り」は「お待たせをする」「お断りをする」のようにヲ格にはなるが、名詞としては周辺的である。

＊15 名詞句独立文の自立性には音調の問題も無視することはできない。工藤 (1989) は「イントネーションは、重要な構文論的な形式であり、ここに形態論的ムードとは別に、構文論的なモダリティ・叙法性を考えなければならない理由がある。」(p.19) と言い、「アッ、ワンワン！」のような一語文について「叙法性ないし伝達性は、発見―確認と、欲求―命令と、疑問とに、イントネーションが分化しているとすれば、分節記号の分化はなくても、叙法性・伝達性の分化の第一歩は踏み出されていると言っていいかもしれない。」(p.19) と言っている。また、佐藤 (2004) も「陳述副詞などの語彙的な手段、語順やイントネーションも、モダリティーの表現手段にくわわる。」(p.176) と述べている。名詞句独立文の自立性にも、末尾名詞にプロミネンスが加わるという音

声的現象が関わっている。

例文出典

国立国語研究所（2011）『現代日本語書き言葉均衡コーパス 少納言』（http://www.kotonoha.gr.jp/shonagon/search_form）

『文藝春秋』「巻頭随筆」77 巻 4 号〜81 巻 8 号

『CD-ROM 版 新潮文庫の 100 冊』（新潮社）より「太郎物語」

『朝日新聞』（朝日新聞社オンライン記事データベース『聞蔵』による）

第12章
「という」の介在する連体修飾の意味類型

1. はじめに

連体修飾成分には、「ある人が言った。」「A社との合併」「高い山」「歴史の本」「父が買ってくれた時計」「行くか行かないかの決断」「夢を見ているような気持」など様々なものがある。本章で取り上げるのは連体節が「という」を介して名詞に接続するタイプである。(1) のように、連体節が主名詞に直結するものを「ゼロ連体修飾」、(2) のように連体節が「という」を介して主名詞に連結するものを「トイウ連体修飾」と呼ぶことにする。

(1) 父が誕生日に買ってくれた時計が壊れてしまった。

(2) 太郎が一番に来るという予想は見事に外れた。

ゼロ連体修飾とトイウ連体修飾とでは、ゼロ連体修飾、特にいわゆる「内の関係」のゼロ連体修飾が圧倒的に多く、そのためか連体修飾に関する従来の研究もゼロ連体修飾を基準とするものであった。連体構造における「という」介在の可否を決定する条件や、トイウ連体修飾とゼロ連体修飾との表現性の違いに関する論考は見られるが、トイウ連体修飾自体の記述は充分にはなされていないのではないかと思われる。

「という」の有無を基準にすると、連体修飾には、

(3) 太郎が謝るべきだという／*φ意見

のように「という」の介在が義務的なもの、

(4) 桃太郎が鬼を退治したという／φ話

のように「という」の介在が任意のもの、

(5) 今あそこで遊んでいる*という／φ子供

のように「という」の介在が不可のもの、と3通りある。本章の主な目的は「という」の介在が義務的なものと任意のものを対象とし

てトイウ連体修飾を観察・記述することである。以下、第2節で先行研究におけるトイウ連体修飾の位置付けを確認し、第3節でトイウ連体修飾の類型化を試みる。

2. 先行研究におけるトイウ連体修飾の位置付け

連体修飾に関する代表的な研究に奥津（1974)、寺村（1975–78)、高橋（1979）がある。このうち高橋（1979）にはトイウ連体修飾は取り上げられていない。爾後の連体修飾研究は枚挙に暇がないが、連体修飾全体の枠組みやトイウ連体修飾の位置付けは奥津（1974)、寺村（1975–78）に負うところが大きい。また、連体修飾における「という」介在の可否や、トイウ連体修飾とゼロ連体修飾の表現性の違いに関する研究も少なくないが、それらも連体修飾全体の基本的な枠組みを変えるものではない。従って本節では奥津（1974)、寺村（1975–78）におけるトイウ連体修飾の位置付けを検討することとする。

奥津（1974）は連体修飾を連体部と主名詞が格関係にある同一名詞連体修飾と、格関係にない付加名詞連体修飾に分け、後者をさらに連体部と主名詞が「食事をする前」のように意味的に相対関係にあるもの、「豆腐が四角いこと」のように同格関係にあるもの、「魚を焼く煙」のようなもの（これを「部分的同格関係」としている）に分けている。「という」は、「先行する叙述文と後にある「コト」とが同格であることを示す等記号のような意味」を持ち、「という」を介在させることができるのは同格関係の場合で、「〜しようという欲」の「欲」のように、連体部の述部に意志・願望の文末詞「〜よう」をとる主観的同格連体名詞の場合は「という」の介在が必須であるとしている。下のように まとめられる。

同一名詞連体修飾		…「という」不可
付加名詞連体修飾	相対関係	…「という」不可
	同格関係	…「という」可／必須
	部分的同格関係	…「という」不可

寺村（1975–78）には「という」介在の可否についてさらに詳しい考察が見られる。寺村は連体修飾を、連体部と主名詞が格関係にある「内の関係」の連体修飾（付加的修飾）と、格関係にない「外の関係」の連体修飾（内容補充的修飾）に二分し、外の関係をさらに「ふつうの内容補充」と「相対的補充」とに分ける。「という」が現れるのは、「ふつうの内容補充」的修飾の場合で、それも、主名詞が発話に関する名詞か思考に関する名詞かコトを表わす名詞か感覚を表わす名詞かにより「という」の可否が分かれるとしている。下のようにまとめられる。

- 内の関係（付加的修飾）……………………「という」不可
- 外の関係（内容補充的修飾）
  - ふつうの内容補充
    - 発話名詞…「という」必須
    - 思考名詞…「という」必須／任意
    - コト名詞…「という」任意
    - 感覚名詞…「という」不可
  - 相対的補充……………………「という」不可

奥津の「同格関係」は、寺村の発話名詞、思考名詞、コト名詞を主名詞とするものに相当し、奥津、寺村両者の類型化に基本的な齟齬はない。このような分類における「という」の位置付けには次のような問題がある。

①上記の連体諸類型の中でトイウ連体修飾にならないとされているものにもトイウ連体修飾が見られる。

（6） カウンターの内側と外側でこんなふうにして軽口をたたきあって酒をのむ、という店をみたのはそのときがはじめてだった。 （新橋烏森口青春編）

（7） 森川がいよいよ大阪へ出向する、という前日、大堂社長は森川と社内の各部署の責任者を集め、新橋の鰻屋の二階で壮行会を開いた。 （新橋烏森口青春編）

（8） 川ちゃんが倒されるのと同時に、ぼくたちが三人組をとりかこむ、という恰好になった。 （新橋烏森口青春編）

寺村の類型化に従うと、（6）の連体修飾は内の関係、（7）は外の関係の相対的補充、（8）は外の関係の「ふつうの内容補充」のうち、連体部が感覚・知覚的認識内容を表わす連体修飾に当たる。いずれも「という」の介在は不可とされているものであるが、このように「という」が介在する例は少なくない。

②「という」の介在が必須とされているものにもゼロ連体修飾が見られる。

(9) そういう全盛の官員さんの家でお嬢さん同様にかわいがられて栄耀しているうわさをきけば母おやもほかほかたのしい気になるのであるが　(高橋 1979: 124)

(10) 詩にそえて紫苑氏が南の外洋へたびにでた消息がかきくわえられてあった。　(高橋 1979: 124)

(11) 三重県知事の北川正恭が三選出馬を断念したニュースがあったね。　(k: ニッポン解散)

(9) ～ (11) は発話名詞を主名詞とする内容補充の連体修飾で、「という」が必須とされるものであるが、ゼロ連体修飾になっている。こうした例は多くはないが、(9) ～ (11) が文法的に適格であるところから、これまで「という」の介在が必須とされてきた種類の連体修飾も再考の余地があると思われる。

③上記の連体諸類型の枠組みに収まらないトイウ連体修飾がある。

(12) 純子が、いい気味だという調子で言った。　(女社長に乾杯！)

(13) いまなら逃げても間に合う。だが、ぐっと踏みとどまって戦おうというこの男らしさ。　(ブンとフン)

(14) 花井はその多忙さのため、新しい事件は一切引受けられないという日常だった。　(人民は弱し官吏は強し)

(12) ～ (14) の連体部と主名詞の関係は上記の類型のいずれにも当てはまらない。このような連体修飾はどこに位置付ければよいのであろうか。

従来の連体修飾の見方に①～③のような問題点があるということは、連体修飾の枠組み自体を見直す必要を示唆していると言える。Terakura (1984) は、感覚名詞を主名詞とする (15) (16) のような例や、内容補充的修飾とは言えない (17) のような例を挙げており、これらは「という」の表現性を追究したその後の諸論考に引き継がれている。しかし、これもトイウ連体修飾全体から見れば部分的な指摘にとどまっている。

(15) これはご飯でも焦げているという匂いだ。

(16) 誰かが戸でも叩いているという音がする。

(17) もう少しで目的地に着くという時に雨が降り出してびしょぬれになった。

3. トイウ連体修飾の意味類型

連体部と主名詞の意味関係に基づいてトイウ連体修飾の類型化を試みたところ、以下の10類型に分類された*1。

〈類型1〉発話―発話機能

(18)～(25)の連体部は発話や内言であり、主名詞は連体部を発話機能の側面から範疇化している。このようなトイウ連体修飾を類型1とする。この「という」は、主名詞の表わす発話行為の主体が話者以外であれば、「との」で置き換えられる。

(18) ここが最後の抵抗線でこの岡を死守せよという命令が出ていた。 (楡家の人びと)

(19) 銀行の方でね、あれだけ色々と騒ぎを起こしたのだから、尾島社長をクビにしろという意見が強いんですって。 (女社長に乾杯！)

(20) 女の方から夕食を共にしたいという申入れが来ているのだ。 (青春の蹉跌)

(21) 異国で交渉事をするには、相手に信用してもらうためにも宿くらいは一流にしておくべきだ、という友人の忠告をいれたためである。 (一瞬の夏)

(22) あと一カ月は入院していたほうがいいという医者の勧告をふりきって、意気軒昂と退院していったのである。 (楡家の人びと)

(23) やはりなんといっても「かぶや」のママの「男は攻めるときは攻めるのよ！」という不思議な檄が大きかった。 (新橋烏森口青春編)

(24) 私にはそれが、あなたはボクサーなのでしょ、という問いかけのように思えた。　（一瞬の夏）

(25)「どこどこがちがうからこう直してほしい」と言う明確な指示は出てこない。　（k: トヨタ流「最強の社員」はこう育つ）

〈類型2〉評価―評価対象

(26) の連体部「これは何かあったのかな」は主名詞「人だかり」の指示対象に対する感想であり、(27) の連体部「この人なら芸能界イケる」は主名詞「人」に対する印象である。このように連体部が主名詞の指示対象に対して評価的なコメントを表わしているトイウ連体修飾を類型2とする。コメントをする主体は主に話者であるが、話者に限定されるわけではない。

(26) これは何かあったのかな、というすごい人だかりだったので、思わずのぞいてみた。

(27) 身の周りの人でこの人なら芸能界イケるという人いますか？　（k:Yahoo! 知恵袋）

(28) この試合は、どちらがボクサーとして在りつづけられるかという、苛酷な生き残りゲームに化してしまっていた。　（一瞬の夏）

(29) それも、細身の柳の二倍はあろうという、巨大なドラム缶――いや婦人であった。　（女社長に乾杯！）

(30) 彼はあんな犬なら泥棒も近づけないだろうという獰猛な犬を飼っている。

(31) 芍薬のような花を咲かせたいと思えば、「葉っぱを大事にしましょう、肥料をやりましょう」という世界になりますが、「咲いててくれるだけでいいのだよ」という育て方は、それほど難しくないです*2。　（k: 中学教育）

(32) それは確かに幾らあっても足りないよという状況かもしれませんけれども、25％アップするということは過度じゃないんですか。　（k: 国会会議録 :1997）

(33=14) 花井はその多忙さのため、新しい事件は一切引受けられないという日常だった。　（人民は弱し官吏は強し）

(34) 中沢ビルの屋上は、100平方メートルぐらいのただもうとりあえずこれは屋上です、というだけの屋上で、すなわちそこにはなにもなかった。*3　（新橋烏森口青春編）

(26)(34) の「これ」、(27) の「この人」、(30) の「あんな犬」はいずれも主名詞の指示対象を指している。この類型にはこのように主名詞の指示対象を連体部に含む傾向がある。主名詞はコメントの対象となり得るものであればよいので、意味的な制限はない*4。

〈類型3〉思念—事象の構成要素

(35) の主名詞「堀畑」は連体部に表わされた「日本チャンピオンの座を狙おう」という意思の主体であり、(36) の「業者」は「この機会をのがさず、輸入してみよう」という意思の主体である。(37) の主名詞と連体部の意味関係も同様である。(38) の「相手」は「これから罪人にしよう」という意思の対象である。(35) ～(38) はいずれも動詞の意向形に「という」が後接している。(39)(40) の「時」はそれぞれ「あと少しでノックアウトだ」、「もう少しで目的地に着く」という認識の時であり、(41) ～ (43) の連体部と主名詞の意味関係も同様である。(39) ～ (43) は用言の終止形に「という」が後接しているが、連体部は当該事態の主体の主観を表わしている点で (35) ～ (38) と同質である。このように、連体部がある思念を表わし、主名詞がそうした思念の主体、対象、時などを表わすトイウ連体修飾を類型3とする。

(35) 日本チャンピオンの座を狙おうという堀畑が手も足も出なかったのだ。　（一瞬の夏）

(36) この機会をのがさず、輸入してみようという業者はないだろうか。　（人民は弱し官吏は強し）

(37) 夕方のその界隈は勤めを終えて帰ろうとする人々と、酔街のここにやってこようという人々が、駅頭附近で複雑に混りあい、慌しく動き回る人々と、あまり素早くは流動しない人々が、複雑にざわついた人と人のかたまりのようなものをいくつもつくっていた。　（新橋烏森口青春編）

(38) これから罪人にしようという相手に払い下げをしては、あとでつじつまがあわなくなる。　（人民は弱し官吏は強し）

(39) あと少しでノックアウトだという時になって、ふっと打つのをやめてしまう。　（一瞬の夏）

(40=17) もう少しで目的地に着くという時に雨が降り出してびしょぬれになった。

(41) 高校へ進学するといっても、家の経済じゃ無理だし、中学出てどうするという頃に、何かの記事でカシアス・クレイのことを読んだんだね。　（一瞬の夏）

(42) サラリーマンになってそろそろ一年になるという時期だった。　（新橋烏森口青春編）

(43) ところが、あと数百本で、毛を全部、数え終わるという日に、下宿が火事で焼けてしまい、サンスケ氏の研究はまた実を結ばずに終わってしまった。　（ブンとフン）

〈類型4〉内容―枠組み

(44) の連体部「帰れ」は主名詞「合図」の内容であり、(53)の「何だか今年は夏のボーナスなしじゃないか」は「噂」の内容である。このように主名詞が言語活動、表現作品、主観的な概念、抽象的な概念を表わし、連体部がその内容を表わしているトイウ連体修飾を類型4とする。

(44) 彼は扉をあけた。帰れという合図だった。　（青春の蹉跌）

(45) 出るんですか？　何だか今年は夏のボーナスなしじゃないか、って噂ですよ。　（女社長に乾杯！）

(46) もちろん、四十万を渡す時、万一、六月九日に試合ができなくなった場合はすみやかに返金すること、という一札は取ってあった。　（一瞬の夏）

(47) 何だか、あのときに、妙だな、って気がしたの。

（女社長に乾杯！）

(48) 私には、奴も苦労しているな、という思いがあった。

（一瞬の夏）

(49) 戦後生まれで戦争を直接には経験していないものの、みず

からの生はすべて戦争からはじまっているという思いが、芝野にはつよくある。 (k:新・雪国)

(50) まず朝起きて芸能欄のニュースで、誰々が離婚したなどという記事を見ると、ああまたこれに取材に行かなくちゃと思って気が重いです。 (k:韓国はドラマチック)

(51) 伸子と純子が狙われているという匿名の手紙が、尾島産業の社長交替の騒動より前に出されていることを説明した。

(女社長に乾杯！)

(52) 今度は逆に私から会いたいという電話をかけた。 (一瞬の夏)

(53) 私から会社への貸金に対して、製品の商標権を担保に入れたという書類を作っていただけませんか。

(人民は弱し官吏は強し)

(54) A、B、O、ABの血液型のうち、O型の人が最も蚊に好まれるという結果が報告されている。 (k: Yahoo! 知恵袋)

(55) 最終的に、ソ連の事故調査報告書では、飛行中のスポイラーの誤操作による失速という原因とともに、エンジンの防氷装置のスイッチを入れずに離陸したためにエンジンの空気取り入れ口が氷結し、そのためにエンジンの作動が異常となって失速した、という原因も付け加えられていた。

(k: 日本航空事故処理担当)

〈類型5〉思念—外在的な様相

(56) の主名詞「素振り」は連体部の「かつては同輩だったのに…」という思いが身体的な動きとなって表れるものであり、(58) の「めちゃくちゃ飲み」は「このタダ酒のチャンス逃がすものか」という意思が具現された行動である。(59) ～ (63) の主名詞と連体部の意味関係も同様で、いずれも主名詞が連体部に表わされた思念の外在的な様相を表わしている。このようなトイウ連体修飾を類型5とする。主名詞は「目つき」「声」「態度」などの表情に関するもの、「振る舞い」「笑い」などの行為に関するもの、「雰囲気」「空気」などの雰囲気に関するもの、「作品」「散らかりよう」などの行為の結果に関するものなど、いずれも感覚の対象を表わす。連体部は主名詞の指示対象を知覚することにより想定されるもので、「という」は「というような」で置換できる。

(56)「かつては同輩だったのに…」という素振りは、微塵も感じさせない忠勤ぶりである。　(k: 百万石の槍働き)

(57=12) 純子が、いい気味だという調子で言った。

(女社長に乾杯！)

(58) とにかくみんな味や雰囲気といったことよりも、このタダ酒のチャンス逃がすものか、という損得むきだしのめちゃくちゃ飲みがみんなでできた時代でもあった。

(新橋烏森口青春編)

(59) 崔は一転していかにもこれから交渉を開始するぞという粘りのある喋り方になった。　(一瞬の夏)

(60) ホッと息が洩れる。潰れないことは分かった。しかし……という不安と安心の入り混じったため息である。

(女社長に乾杯！)

(61) 浮舟は、どんなにせかしても承知するという気配はない。

(k: 霧ふかき宇治の恋)

(62) 突然、申が好奇心を抑え切れないという様子で訊ねてきた。

(一瞬の夏)

(63) 電話口の谷口の声は、あわてふためいているという感じだった。　(女社長に乾杯！)

〈類型 6〉評価対象—評価

(64) の主名詞「男らしさ」は連体部の「ぐっと踏みとどまって戦おう」という思念に対する評価を表わしており、(65) の主名詞「意地」は「負けてたまるか」という思念に対する評価を表わしている。このように連体部の発話、思念、事象等に対して主名詞が評価づけをしているトイウ連体修飾を類型 6 とする。この「という」は「2000 坪という広さ」の「という」と同質である。類型 2 と類型 6 とは評価と評価対象の位置が逆である。(70) ～ (72) のように連体部が行為や事態などの客観的事象を表わし、主名詞が抽象的な概念を表わす場合、連体部は主名詞の内容でもある。こうしたものは類型4と重なる。

(64=13) いまなら逃げても間に合う。だが、ぐっと踏みとどまって戦おうというこの男らしさ。　(ブンとフン)

(65) その時の私には負けてたまるかという意地があった。

(66)「2日や3日寝なくても俺は大丈夫だ」という彼のバイタリティーはどこから生まれるんだろう。

(67) ある人にとっては自分はこれだけのことをしたという過去の栄光、お医者さんの白衣、勲章、菊のバッジ、文学賞……人はそういうものがすきなんです。　(ブンとフン)

(68) テレビ局にも、体操選手の具志堅を、ボクサーの具志堅と勘違いしたままアナウンスを終えてしまう、という猛者がいる時代だ。　(一瞬の夏)

(69) 大きなコンクリートの橋にさしかかった時、俺は以前この橋を渡ったことがあるというなつかしさのようなものを覚えた。　(一瞬の夏)

(70) もう五人ともぼんやり怠惰に酒を飲む、という余裕をまったくなくし、夜更けの会社に入ってくると、すぐカードを切りはじめる、というようなことになってしまった。

(新橋烏森口青春編)

(71) アリがボクシング界に存在するかぎり、誰もが真の王者と認定されないという不運に見舞われる。　(一瞬の夏)

(72) しかもその子を養い、その母を養うという重大な負担を背負わされる。　(青春の蹉跌)

(73) の「独得の」、(74) の「本格的な」、(75) の「妙にいろいろなことに頑なな」、(76) の「疾風のような」のように、連体部で示された事象が主名詞を形容する語句で抽象化される例が多い。このようなトイウ連体修飾は連体部が主名詞の特徴を表わす類型10 (後述) と重なる。

(73) 光の角度によってぬらぬらと鈍い色で光る、という独得の生地が多かった。　(新橋烏森口青春編)

(74) バーではなく、店の女が客の隣りについていろいろサービスしてくれるという本格的なナイトクラブというところに入ったのはそれがはじめてだったので、ぼくはかなり緊張していたのだが、店はちょっと気が抜けるほどすいていた。

（新橋烏森口青春編）

(75) 高木はネズミ色の霜降り模様の背広しか着ない、という妙にいろいろなことに頑なな男で、みんなで酒を飲む時でも割合いつも黙っていた。（新橋烏森口青春編）

(76) これまで一度も捕まったことがないという疾風のような怪盗であった。（ブンとフン）

〈類型7〉下位事象―側面語

(77) は連体部「ぼくよりも半年前に入社した」が「社歴」（波線部）の「程度」（主名詞）を具体化しており、(78) は連体部「机ひとつに丸椅子がやっと三、四人分置ける」が「広さ」（波線部）の「程度」（主名詞）を具体化している。(77) (78) の主名詞「程度」は波線部の事象の一側面である。このように、主名詞が文脈上の事象の一側面を表わし、連体部がその側面を具体化しているようなトイウ連体修飾を類型7とする。連体部と事象とは同範疇の下位―上位の関係である。当該の事象は (79) (81) (82) に見られるように文脈中さまざまな形で表わされる。(84) には事象の具体的な記述はない。

(77) ぼくよりも半年前に入社したという程度の社歴で、酒もあまりのまず、おとなしくて目立たない男だった。

（新橋烏森口青春編）

(78) しかし横内兄弟印刷は、事務所といっても机ひとつに丸椅子がやっと三、四人分置ける、という程度の広さしかないので、校正は近所の小滝橋公園のベンチにすわってやるようになっていた。（新橋烏森口青春編）

(79) メイラーは、ホセ・トレスという元ライトヘビー級チャンピオンが書いたモハメッド・アリ論へ序文を贈る、という形で彼自身のアリ観を述べていた。（一瞬の夏）

(80) なるほどそういわれればそうなのかな、といった程度の感想しか湧いてこない。（一瞬の夏）

(81) 原島はこうして昼近くまで藤本とぼくを道連れにして無為な時間を過ごし、それから漸く三人ばらばらになってその日の個人的な仕事先にそれぞれ向っていく、という具合になっていた。ぼくは（略）こうした怠惰きわまりない午前中の過ごし方にいささか辟易していた。（新橋烏森口青春編）

(82) 年輩者の多い営業の人々は、より効率のいい外勤仕事を求めてあちこちを移り歩いている、という人もいて、百貨店ニュース社に勤めても一年ぐらいで辞めてほかへ移っていく、というケースが多いようであった。（新橋烏森口青春編）

(83)「疲れた」というぐらいで、「嫌な思いをした」とか「やりたくないのにやっている」「誰それが悪い」といった類の愚痴話はしないし、聞くに耐えない。（k: 突破者の条件）

(84=8) 川ちゃんが倒されるのと同時に、ぼくたちが三人組をとりかこむ、という恰好になった。（新橋烏森口青春編）

〈類型 8〉相対的関係

(85) の連体部「消費がなかなか思うように回復しない」と主名詞「理由」とは、ある「理由」によって連体部事態が生じるという相対的な関係にある。その「理由」は後続文中の「巨額の財政赤字がいつ増税となってはね返ってくるかわからない、こういう国民の将来不安がある」であり、連体部はその帰結である。このように主名詞が連体部事態に相対する概念を表わすトイウ連体修飾を類型 8 とする。(86) ～ (88) の連体部と主名詞はそれぞれ、結果と原因、相反する性質、実現とその方法であり、(89) ～ (93) の連体部と主名詞はいずれも出来事とそれに先行する時間を表している。

(85) 消費がなかなか思うように回復しないという理由の一つには、間違いなく、巨額の財政赤字がいつ増税となってはね返ってくるかわからない、こういう国民の将来不安があることは明らかです。（k: 国会会議録 : 2001）

(86) 痒いという原因には、石鹸での洗いすぎから、カビなどによる物、感染症まであります。（k:Yahoo! 知恵袋）

(87) 長引く不況で思うように仕事ができにくいという反面、ヤル気と知恵さえあれば新しい仕事をすることもできるし、仕事そのものの形態にも変化が起こっている。

(k:「在宅ワーク」の仕事の取り方稼ぎ方)

(88) それは父としての責任を逃れるという方法にすぎないのだ。

(青春の蹉跌)

(89) 北部は自らがその渦中に身をさらすという以前に、先に南部を責めるという立場をとってしまった。 (k: 本多勝一集)

(90) しかしながら下平は、連合軍がパリを解放するという直前になって店を閉鎖、アメリカを経由して日本に帰った。

(k: サムライ使節団欧羅巴を食す)

(91) いよいよ明日は総攻撃があるという前夜、榎本がオランダから持ち帰った『海律全書』を、戦火を避けるため政府軍参謀の黒田清輝に贈り、黒田からその返礼として、酒五樽が届けられたという逸話も、いささか芝居じみていないだろうか。 (k: 会津と長州と)

(92=7) 森川がいよいよ大阪へ出向する、という前日、大堂社長は森川と社内の各部署の責任者を集め、新橋の鰻屋の二階で壮行会を開いた。 (新橋烏森口青春編)

(93) 翌朝山海関に達するという前夜、バートラをはじめ前衛の諸将は部隊を丘陵のかげにかくし、早目に宿営して本軍の来着を待った。 (k: 韃靼疾風録)

〈類型9〉下位事象—上位事象

(94) の連体部「ルポルタージュを書く」は主名詞「行為」の一種であり、(95) の連体部「眉をひそめる」は主名詞「仕草」の一種である。このように連体部と主名詞とが事象の下位概念と上位概念の関係にあるトイウ連体修飾を類型9とする。

(94) 問題はルポルタージュを書くという行為そのものの中にあった。 (一瞬の夏)

(95) 生まれて何カ月もたっていないのに、眉をひそめるという仕草を知ってしまっている女の子が、私には痛々しく感じられた。 (一瞬の夏)

(96) 長いこと病気をしていて、次第にやせ細り、苦しみ、そしてやがて死んで行くという死があることを、信夫には考えることができなかった。 （塩狩峠）

(97) エディに指示されて内藤ができないほとんど唯一の動きは、相手のパンチをスウェー・バックでかわした次の瞬間、即座に右でボディ・ブローを叩き込むという連続技だけだった。 （一瞬の夏）

(98) 頭のてっぺんに髪がとがってざわついている、という不思議な髪型をしている。 （新橋烏森口青春編）

(99) よく気をつけていないと彼女が太っているという事実をふと忘れてしまいそうなくらいだった。

（世界の終わりとハードボイルド・ワンダーランド）

以下に挙げる（100）〜（105）はいずれも連体部と主名詞がメタレベルの下位事象と上位事象という関係にあるもので、連体部は表現形式の具体例、主名詞は表現形式のありかたである。これらは「「桜」という名詞」「「歩く」という動詞」「「太郎」という名前」などと同質である。

(100) 柳とできるというひとことが、内藤に活を入れることになったのかもしれない。 （一瞬の夏）

(101)「莫迦だなあ。あれはみんな擬物さ」という言葉がたしかに桃子の耳を打ち、彼女は一瞬奈落の底に突き落されたような気がした。 （楡家の人びと）

(102)（蟷螂の斧をふるって竜車に向う）という諺に似たようなものだ。 （青春の蹉跌）

(103) それが、リングの中では人を殺せという台詞になり、あるいは、打たれはじめたボクサーを守るためにいちはやくタオルを投げ入れるという決断となった。 （一瞬の夏）

(104)「時計ばかりがこちこちと……」という歌詞を周二もまたよく暗記していた。 （楡家の人びと）

(105) 私も、やる気にならなくたって、という言い方がおかしくて、少し笑った。 （一瞬の夏）

メタレベルの関係には次のようなものもある。（106）〜（108）の連体部と主名詞は音声面でのメタレベルの下位事象と上位事象である。

(106)「酔っ払ってるじゃないの」という囁きがそこここで交わされた。　(女社長に乾杯！)

(107) 卑劣な密告者だ、という声が聞こえて来るような気がする。　(女社長に乾杯！)

(108) 誰が勝手に見ていいと言った、という地を這うような低い声に乙彦は言葉を失っている。　(k: ずっと、夢を見ている。)

(109) ～ (112) の連体部と主名詞は内容面でのメタレベルの下位事象と上位事象である。

(109) 言外に、嘘をつくとタダじゃおかない、というニュアンスを、たっぷりと漂わせていた。　(女社長に乾杯！)

(110) それでも先生たち、「なに、明日の講演など、していただかんでもよかですたい」といった調子で、どんどんこちらへ注ぎに来る。　(k: 当世酔っ払い事情)

(111) ただ、尾島産業株式会社の桑田伸子、竹野純子の二人が命を狙われているという内容の手紙なんですよ。　(女社長に乾杯！)

(112)「馬鹿の相手はもう沢山だ。もう御免だ」という意味のことを声高に述べたのである。　(楡家の人びと)

〈類型10〉特徴─主体

(113) の連体部「打たれても打たれても前に出る」は主名詞「ボクシング」のスタイルを表わし、(114) の「四十を過ぎてもなお現役でいられる」は「彼の肉体」の性質を表わしている。このように連体部が主名詞の特徴や性質を表わすトイウ連体修飾を類型10とする。特徴というのは恒常的な事態であるから、経歴として述べる場合や、時間的な条件が特徴付けとなる場合を除き、連体部のテンスは捨象される。主名詞には具象名詞が多い。

(113) 打たれても打たれても前に出るというボクシングで、日本のミドル級にひとつの時代を築いた藤倉は、逆にその戦い方のスタイルによって自らの肉体を蝕んでいたのだ。

（一瞬の夏）

(114) 四十を過ぎてもなお現役でいられるという彼の肉体と、いまなおボクシングに執着しているという彼の情熱に、私は驚嘆し、あえていえば感動していた。（一瞬の夏）

(115) プロボクサーとは、世界チャンピオンひとりを除いたすべてが貧しさに耐えねばならぬ、という職業であるからだ。

（一瞬の夏）

(116) まだ、どの子でも小学校へ通うという時代ではありませんでした。（教科書にでてくる人物）

(117=6) カウンターの内側と外側でこんなふうにして軽口をたたきあって酒をのむ、という店をみたのはそのときがはじめてだった。（新橋烏森口青春編）

以上が意味構造に基づくトイウ連体修飾の類型である。奥津(1974)、寺村(1975–78)における連体修飾各類と本節のトイウ連体修飾各類型との関係は錯綜しており*5、単純に比較はできないが、トイウ連体修飾は従来考えられていたものよりもはるかに多様である。

4. トイウ連体修飾における「という」の必須度

トイウ連体修飾10類型における「という」の必須度は一様ではない。連体部が発話・内言（以下まとめて「発話」とする）や発話レベルの表現形式であれば引用辞としての「という」が必須であるが、連体部が命題レベルの場合、「という」の必須度が問題になる。

類型1〜3は連体部が常に発話であり、類型4〜9にも下のように連体部が発話であるものがある。

類型1：早くせよという命令

類型2：これは何かあったのかな、という人だかり

類型3：自分も参加してみようという人

類型4：変だなという感想

類型5：おいでというジェスチャー

類型6：負けるものかという意地

類型7：あ、そう、という程度（の反応）

類型8：やっと出発できるぞ、という直前（になって）

類型9：よくやったねというほめ言葉

連体部が発話レベルであるか命題レベルであるかは必ずしも明確ではない。発話レベルと見なし得る要素としては、モーダルな語句、文として不完全な言い差しのような形式、コピュラ「だ」、のほかに、主題の存在や、話し手ではなく当事者視点の表現であることを示すダイクティックな語句、「誰々」「だれそれ」「どこどこ」などの不定語がある。(49) の「みずからの生は」・(69) の「俺は」・(81) の「原島は」という主題、(40) の「もう少しで」・(42) の「そろそろ」・(43) の「あと」・(67) (76) の「これ」・(117) の「こんなふう」・(91) (92) の「いよいよ」・(93) の「翌朝」というダイクティックな語句、(50) の「誰々」・(83) の「誰それ」などの不定語が該当する。こうした要素を持つ連体部は、それが発話や内言でなくても「という」の介在を要求する傾向がある*6。

こうした要素を含まない連体部は形式的には命題レベルで、下のように基本的に「という」の介在は任意である*7。

(61') 承知する気配（類型5）

(62') 好奇心を抑え切れない様子（類型5）

(63') あわてふためいている感じ（類型5）

(68') 体操選手の具志堅を、ボクサーの具志堅と勘違いしたままアナウンスを終えてしまう猛者（類型6）

(70') ぼんやり怠惰に酒を飲む余裕（類型6）

(71') 真の王者と認定されない不運（類型6）

(77') ぼくよりも半年前に入社した程度（類型7）

(79') ホセ・トレスという元ライトヘビー級チャンピオンが書いたモハメッド・アリ論へ序文を贈る形（類型7）

(82') 百貨店ニュース社に勤めても一年ぐらいで辞めてほかへ移っていくケース（類型7）

(94') ルポルタージュを書く行為（類型9）

(95') 眉をひそめる仕草（類型9）

(99') 彼女が太っている事実（類型9）

(113')打たれても打たれても前に出るボクシング（類型10）

(114')四十を過ぎてもなお現役でいられる彼の肉体（類型10）

(116')どの子でも小学校へ通う時代（類型10）

しかし、連体部にモーダルな要素を含まず形式的には命題レベルである連体修飾にも下のように「という」を除くと不適格になるものがある。

(51') *伸子と純子が狙われている匿名の手紙（類型4）

(52') *会いたい電話（類型4）

(53') *私から会社への貸金に対して、製品の商標権を担保に入れた書類（類型4）

同じく類型4であっても「という」の介在が任意の場合もある。「記事」「ニュース」「噂」「消息」などは（51）の「手紙」、(52)の「電話」、(53)の「書類」と同じく言語活動を表わす名詞であるが、トイウ連体修飾だけでなく、(118)～(123)のようにゼロ連体修飾を受けることもできる。

(118)夕刊には、まだ虎矢が指名手配された記事は載っていない。（k: 警視総監・鳳美雪）

(119=11)三重県知事の北川正恭が三選出馬を断念したニュースがあったね。（k: ニッポン解散）

(120) その模様は、山口組が被災者に水や食料を配ったニュースとともに、海外のメディアにとっては格好の地震関連のニュースとなった。（k: 阪神大震災でわかった常識のウソ）

(121=9) そういう全盛の官員さんの家でお嬢さん同様にかわいがられて栄耀しているうわさをきけば母おやもほかほかたのしい気になるのであるが（高橋 1979: 124）

(122) この近くにフジタが営業所を出す噂があったのが本当になったのだろう。（k: どうせなら中産階級）

(123=10)詩にそえて紫苑氏が南の外洋へたびにでた消息がかきくわえられてあった。（高橋 1979: 124）

同じ類型4でありながら（51）～（53）が「という」の介在を必須とするのは、「手紙」「電話」「書類」という主名詞が具象名詞であることと関係があるであろう。具象名詞がゼロ連体修飾を受けると、連体部との関係が事象レベルでの解釈に傾いてしまうため、類型4（内容節）として解釈されるためには「という」が必要となる。同じく「手紙」「電話」「書類」を主名詞としながらゼロ連体修飾となっている（124）〜（126）と比べてみよう。（124）〜（126）はそれぞれ「手紙で深く後悔されている」「電話で説明を求める」「書類で早期退職をつのる」のように内の関係が成立し、連体部と主名詞とは事象レベルで結びついている。これらは「という」を介さないほうが自然である。

（124）それから最近に富ノ沢の母堂から深く後悔された手紙が私のところへ来たこともここに書いておく。

（k: 森敦全集）

（125）手続き上はもっと早く決定することも可能なのだが、あまり短期間で免責処分を出してしまうと債権者が怒りだし、裁判所に抗議や説明を求める電話が大量にかかってくる。

（k: ナニワ金融道カネと非情の法律講座）

（126）そんな人たちの元に、ある日突然、早期退職をつのる書類が渡される。（k: 技術者のための独立の心得120）

「手紙」「電話」「書類」のような伝達媒体を表わす名詞が内容節と結びつくのは「という」を介する場合に限られるわけであるが、「記事」「ニュース」「噂」「消息」なども内容節で修飾される場合、ゼロ連体修飾が見られるとは言え、多くはトイウ連体修飾であり、トイウ連体修飾の形をとるのが基本である。言語活動を表わす名詞と結合する内容節は発話や文章の内容を表わすものであり、「という」は語源である「と言う」の意味を残している*8。

「記事」「ニュース」「噂」「消息」などの音声や文字として表わされる外言だけではなく、「思い」「意識」「考え」「意見」などの内容を表わす内言の場合も、内容節との間には（127a）〜（130a）のように「という」が介在する*9。

（127）a.　カムパネルラだけが自分を気遣ってくれるという思いしかなかった。（k: 霊性の文学誌）

b.　?カムパネルラだけが自分を気遣ってくれる思い

(128) a. こうした変化の根源は自己を絶対視する生き方に淵源している。それは人間が神によって造られた被造物であるという意識が失われたことに由来している。

(k: ヨーロッパの人間像)

b. ?人間が神によって造られた被造物である意識

(129) a. 現在では、ゲノム、表現系、環境がこのように密接に結びついているという考えが、いっそう多くの生物学の関連分野に登場しつつある。 (k: 創造する真空)

b. *ゲノム、表現系、環境がこのように密接に結びついている考え

(130) a. 当時、海軍大臣は第三項を延期し、しばらく時機の到来を待つほうがよろしいとの意見をのべ、構成員諸官の同意をえました。 (k: 米内光政)

b. *第三項を延期し、しばらく時機の到来を待つほうがよろしい意見

主名詞が主観を表わすものには（131）～（138）のように「という」が任意のものもあるが、それらと（127）～（130）のようにゼロ連体修飾が不自然になるものとは意味的にも統語的にも違いがある。（131）の連体部「後ろ髪を引かれる」、（132）の連体部「気の抜ける」は共に「思い」のありようの一種であり、同様に（133）（134）の連体部、（135）（136）の連体部、（137）（138）の連体部はそれぞれ「意識」、「考え」、「意見」のありようである*10。連体部の表わす事象の主体は主名詞の表わす主観の所有者に一致するため、連体部に主語は現れず、また、連体部述語は基本形であることから、このような連体部は節以前の段階であると思われる*11。これらは連体部と主名詞とが下位事象と上位事象の関係にある類型9と区別し難い。

(131) 直人は後ろ髪を引かれる思いで、タクシーに戻る。

(k: 悪いオンナ)

(132) 気持ちの表面は火の出るほど怒っているのに、反面さやかは、どこかほっとした。気の抜ける思いだった。

(k: ともだち)

(133) 明らかに自分の能力を過大評価しすぎです。失敗を恥じる意識が強いですね。 (k: Yahoo! 知恵袋)

(134) 完全になくすことは困難であろうが、異物を混入させないようにする意識の向上が求められる。

(k: 木質廃棄物の有効利用)

(135) 単独立町を目指していた秋田県二ツ井町は十六日、能代市と合併協議を進める方針を決め、丸岡一直町長が豊沢有兄市長を訪ね、合併協議に応じる考えを伝えた。

(k: 河北新報 2005.2.17)

(136) 特定の主義・思想もなしに、何でも受け入れる考えを擁護する親に育てられた場合は、子供はさまざまの生活様式を判断する基範を持たない。 (k: 現代人のためのユダヤ教入門)

(137) この留学は、閣僚の中に女子の海外留学に反対する意見があったため中止となった。 (k: 若き血の清く燃えて)

(138) この技術を人間に応用してはならないと主張する意見の、根拠でもあるわけだが。 (k: 生まれ代りの時代)

類型4でも主名詞が発話名詞、思考名詞、伝達名詞でなければ(139)～(141)のように「という」は任意である。

(139) a. 外で酒や肴を買い、会社で酒を飲む、という作戦を考えだしたのは鯨やんだった。 (新橋烏森口青春編)

b. 外で酒や肴を買い、会社で酒を飲む作戦

(140) a. そんな姿に触発されたのだろうか、今もこの町で暮らす人たちが家の前にござを広げ、帰郷した子どもや孫と一緒に食事をとるという光景が、最近はよく見られるようになってきた。 (k: 読売新聞 2003.8.28)

b. 今もこの町で暮らす人たちが家の前にござを広げ、帰郷した子どもや孫と一緒に食事をとる光景

(141) a. 彼女があの場を逃げ出していたという可能性もあったわけです。 (k: アナザヘヴン)

b. 彼女があの場を逃げ出していた可能性

「手紙」類を主名詞とする類型4は「という」を必須としたが、トイウ連体修飾の中には、逆に通常「という」は介在しないという

ものもある。一つは（142a）～（144a）のように連体部と主名詞が出来事とそれにより発生する現象という意味関係にあるものである*12。

(142) a.　落ち葉を燃やす煙が上がっている。

(143) a.　ご飯が焦げている匂いがする。

(144) a.　大掃除をする音が聞こえる。

（142a）～（144a）は（142b）～（144b）のように「という」を介在させることはできない。

(142) b. *落ち葉を燃やすという煙が上がっている。

(143) b. *ご飯が焦げているという匂いがする。

(144) b. *誰かが戸を叩いているという音がする。

これは、連体部と主名詞が客観的な事象レベルの結びつきであるために「という」の介在しない（142a）～（144a）が自然で（142b）～（144b）が不自然になるものと思われる。しかしこれらも（142c）～（144c）のようにすれば不自然さは軽減される。（143c）（144c）はTerakura（1984）の例である。

(142) c. ?あれは落ち葉でも燃やしているという煙だ。

(143) c. ?これはご飯でも焦げているという匂いだ。

(144) c. ?誰かが戸でも叩いているという音がする。

（142c）～（144c）は類型2、すなわち、連体部が主名詞の指示対象に対する評価的なコメントを与えているケースである*13。

「という」を不可とする今一つのケースは類型8に関係するもので、（145a）～（147a）のように連体部と主名詞が相対関係にある場合である。

(145) a.　僕が入学試験に落ちたのは遊びすぎた結果だ。

(146) a.　新宿に行った帰りに叔母の家に寄った。

(147) a.　猫が寝ているそばで弟が本を読んでいる。

（145a）～（147a）も（145b）～（147b）のように「という」を介在させることはできない。

(145) b. *僕が入学試験に落ちたのは遊びすぎたという結果だ。

(146) b. *新宿に行ったという帰りに叔母の家に寄った。

(147) b. *猫が寝ているというそばで弟が本を読んでいる。

これらも連体部と主名詞が事象レベルで関係しているために「という」を介在させると不自然になる。ただ、連体部と主名詞が相対関係であっても、(85)～(93)のように「という」が介在する例は見られる。その場合の主名詞は「理由」「原因」「方法」「以前」「直前」「前の晩」などで、いずれも連体部に先行する事象や時に限られているが、その理由は判然としない*14。

以上、トイウ連体修飾における「という」の必須度について考察した。従来「という」が必須とされているものにもゼロ連体修飾が見られ、「という」は介在しないとされていたものにもトイウ連体修飾が見られる。(118)～(123)は言語活動を表わす名詞を主名詞とする外の関係で「という」が必須とされるものであるが、「という」は介在していない。類型5の(61)～(63)は感覚名詞を主名詞とする外の関係の連体修飾で、介在しないとされている「という」が介在している。類型8も「という」が介在しないとされる相対的補充であるが、「という」が介在している。類型10の(116)(117)はそれぞれ「(その)時代にどの子でも小学校へ通う」、「(その)店でカウンターの内側と外側でこんなふうにして軽口をたたきあって酒をのむ」のように主名詞が連体内部に納まる内

表11　トイウ連体修飾における「という」のあり方

類型	連体部と主名詞の意味関係	引用辞「という」	連結辞「という」
1	発話相当―発話機能	あり（必須）	なし
2	評価―評価対象	あり（必須）	なし
3	思念―事象の構成要素	あり（必須）	なし
4	内容―枠組み	あり（必須）	あり（一部任意）
5	思念―外在的な様相	あり（必須）	あり（任意）
6	評価対象―評価	あり（必須）	あり（任意）
7	下位事象―側面語	あり（必須）	あり（任意）
8	相対的関係	あり（必須）	あり（通常はゼロ連体）
9	下位事象―上位事象	あり（必須）	あり（任意）
10	特徴―主体	なし	あり（任意）

の関係で、これも「という」は不可とされているものであるが、「という」が用いられている*15。表11は「という」の必須度についてまとめたものである。連体部が発話レベルで本来的な引用の機能を持つ「という」を引用辞、連体部が命題レベルで単に連体部と主名詞を結合する「という」を連結辞とする。

〈補〉

「という」の使用が任意の場合、「という」介在の有無による表現性の違いが問題になる。本節でそのことを論じる準備はないが、「という」について論じている先行研究には以下のようなものがある。

三上(1955)は連体法(本章のゼロ連体修飾)と引用連体(本章のトイウ連体修飾)との違いについて、連体法は話者に直接的、引用連体は間接的として、両者に、①事柄が確実か(直接的)疑わしい(間接的)か　②注意を引こうとする(間接的)か否(直接的)か　③外題《タイトル》(直接的)か内容(間接的)か　④引用部分が長(間接的)か短(直接的)か、という使い分けがあると述べている(pp.316–317)。このうち、①は、「こと」「の」を主名詞とする場合の考察を通じて「という」に非叙実性を認めた中右(1973)、久野(1973)、井上(1976)らに通じるものである。Terakura(1984)は主名詞が主観的な命題を指示する場合「という」は義務的、主名詞が命題として提示される事実を指示する場合は任意、眼前の事態を指示する場合は不可とし、こうした名詞の分類と「という」の主観性によって「という」介在の可否が説明できるとしている。中畠(1990)は統語的・形態的・意味的基準から「という」に「引用」「名づけ」「伝聞」「つなぎ」の4用法を認め、「つなぎ」の「という」には「修飾節を話し手の評価の対象として示す機能がある」とし、「また碁に熱中して、廊下を歩きながら碁の本を読み、教室でも机の下に隠して碁の問題に没頭するという男が現れた。」のような文には「そのような変わった(珍しい・おもしろい・きとくな…)男」という意味合いが含まれるとしている(p.48)。これは本章の類型10に当たる。大島(1990)は、「という」の基本的機能は「言語によって表現する（言い表わす）過程を経た要素を導く」（p.151）ことであるとし、「「という」が任意の場合に「という」を用いることは、通常は言語化されない関係づけの過程をあえて文の中に盛り込むことである。」（p.164）とする。丹羽（1993）が「あの時お見舞いに来てくれたというのがすごく嬉しかったんだ。」のような「という」を「既存の事柄を示すトイウ」とし、「既存の事実には既存の言葉が存在すると見なされるから」「という」で引用され得るとしているのは大島に通じるものである。丹羽は「井戸から水を汲んで来るという作業を続けた。」のような「という」は「命題のまとまりを示す」任意の「という」で、引用という性格は後退しているとしている。戸村（1991）は、「修飾部に表されている行為・出来事を現実の世界から切り離して取り出す」（p.221）抽出機能を「という」の基本的機能としている。戸村（1992）は、「外の関係」の場合、「という」が挿入されると、連体部命題が話者の縄張りの外に置かれるため、話者はその指示内容についての価値判断や解釈を一切付け加えないとしている。益岡（1994、1997）は、「基本型」内容節（本章のゼロ連体修飾）は名詞の限定表現で、主名詞が情報上重要であるのに対し、「特殊型」内容節（本章のトイウ連体修飾）は主名詞が内容節を範疇化するもので、情報の中心は内容節にあるとしている。高橋（1994）は、特定の事象との関連づけによって主名詞を修飾する場合は「という」不可、主名詞の特性の叙述によって主名詞を修飾する場合は「という」可能、ある場での認識を修飾節とし、その引用によって主名詞を修飾する場合は「という」必須とし、文型的特徴を挙げている。メイナード（1997）は談話の観点から「という」節が焦点化、前景化という効果を持つとしている。守時（1998）はコトを表わす名詞が内容節をとる場合、「「という」は修飾部への注意を促すマーカーである」（p.49）とし、守時（2000）は「という」に修飾部の内容を提示する機能があるとしている。太田（2000）は「という」の引用部と底の名詞との間には「具体的な事柄」と「その範疇」という関係があるとし、「内の関係において「トイウ」が使用されるのは、こうした関係を話し手が利用してその指示対象を叙述していく場合であり、捉え直しや位置づけの態度、タイプづけなどの話し手の捉え方が叙述に関わっていく場合である。そして外の関係においては、連体修飾の担っている内容補充の働きとこの「トイウ」表現の機能が重なっているため、もっぱら構文上の要請によって「トイウ」が要求されるのであり、そうでなければ「トイウ」表現も連体形表現も使用できる場合が多い」(p.79) と述べている。ジョンソン (2005) は「という」には「被修飾名詞の指示対象が直接知覚できる事柄ではなく、話者、聞き手、又は話者・聞き手双方との間に心理的、時空的距離がある場合に、その距離感を醸し出す意味機能がある」(p.29) とする。

先行研究において指摘されている主観性・評価性・特性叙述・抽出機能・提示性・距離感といった表現性がトイウ連体修飾から感じ取られるのは間違いのないところである。しかしトイウ連体修飾とゼロ連体修飾の違いをすべて説明し得るというものではない。「という」の有無による表現機能の違いは複合的に考えるべきなのであろう。

＊1　トイウ連体修飾の連体部と主名詞の意味関係に関しては高橋 (1979) を参考にした。なお、「という」と交替可能な「といった」「って」「っていう」などは「という」の変異形と考え、「という」と同等に扱った。以下のようなものは対象から除かれる。

- 「太郎は何か頼まれるといつも二つ返事で、いいよ、と言う。」のように、「という」が本来の「と言う」の意味で使われているもの
- 「最近は幼時からパソコンに馴染む子供が多いという。」のような伝聞の「という」
- 主名詞が「(〜という) こと」「(〜という) の」「(〜という) わけ」のように形式名詞化しているもの

＊2 「咲いててくれるだけでいいのだよ」という育て方」は後述する類型5である。

＊3 (34) は「という」に後接する「だけ」にも評価性が現れている。

＊4 「その日が本来なら試合の当日だったという土曜日の夕方、崖からジムに電話がかかってきた。」(一瞬の夏) のような例も同類型であろうか。

＊5　唯一対応するのは寺村の相対的補充と本節の類型8であり、寺村の「内の

関係」は類型10と、「外の関係」のうち発話名詞を主名詞とするものは類型1、4と、思考名詞を主名詞とするものは類型4と、コト名詞を主名詞とするものは類型6、10と、感覚名詞を主名詞とするものは類型4、5、7といずれも部分的に対応している。

＊6　寺村（1981）は内容節が「〜は」という題目語を持つ場合は「という」が必要としている（p.108、p.110）。ただ、下のようにゼロ連体修飾節が「〜は」を含む例も見られる。

・一口に言うと、ここは多摩少年院とはちがっている事実が、私をして返事を遅らせた理由かと思います。（冬の旅）

・あまり過激でない夫人の宣教はかなり好意的に迎えられた事実がある。（k: フランス・ロマン主義とエゾテリスム）

＊7　連体部と主名詞との間に別の語句が介在し連体部と主名詞が離れている場合や連体部が長い場合、「という」を伴う傾向がある。連体部の長さについては三上（1955）で指摘されている。

＊8　下例の「と申したてられる」は「という」が引用辞として形式化する前の一つの形である。

・大師上人は争論の内容をくわしく聞かれ、仰せられた。善信房の、体失せずして往生すと申したてられる意見には、即座にそうであるとご判定された。（k: 弥陀の橋は）

＊9　「思い」「意識」「考え」には下のようなゼロ連体修飾の内容節も見られるが、多くはない。

・地球が病気だと世界が知らされたのは1970年代だが、その原点は、すでに私の原体験につながっている思いである。（k: いのちの素顔）

・かつての教え子たちのいるこの開拓団へ、最低の難民としてのみじめな身を寄せたときから、綾子は自分が、昔のような「先生の奥さん」であった意識は捨てている。（k: 朱夏）

＊10　「思い」を主名詞とするゼロ連体修飾には「はらわたが煮えくり返る思い」「藁にもすがる思い」「胸が締め付けられる思い」「目を瞠る思い」のような慣用的、比喩的な表現が非常に多い。

＊11　このような名詞を寺村（1975–1978）は「帰属性」の名詞と呼んでいる。「意識」を主名詞とするものには「「なんだ、特許か」と一段見下した意識が抜け切らず」（k: ゲノム敗北）、「この書の編纂段階には彦系名称に別系名称を重複させて、両者の合成を図ろうとした意識が残存していた」（k: 吉備）のように連体部述語が過去形のものもある。

＊12　これらは寺村（1975–78）における感覚名詞を主名詞とする内容補充の連体修飾であるが、寺村で感覚名詞とされているものは「姿」「形」「有様」「気配」「光景」など広範囲に亘っている。また、感覚の内容を表わす連体部と感覚名詞の間に「という」は決して入らないとされているが、（140）や下の例のようにトイウ連体修飾の例を見出すことは難しくない。

・歯医者も床屋も、腹を見せて横たわるという姿勢に問題があって、（k: 見ること、在ること）

・通常は黒色のラシャ地の詰襟服を着て、脚部にはゲートルを巻き、頭には黒ラシャ製のスキー帽をかぶるという姿が多かったという。

（k: 日本スキー事始め）

・右手に長い矛をもち、左手に大きな楯を支え、背に弓矢を背負ったという形が典型的な倭人の武装の姿で、（k: 日本神話の考古学）

＊13 ただし、より自然なのは「という」ではなく「ような」を用いた（142d）～（144d）の方であろう。

(142) d. あれは落ち葉でも燃やしているような煙だ。

(143) d. これはウナギでも焼いているような匂いだ。

(144) d. 大掃除でもしているような音がする。

＊14 「会社を辞めたという理由で親に勘当された。」（類型4）、「会社を辞めた理由は不明だ。」（類型8）のように、トイウ連体修飾は内容節、ゼロ連体修飾は相対関係と使い分ける傾向がある。丹羽（2012）は随伴関係（修飾節の表わす事柄に何らかの意味で随伴する事物を主名詞が表わすもの）の主名詞に、随伴関係にも内容補充関係にも解釈できる「重なり型」とどちらかにしか解釈できない「独立型」があり、「独立型の名詞において相対補充関係に「という」が介在する例は「重なり型」に比べてごく少ないが、例外的というほどでもない」（p.88）と述べている。

＊15 「という」の使用実態に関する従来の説との違いは、「という」に関する制約が時代と共にゆるやかになってきたことを示すものかもしれない。

例文出典

稲垣友美編『教科書にでてくる人物124人』あすなろ書房

高樹のぶ子「土の旅人」文春文庫（『波光きらめく果て』所収）

『CD-ROM版 新潮文庫の100冊』（新潮社）より「新橋烏森口青春編」「楡家の人びと」「女社長に乾杯！」「人民は弱し官吏は強し」「一瞬の夏」「ブンとフン」「パニック」「沈黙」「孤高の人」「世界の終りとハードボイルド・ワンダーランド」「青春の蹉跌」「点と線」「人間の壁」「塩狩峠」「冬の旅」「山本五十六」

III 「状態」をめぐって

第13章

総合雑誌に見る名詞「状態」の用法

約100年を隔てた2誌を比較して

1. はじめに

本章は、「状態」という一つの名詞をめぐって、その語彙的、統語的、語用論的態様を通時的に比較・考察しようと試みるものである。

単語は文中で固有の語彙的意味と文法的機能を担って存在する。同一の品詞に分類されるものであっても文中におけるあり方は個々の単語の持つ性質により様々であり、その事情は類義関係にある単語どうしでも変わらない。しかし単語の意味や機能は固定されているわけではなく、歴史の中で大きく変質を遂げるものも少なくない。筆者は現代の言語資料を調べているとき、「状態」という名詞が名詞本来の統語機能である格成分としての用法よりも、述語として用いられていることが多いのに気が付き、そうした振る舞いがいつからのことであるのかに関心を持った。そこで現代語の資料と、現代からは年代的に約100年の開きがある『太陽コーパス』を用いて両時期の「状態」の用法を比較してみようと思ったのが、本章を起こしたきっかけである。両時期の資料の統計結果を比較することによって、「状態」の用法の変遷を観察し、最後に現代における「状態」の中心的な用法について考察することとする。

本章のデータは以下の2種類のコーパスによる。

〈1〉 国立国語研究所作成CD-ROM『太陽コーパス』1895年、1901年、1909年

〈2〉 朝日新聞出版発行『アエラ』2005年1月1日〜2007年9月30日（朝日新聞社のオンライン記事データベース『聞蔵』による）

『太陽』は月刊総合雑誌、『アエラ』は週刊総合雑誌である。以下、本章で資料とした範囲の『太陽』『アエラ』を単にそれぞれ『太陽』『アエラ』と称する。『太陽』では旧仮名・旧字体が用いられているが、図表の中では新仮名・新字体を用いる。用例および引用文中の下線は筆者による。

資料における「状態」の総出現数は、『太陽』が871例、『アエラ』が1035例であった。『太陽』には「状態」のほかに「情態」という表記も併用されていたが、これは「状態」の異表記として扱うこととする*1。『アエラ』には「情態」は見られなかった。なお、総出現数のうち、見出し又は独立語文中の「状態」は調査対象から除くこととする。さらに『アエラ』には著作権の関係で本文を見ることのできないものがあるため、本研究の調査対象となる「状態」は『太陽』で865例、『アエラ』で929例である。

2.「状態」の語構成　単純語か複合語後項か

資料に現れた「状態」の大半は単純語として使用されているが、「健康状態」「飽和状態」のように複合語の後項要素として用いられているものも多い。表1はデータ中の「状態」が単純語として用いられているか複合語の構成要素として用いられているかを調査した結果である。『太陽』には138例、『アエラ』には359例の、「状態」を後項要素とする複合語が見られた*2。なお、表からは除いたが、「状態変動」という、「状態」を前項要素とする複合語が『太陽』に1例あった。

表1 「状態」の単純語／複合語構成要素の割合

	『太陽』	『アエラ』
単純語	726（84.0 %）	570（61.4 %）
複合語後項	138（16.0 %）	359（38.6 %）
計	864（100 %）	929（100 %）

表1から明らかなように、『太陽』における「状態」は大半が単

純語としての使用で、複合語の後項要素として使用されているのは約16％であるのに対し、『アエラ』では複合語の後項要素としての「状態」が約39％と『太陽』の約2.4倍の使用率となっている。すなわち『アエラ』では「状態」の複合語化の割合が高く、自立語としての割合が低くなっている。2.1節で「状態」を後項とする複合語について、2.2節で単純語としての「状態」について見ることにする。

2.1 「状態」を後項とする複合語

2.1.1 「状態」を後項とする複合語の種類

「状態」を後項とする複合語の前項要素とはどのようなものであろうか。図表1は両資料の使用度数5以上の複合語を取り上げ、図表化したものである*3。データテーブルの語彙には複合語の前項のみを表示する。表2は『太陽』と『アエラ』に共通する複合語である。

図表1に示されているように、『太陽』と『アエラ』とでは共通の複合語が少ない。両者に共通しているのは、僅かに表2の5語のみであり、そのうちの3例も一方が1例のみという重なりの薄いものである。

図表1 「状態」を後項とする複合語の出現数

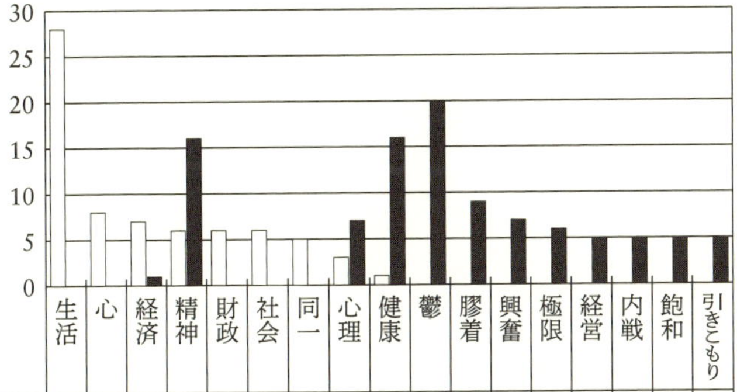

	生活	心	経済	精神	財政	社会	同一	心理	健康	鬱	膠着	興奮	極限	経営	内戦	飽和	引きこもり
□『太陽』	28	8	7	6	6	6	5	3	1	0	0	0	0	0	0	0	0
■『アエラ』	0	0	1	16	0	0	0	7	16	20	9	7	6	5	5	5	5

表2 『太陽』と『アエラ』に共通する複合語

	『太陽』	『アエラ』
精神状態	6	16
健康状態	1	16
心理状態	3	7
昏睡状態	1	2
経済状態	7	1

「状態」を後項とする複合語の異なり数を見てみると、『太陽』が57、『アエラ』が211で、約1対3.7である。延べ数は『太陽』138、『アエラ』359で、約1対2.6であるから、その差に比べると、異なり数の差は大きい。『太陽』と比較して『アエラ』では複合語化の割合が高くなっているだけでなく、複合語の種類も多くなっているわけである。また、『太陽』には「教育状態」「(同國文學の)最近状態（の如何なるや)」「(如何なる）心状態（を有たざるべからざる乎)」「(其）實際状態（に適應し)」「宗教状態」「危険状態」「陋劣状態」「運命状態」「真状態」「自家状態」「活状態」「心意状態」「悪状態」「主權状態」「悪辣状態」などのように、現代では余り目にすることのない複合語も少なくない。同じく「状態」を後項要素としていても『太陽』と『アエラ』とでは語彙的にかなり異なっていることが分かる。

2.1.2 「状態」を後項とする複合語の前項　字数、字種、語種

「状態」を後項とする複合語の前項の字数を見てみると、『太陽』の場合、前項が全部で261字、1語平均約1.9字であるのに対し、『アエラ』の場合、前項が全部で1023字、1語平均約2.9字であり、『太陽』に比べて『アエラ』は約1.5倍の字数を持つことになる。『太陽』における前項には2字を超えるものはないのに対し、『アエラ』には「鬱状態」「躁状態」という前項が1字のものもあるが、「アートの駄菓子屋さん状態」「お祭りワッショイ状態」「低価格据え置き状態」「ひとりロハス状態」「おひとりさま状態」「死んだマグロ状態」のように長いものも少なくない。「『自滅のもぐらたた

き』状態」「『一見さんお断り』状態」や「“ひとり編集部”状態」「“サンドバッグ”状態」のように前項がかぎ括弧や引用符でマークされているものもあれば、「『右バブル・ひび割れ』状態」のようにナカグロ「・」を含むものもある。また前項の字種を見ると、『太陽』で漢字以外のものは特殊な語彙であるため考察対象から除いた「ガス状態」のみであるのに対し、『アエラ』では漢字、平仮名、片仮名が入り混じり、語種も和語、漢語、混種語とさまざまである。『太陽』の複合語のシンプルなのに比べ、『アエラ』のそれは実に多種多様であり、同じく「状態」を後項とする複合語とは言え、『太陽』と『アエラ』では一見して相当の隔たりのあることが分かる。林（1982）は、「私たちの言語生活の中では、通常の意味での単語のほかに、臨時に、その場限りでの一単語というものが生じている。特に新聞記事の中には、それが多く見られる。」とし、これを「臨時一語」と呼んでいる（p.15）。『アエラ』における「状態」を後項とする複合語にはまさに「臨時一語」が多い*4。

2.1.3 「状態」を後項とする複合語の意味構造

本節では「状態」を後項とする複合語の意味構造を比較する。「状態」を後項とする複合語の前項要素と後項要素「状態」との意味関係には以下のような3類が認められる。

①「休戦状態」(『太陽』）のように、前項が「状態」の詳細を表わし、前項と後項が下位概念―上位概念という関係にあるもの。前項と後項のこうした意味関係を「同格」と呼ぶことにする。

②「緊急状態」(『太陽』）のように、前項が「状態」の性質や「状態」に対する評価を表わすもの。前項と後項のこうした意味関係を「属性」と呼ぶことにする。

③「心理状態」(『太陽』）のように、前項と「状態」が素材的なレベルで関係しているもの。「状態」が前項の指示対象の一側面としての“状態”であり、前項と「状態」が「(前項）の状態」と言えるような広義所属関係にあるものである。前項と後項のこうした意味関係を「素材」と呼ぶことにする。

表3は「状態」を後項とする複合語における前項と後項の意味関係

を調べた結果である。

表3 「状態」を後項とする複合語の前項と後項の意味関係

	『太陽』	『アエラ』
同格	21（ 15.2 %）	288（ 80.2 %）
属性	15（ 10.9 %）	6（ 1.7 %）
素材	102（ 73.9 %）	65（ 18.1 %）
計	138（100 %）	359（100 %）

『太陽』では「状態」を後項とする複合語の約74 %が「素材」すなわち「～の状態」「～に関する状態」といった素材関係的な意味構造を持つのに対し、『アエラ』では約80 %が「同格」すなわち「～である状態」「～という状態」といった意味構造を持ち、両資料の差は大きい＊5。

『アエラ』で「同格」の意味構造を持つ複合語は、「順番待ち状態」「ワーキングプア状態」「全身麻痺状態」「ネタ切れ状態」「時差ぼけ状態」「母子依存状態」「空き待ち状態」「宣戦布告状態」「学級崩壊状態」「家庭内別居状態」「ゼロ金利状態」「プレ更年期状態」と、実にバラエティに富む。その中の63例（「同格」の約22 %）は、次の（1）～（3）のように前項が比喩表現である。

（1） 赤ちゃんを抱いた「カンガルー状態」でお迎えに来るお母さんも多いし、長男（3）のクラスでは毎月のように弟や妹が生まれた子のお祝い会が催される。　（アエラ 2006.12.4）

（2） 長男の弁当、みんなの朝食、夕食の下ごしらえと、3食同時進行で調理するので、お弁当屋の女将さん状態になる。　（アエラ 2006.6.19）

（3） そもそもこの騒動、メディアも含めた世間による『1億総小姑状態』とでもいうべきバッシングの様相を呈し始めています。　（アエラ 2007.9.3）＊6

『アエラ』の複合語には前項自体が複合語構成になっているものや、しかもそれが「低価格据え置き状態」→「［低価格で据え置き］状態」、「管理不能状態」→「［管理が不能］状態」、「一見さんお断り状態」→「[一見さんをお断り] 状態」、「育児困難状態」→「[育児が困難] 状態」のように前項内部に論理的な [補語―述語] 構造を含んでいるものなど、連体部の重い構造のものが多い。これらの連体部は単語という形態的な制約の中にあって命題的な意味構造に連続している。林 (1982) は、「「知事の口約「マイタウン東京」構想を進めている都が」や「知事の“短期決戦”方針が、「流血の事態」を招く危険がある」における「マイタウン東京」や「短期決戦」は、それぞれ「構想」「方針」の内容で、間に「との」「という」のようなつなぎのことばを入れることができる。こういう「構想」「方針」などのことばは「事情」「情勢」「見通し」などの語とともに、形式名詞「こと」に似た性格をもち、情報を加えるよりも、名詞のかたまりを作るための括りの働きを第一とするものである。」(p.19) と述べている。林の指摘するこうした意味・機能は複合語後項としての「状態」にもあてはまり、後述するが、同格関係にある連体部を伴う単純語の「状態」にも共通する。一方『太陽』の、「状態」を後項とする複合語には『アエラ』のような重構造の連体部や比喩表現は見られない。『アエラ』では「状態」が非常に多様な名詞句に後接し、接尾辞的な様相を呈し始めている。『アエラ』における「状態」を後項とする複合語は『太陽』から語彙的にも文法的にも変質を来たしている。

2.2　単純語としての「状態」

単純語の「状態」は大半が連体修飾されており、(4) (5) のように連体修飾されず単独で使用されている例は『太陽』でも『アエラ』でも極めて少ない。『太陽』では4例 (単純語全体の約0.6 %)、『アエラ』では12例 (単純語全体の約2 %) のみである。

(4)　維新後は状態が一變した。　(太陽 1901.2)

(5)　貴重な作品を、状態の良いままで保存しようと思えば、展示だってしない方がいいに決まっている。(アエラ 2005.9.19)

連体部を伴う度合いの高さは上述した複合語後項としての出現数の多さと共に「状態」の自立性の低さを示すもので、両者は軌を一にしている。「状態」は事物の一側面であるから、必ず「何かの状態」

であり、「状態」の統語的な非自立性は意味的な非自立性にも一因はあるであろうが、そればかりではない。というのは、『アエラ』で「状態」と同条件で、「状態」の類語である「状況」について調べたところ、単純語の「状況」547例のうち72例（約13％）までが連体部を伴わないで使用されていたからである。単独使用の少なさは「状態」という単語の個性に起因するところも大きいわけである*7。

先に「状態」を後項とする複合語における前項と「状態」との意味関係を調査した。単純語とその連体部との意味関係も複合語の意味構造に準じて考えることができるが、複合語と異なり、単語という枠がない分、より多様な関係が見られる。単純語とその連体部との意味関係には次のようなものがある。

①「近く激變を生ぜんとする状態」(『太陽』)、「悩みながら手探りで進めている状態」(『アエラ』）のように、連体部が主名詞「状態」の詳細を表わし、連体部が「状態」の下位表現、「状態」が連体部の上位概念という関係にあるもの。連体部と主名詞「状態」のこうした意味関係を複合語の場合と同様に「同格」と呼ぶことにする。

②「賀すべき状態」「悲惨なる状態」(『太陽』）のように、連体部が「状態」の性質や「状態」に対する評価を表わすもの。こうした意味関係を複合語の場合と同様に「属性」と呼ぶことにする。

③「地面の状態」「我國の状態」(『太陽』）のように、連体部と「状態」が素材的なレベルで関係しているもの。こうした意味関係を複合語の場合と同様に「素材」とする。これらは複合語と同じく大半は「状態」が連体部名詞の指示対象の一側面であり、広義所属関係にあるものであって、形式上も「名詞＋連体助詞「の」＋「状態」」であるが、中には、「現下見た状態」(『太陽』)、「ヒューザーの置かれた状態」(『アエラ』）のように、連体部が動詞句で表わされ、連体部と「状態」とが格関係にあるもの（いわゆる「内の関係」に相当する）も僅かながらあった。ただしこれらも「現下の状態」「ヒューザーの状態」のよ

うに縮約し得るものである。

④「この状態」「如何なる状態」(『太陽』) のように、「状態」が指示語または不定語で修飾されているもの。こうした意味関係を「指示」とする。

⑤「半眠半醒の淺ましい状態」(『太陽』)、「3年間、一度も利用した形跡はなく、ただ基本料金だけが引き落とされるという不自然な状態」(『アエラ』) のように、連体部に「同格」と「属性」の両要素が並列しているもの。「同格＋属性」とする。

単純語用法の「状態」とその連体部との意味関係の分布は表4の通りである。単純語のうち連体部を伴うものは『太陽』722例、『アエラ』558例である。

表4　単純語「状態」と連体部との意味関係

	『太陽』	『アエラ』
同格	128 (17.7 %)	357 (64.0 %)
属性	157 (21.7 %)	66 (11.8 %)
素材	366 (50.7 %)	75 (13.4 %)
指示	68 (9.4 %)	49 (8.8 %)
同格＋属性	3 (0.4 %)	11 (2.0 %)
計	722 (100 %)	558 (100 %)

表4に見られる通り、『太陽』における「状態」は約半数が連体部と素材関係、すなわち広義所属関係にあるものである。『太陽』で素材関係の次に多いのが「状態」の属性を表わす連体部、次いで同格関係の連体部であるが、これはそれぞれ約22 %、約18 %に過ぎない。一方『アエラ』では同格関係の連体部が約64 %を占めており、『太陽』と『アエラ』の分布は大きく異なっている。また上述したように、素材関係の連体部は大半が「名詞＋連体助詞「の」＋「状態」」の形式であるのに対して、同格関係の連体部は「動詞句＋「状態」」の形式が多い。特に『アエラ』ではその傾向が著しく、同格関係の約80 % (284例) が動詞句や連体節である*8。単純語「状態」とその連体部との関係は内容的にも形式的にも複合語

における前項と後項との関係に並行している。すなわち『太陽』に比べ『アエラ』では単純語、複合語とも素材関係、属性関係を表わす要素の前接率が減少し、内容を表わす同格的な要素の前接率が大きく増加すると同時に、形式的にも重い前要素が多くなっている。

「状態」と同格関係にある連体部は「状態」の一つのあり方を示すもので、範疇表示的な「状態」が担う素材的意味は希薄であり、その意味で同格関係の「状態」はほとんど「こと」「の」などの形式名詞に近い。(6a)(7a)の知的意味はそれぞれ(6b)(7b)と同等である。

(6) a. 純粋な利用回数、時間では元は取れていなくても、会員本人たちが、「元は取れたような気になっている」状態が、理想なのです。 (アエラ 2007.4.2)

b. 会員本人たちが、「元は取れたような気になっている」の／ことが、理想なのです。

(7) a. 困窮が固定化される状態を、森さんは「施設化」と呼んでいる。 (アエラ 2007.7.23)

b. 困窮が固定化されるの／ことを、森さんは「施設化」と呼んでいる。

語彙の実質度／形式度を測る基準として、意味の具体性、および統語的な独立性が挙げられるが、『太陽』との比較において、『アエラ』の連体構造では形式名詞的な「状態」が増加していると言える。

3.「状態」の統語機能

本節では「状態」および「状態」を後項とする複合語の統語機能を、以下の8類に分類して比較・考察する。各1例を挙げる。

① ガ格*9

(8) 殊に明治維新後の國家の状態がさうである。 (太陽 1909.4)

② ニ格

(9) 當分尚ほ此状態に安んずるの外あらず。 (太陽 1909.4)

③ ヲ格

(10) 斯る御企ても亦、下民の情態を察し給はんが爲なりと承る。

（太陽 1909.7）

④ デ格

(11) 内定者には社風を十分理解した状態で、内定式、入社式を迎えてもらいたい。（アエラ 2006.6.5）

次のようなニテもデ格とした。

(12) 植物が種子の状態にて存する間は恰も生機なきに似たるも是れ方に休眠するの時期にして一旦適當なる境遇に會へば忽ち甲拆して芽を發して嫩植物となる。（太陽 1909.6）

⑤ 述語

(13) ただ勉強して成績が伸びること自体が楽しいという状態でした。（アエラ 2005.4.25）

「述語」には連用節、連体節内の述語も含む。

⑥ 主題

助詞の「は」、複合辞の「って」「とは」が後接して主題化しているもの、および（15）のような助詞を後接しない提示語を含む*10。

(14) 一方で久保の状態は、完調にはほど遠い。

（アエラ 2006.2.20）

(15) 海賊の状態、豈これ眞の自由に非ずや。（太陽 1895.9）

⑦ 複合辞接続

「状態」に「について」「に応じて」「によって」「の中に」「の下に」のような連語的な付属辞が接続するもの。これらを「複合辞接続」とする。

(16) 苟も今日の状態を以て憂ふべしと爲す以上は斷じて之を行はざるべからず。（太陽 1901.2）

⑧ その他

カラ格、ト格、マデ格、引用助詞の「と」に接続するもの、「状態の記述」のように連体助詞「の」を介して名詞に接続するものなどを「その他」とする。

(17) けれども之れを州立大學と比較せば、資本は實に豐富なるものにして、州立大學の憫然たる状態と、決して同日の論でない。（太陽 1909.4）

結果は表5、図1の通りである。

表5 「状態」の統語機能

	『太陽』	『アエラ』
ガ格	80（ 9.2％）	112（ 12.1％）
ニ格	198（ 22.9％）	185（ 19.9％）
ヲ格	202（ 23.4％）	96（ 10.3％）
デ格	20（ 2.3％）	102（ 11.0％）
述語	80（ 9.2％）	310（ 33.4％）
主題	128（ 14.8％）	39（ 4.2％）
複合辞接続	87（ 10.1％）	20（ 2.2％）
その他	70（ 8.1％）	65（ 7.0％）
計	865（100％）	929（100％）

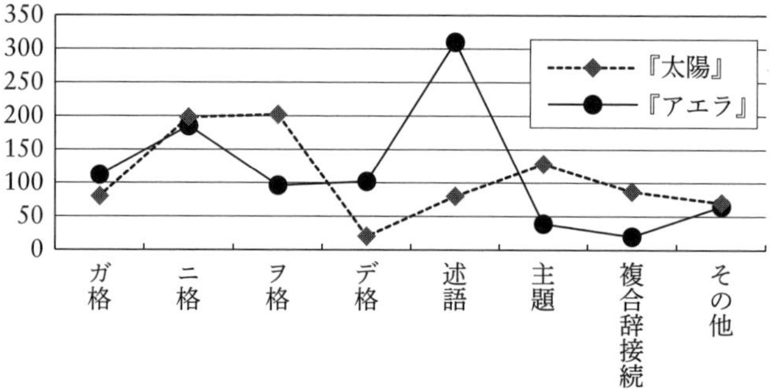

図1 「状態」の統語機能

『太陽』で最も多いのはヲ格としての使用で、全体の約23％を占める。ただしニ格とほとんど同率である。『太陽』にデ格が少ないのは複合辞の相対的な多さに関係しており、「によりて」「をもって」「において」などの複合辞がデ格と同等の機能を果たしているためである。『アエラ』に比して『太陽』に複合辞が多いのは（18）（19）のような文語体の文章の多いことが一因と考えられる。

（18）彼等は殆ど勘當同様の状態に於て明治十五年に大學を卒業したりき。（太陽1901.1）

(19) 更に上掲十三ヶ國を氣候上の情態によりて六種に區別せり。
(太陽 1901.14)

『太陽』の「状態」には統語機能で特段に多いというものは見られない。一方『アエラ』では格や主題という名詞の本務を抑えて述語用法が全体の約33％と突出しており、『太陽』の述語用法の約9％と比べて大きな差となっている。

また、格成分「状態」と述語とのコロケーションも『太陽』と『アエラ』とでは趣を異にしている。次節で『太陽』と『アエラ』とで興味深い違いの見られたガ格、ニ格について述べる。

3.1　ガ格とニ格

3.1.1　ガ格

『太陽』では「状態」のガ格80例と結合する述語の異なり数が59であり、「ある／あり」との結合が6例、「斯の如し」「(名詞)の如し」「(動詞) が如し」のような「如し」類との結合が7例見られるほかはコロケーションの偏りは見られない。これに対し、『アエラ』では112例の「状態」のガ格に対して、異なり数は37にとどまるだけではなく、112例中実に53例（約47％）までが(20)のような「続く」との結合であり、述語のパターンに著しい偏りが見られる。

(20) 2月キャンプから左肩の違和感に悩まされ、春先は大きく肩を回せない状態が続いた。　(アエラ 2005.10.31)

「続く」はガ格の「状態」にとって情報量の少ない動詞であり、「続く」への集中は、やがて「続く」を不要として、「状態」が述語化することを予測させる。このことも表5に見られる『アエラ』の述語用法の多さの一因となっているのではないだろうか。表6に示されているのは用例数5以上の述語である。

表6　ガ格の「状態」と結合する述語

	『太陽』	『アエラ』
続く	1	53
良い	0	8
分かる	1	6
ある	6	1
斯の如し	5	0

『アエラ』にはほかに「継続する」「維持される」「長引く」「長期にわたる」「長続きする」が計6例用いられているが、『太陽』には「続く」「継続する」が各1例ずつあるのみである。『太陽』では、「続く」系の動詞こそ少ないが、「ある」「備わる」などの存在系の動詞、「復する」「進む」などの変化系の動詞、「異なる」「酷似する」などの比較系の動詞、「斯の如し」「如何なるか」などの提示系の述語、「健全だ」「有利だ」などの評価系の述語など、「状態」は特定の意味範疇に偏ることなく、さまざまなカテゴリーの述語と結合している。『太陽』と比較して、『アエラ』におけるガ格の「状態」には動詞とのコロケーションに固定化の傾向を見ることができる。

3.1.2　ニ格

ニ格の「状態」は、『太陽』では（21）のような「ある／あり」との結合が69例（約35％）と多い。

(21) 吾が國の政客は、政治といふことで手も足も束縛されて、其の範圍外に一歩も超出することが出來ぬ状態にある。

（太陽 1909.12）

「〜状態にある」の「状態」は存在動詞「ある」のニ格補語であるが、この「ある」は補助動詞的で実質性の希薄なものであり、「に」と「で」の近接を考えると、「にある」はコピュラに近い。先に『太陽』には『アエラ』に比べて述語用法の「状態」が少ないことを見たが、「〜状態にある」という存在文の表現形式が形式的な「ある／あり」を離脱させ「〜状態だ／である」と名詞述語に分岐

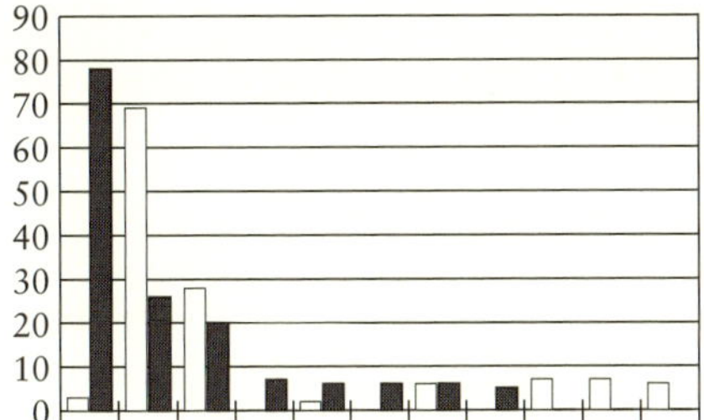

	なる	ある	陥る	する	置く	（述語略）	復する	追い込む	至る	適応する	立ち至る
□『太陽』	3	69	28	0	2	0	6	0	7	7	6
■『アエラ』	78	26	20	7	6	6	6	5	0	0	0

図表2　ニ格の「状態」と結合する述語＊11

したことが推測される。図表2は二格の「状態」と結合する用例数5以上の述語を示す。

一方『アエラ』では「なる」との結合が78例（約42％）と非常に多い。『太陽』における「なる」が3例に過ぎないのと比較すると、『アエラ』における「なる」の使用量の増大が注目される。『太陽』でも「陥る」「至る」「復する」「立ち至る」、その他多様な変化系の動詞が用いられており、変化表現の多いのは『アエラ』と同様である。中でも「陥る」は「ある」に次いで多用されている。変化系の動詞の異なり数が『太陽』では19を数えるのに対し、『アエラ』では8であり＊12、ニ格の場合も『アエラ』にコロケーションの種類の減少と偏りが生じていることが窺える。

3.2　述語用法の「状態」

3.2.1　「状態」を述語とする文の類型

名詞述語文の典型は、「太郎は中学生だ。」のような、主題の指示対象を述語名詞で類別する文（第10章で「有題叙述文〈1〉」としたもの。本章では便宜上「類別文」とする）、および「私が探していたのはこの本だ。」のような、主題に該当するものを述語名詞でそれと指し示す指定文（有題後項指定文）である。(22)（23）はそれぞれ「状態」を述語とする類別文、指定文である。

(22) 疑惑の國民は、唯私を計るの外を知らず。目前現在の外を見ず。是れ國の進運上、最も不吉の状態也。

（太陽 1901.10）（類別文）

(23) 近來最も世人の耳目を驚かすことは、伊太利人の活動して居る状態である。（太陽 1909.12）（指定文）

しかし、データ中、類別文、指定文は少なく、両方併せて『太陽』に26例、『アエラ』に10例を数えるのみであった。資料中の「状態」を主述語とする文の大半は（24）（25）のような文末名詞文（有題叙述文〈2〉の一部）である。

(24) 佛國現代の小説界は當分停滯の状態である。（太陽 1909.12）

(25) このところのマンションブームは、安く買おうとする買い手にこたえようと、徹底してコストを削る建築主らがいる状態だった。（アエラ 2005.12.5）

表7に示すように、「状態」の文末名詞用法は、『太陽』で「状態」の述語用法のうち約64％と多く、類別文や指定文の述語用法を圧倒しているが、『アエラ』においてはその傾向が更に顕著で、文末名詞が約97％と、述語としての「状態」のほぼ全体を覆うほどになっている。

表7 「状態」を述語とする文類型の分布

	『太陽』	『アエラ』
類別	24	6
指定	5	4
文末名詞	51	300

文末名詞「状態」を述語とする文には、述定の対象が先行文脈にあり、しかも明示されていないものが多いが、『太陽』の文語文には（26）のように先行文脈を代名詞「是（れ）」「其れ」などで受け、文末の「状態」と主述関係を構成しているものが11例ある。

(26=22) 疑惑の國民は、唯私を計るの外を知らず。目前現在の外を見ず。是れ國の進運上、最も不吉の状態也。

（太陽 1901.10）

それらは主述が包摂関係にある一般的な名詞述語文（類別文）であり、「是（れ）」「其れ」などの代名詞の存在が一文を類別文か文末名詞文かに振り分ける分岐点となる。『アエラ』に（26）のような構文が見られないことから、文末名詞文の増加の背景には、（26）のような類別文から主語代名詞が捨象されるという構文変化をもたらす事情のあったことが窺える。

文末名詞というのは、対象（主語ないし主題または文脈内に示されている事物。明示的な場合も非明示的な場合もある）に対する叙述が文末名詞で示されている側面からのものであることを示すものである。述定内容の中心は文末名詞の連体部にあり、文末名詞は述定の意味的な枠組みを示すものに過ぎない。（24）を例に取れば、述語「状態」は主題である「佛國現代の小説界」とではなく、「状態」の連体部「停滯」と意味範疇を同じくしている。こうした事情は「状態」を後項とする複合語の場合も同様である。（27）の「鈴なり状態」、（28）の「追い込み状態」の「状態」は複合名詞の後項であるから「状態」だけを取り出して文末名詞というわけにはいかないが、これらの「状態」も機能的には文末名詞と同等である。（以下、記述の便宜上、複合語後項の「状態」を含め、一律に「文末名詞」と呼ぶことにする。また、「状態」が主節の文末名詞として用いられている文を「「状態」文」と略称することとする。）

（27）八つのテーブルはあっという間に鈴なり状態。

（アエラ 2006.1.30）

（28）北海道に住む29歳の男性は、11月の行政書士試験に向けて追い込み状態だ。（アエラ 2006.8.28）

先に単純語の「状態」も複合語後項の「状態」も、『太陽』に比較して『アエラ』では同格関係にあるものが多いことを見たが、『アエラ』の中でも「状態」文の述語用法ではその傾向が一層強い。中には下の例のように「指示」（29）、「属性」（30）、「素材」（31）などの関係にあるものもあるが、単純語か複合語後項かにかかわらず、表8に示すように文末名詞用法の大半（約87％）が連体部と同格関係にある。述語用法、すなわち文末名詞用法の「状態」の増加は同格関係にある前接要素の増加にほかならない。

(29) オタク男子にそれなりに歩み寄っている酒井さんですら、この状態なのだ。 (アエラ 2005.8.25)

(30) 対中国関係は国交正常化以来、最悪の状態だ。 (アエラ 2005.4.25)

(31) その後外遊はなく、国内ニュースもビデオ映像はなく、どんな健康状態なのかは判然としない。 (アエラ 2006.10.23)

表8　文末名詞用法の「状態」と前要素との意味関係

	同格	属性	指示	同格＋属性	素材
『太陽』	33	8	9	1	0
『アエラ』	261	18	9	7	5

3.2.2 「状態」を文末名詞に持つ文の表現機能

3.2.2.1 「状態」の省略可能性

名詞を述語とする類別文・指定文は述語名詞を省略すると命題の意味構造が変わり、指定文の場合は不適格文になってしまう。これに対し、「状態」文では「状態」を省略しても命題の意味構造は保持される。(32a) は類別文、(33a) は指定文、(34a) は文末名詞文、(32b) (33b) (34b) は (32a) (33a) (34a) からそれぞれ「状態」を除いたものである。

(32) a.　息をブロックするのは、悪い『気』がたまっている状態。 (アエラ 2007.1.29)

b. ?息をブロックするのは、悪い『気』がたまっている。

(33) a.　近來最も世人の耳目を驚かすことは、伊太利人の活動して居る状態である。 (太陽 1909.12)

b. *近來最も世人の耳目を驚かすことは、伊太利人が活動して居る。

(34) a.　久保竜彦は、所属する横浜F・マリノスでならし運転をしている状態だ。 (アエラ 2005.11.28)

b.　久保竜彦は、所属する横浜F・マリノスでならし運転をしている。

「状態」文における述定の内実は「状態」ではなく、その連体部によって与えられており、「状態」は連体部の範疇表示に寄与するのみで、文構造に必須の成分ではない。文末名詞としての「状態」に関する限り、命題構成成分としての意味機能は二次的なものと言える*13。では、文末名詞「状態」を伴う文と伴わない文との意味的な差はどこにあるのであろうか。また、命題構成に必須とは言えない「状態」がこのように多く使用されているのはなぜであろうか。次節で考えてみたい。

3.2.2.2 「状態」を述語とする文のテクスト的機能

3.2.2.2.1 事象叙述と認識叙述

(35a) と (36a)、(36a) と (36b) を比較してみよう。

(35) a. 現地で真っ先に気になったのは、隊員たちの表情だった。笑顔がない。日焼けして頬がこけて精悍だが、無表情。仕事中は余計な口は一切きかず、食事中も私語がほとんどない。怒りっぽくなった人もいた。緊張と疲労が蓄積している状態だった。（アエラ 2005.3.14）

b. （略）緊張と疲労が蓄積していた。

(36) a. 移転から半年後の05年春ごろから腰痛を訴え、目には黄疸が出始めた。それでも厨房に立ち続けて、検査を受けたのは、8月だった。47歳の時に手術した胃がんが転移していた。肝臓など数カ所に腫瘍があり、手の施しようがない状態だった。（アエラ 2006.9.11）

b. （略）手の施しようがなかった。

(35b) (36b) はそれぞれ「緊張と疲労が蓄積していたこと」、「手の施しようがなかったこと」という事実を客観的に述べ、そうした事象の生起自体を情報として伝える文であるのに対し、(35a) (36a) の「状態」文は当該事態に対してそれがどのような“状態”であるのかという認識を述べる説明文である。(35b) (36b) は事象叙述の文、(35a) (36a) は認識叙述の文であって、両者は文の表現機能を異にしている。動詞述語文は事象を時間的なプロセスの中の一こまとして叙述する文であるのに対し、名詞述語文は基本的に時間性を捨象して明示的または非明示的な対象と述語との結びつきを述べる文であり、その文脈的意味も同じではない。端的に言えば、動詞文の典型は描写文、名詞文の典型は判断文である。「状態」文は事態を「状態」という上位概念で判断する。

「状態」文の判断の対象は時間的なプロセスの中にある“事態”である。名詞述語文ではあるが、述定の対象はモノではない。従って（37）（38）のような「状態」文は不適格となる。

（37）　*彼は親切な状態だ。

（38）　*日本は島国である状態だ。

「状態」文は当該事態を文脈の中に一つの判断・認識として提示するものであるから、通常文章の冒頭に来ることはない。「状態」文の機能を考えるということは「状態」文によって加味された判断・認識の意味を問うことにほかならない。では、その意味とはどのようなものであろうか。

3.2.2.2.2　ネガティヴな表現性

「状態」文を観察してすぐに気が付くことは、（39）～（41）のようにネガティヴな情報を提示するものが非常に多いということである。

（39）関係者によると、北米事業から撤退するには、工場閉鎖に伴うものだけでなく、北米の販売店への支援分も含めれば損失が8000億円に達する、という試算があるからだ。これだけの巨額ロスを吸収する体力はいまの三菱自動車にはない。退くに退けない状態なのだ。　（アエラ 2005.4.25）

（40）きつい仕事だと地元の人に思われてしまって応募は期待できない状態です。　（アエラ 2005.6.6）

（41）それが96年の九州場所を目前に、貴は稽古で背中の筋肉を痛めて四股も踏めない状態だった。だれもが出場は無理だと思ったが、それでも貴は「出る」と言い続け、親方は折れた。　（アエラ 2005.6.27）

これらの「状態」文は、事態を評価したり（39)、因果関係にある事態を提示したり（40)、裏付けとなる具体的な事実を示したり

(41) して前後の文脈に説明を与えている。「状態」文のこうしたテクスト的機能に共通するのはネガティヴな表現性である＊14。表9は「状態」文、および文末名詞用法の「状態」を述語に持つ従属節について、内容がポジティヴか否かという観点から表現性を調べたものである（表中の「その他」はポジティヴでもネガティヴでもないもの）。

表9 「状態」を述語とする節の表現性

	『太陽』主節	『太陽』従属節	『アエラ』主節	『アエラ』従属節
ネガティヴ	19（70.4％）	19（79.2％）	144（77.8％）	94（81.7％）
ポジティヴ	5（18.5％）	2（8.3％）	7（3.8％）	5（4.3％）
その他	3（11.1％）	3（12.5％）	34（18.4％）	16（13.9％）
計	27（100％）	24（100％）	185（100％）	115（100％）

表9に見られるように、『アエラ』における述語用法の「状態」のうちネガティヴな表現性を帯びて用いられているものは主節、従属節を問わず80％前後の多きに及んでいる。『太陽』の場合も、「状態」文の絶対量が少ないので明らかなことは言えないが、『アエラ』に比して相対的にポジティヴな文が多いとはいえ、ネガティヴな表現性に傾いていることが窺われる＊15。命題の客観的な意味に寄与するところのない「状態」が文末に付加されるという統語的な有標性はこうしたテクスト的な有標性に支えられている。

「状態」の類語の一つに「有様」がある。「有様」は（42）のようにネガティヴな意味合いで用いられることが専らであり、語彙レベルでかなりマイナスイメージの焼きついている語である＊16。

(42)「改革、改革と競い合っているんだからおめでたい」党の有力者でさえ、そんなふうに冷笑するありさまだ。

（アエラ 2005.12.19）

『新明解国語辞典　第6版』には「有様」の語釈として「動かしがたい事実としてとらえられた、物事の状態。〔多く、ひどい事態だととらえた場合に使われる〕」とある。「有様」に比べると「状態」という名詞自体の意味はニュートラルであり、同辞書の語釈にも

「われわれが見たり聞いたりさわったり感じたりすることが出来る物事を、一時点で切り取ってとらえた時の、形や性質のありかた。」とあるのみであるが、上述したように大半はネガティヴな意味合いで用いられているというのが「状態」の実態である。間接受身の帯びる被害の意味合いほどには明確ではないものの、「状態」文の持つネガティヴな意味合いも構造的な特徴と言える段階に幾分か近づきつつあるのかもしれない。

また『アエラ』には、量的には多くはないが、(43)(44)のように、程度の大きさや切迫性、特殊性など、ただならぬ事態にあることを表わすものが23例あり、ネガティヴな表現性と共に「状態」文の意味を特徴付けている。こうした表現性は『太陽』には見られない。

(43) 千葉県市川市の3LDKの自宅マンションの壁にはずらりと絵がかかり、書斎は天井まで絵が詰まっていて、入ることすらできない状態だ。（アエラ 2005.3.14）

(44) このダウン、今期は特に異常な人気らしい。男性向けだけでも約60パターンあるが、中でも「K2」や「エベレスト」と呼ばれる人気モデルは、価格が7万〜10万円と決して安くないものの、入荷すると即完売という状態だ。（アエラ 2007.1.1）

3.2.2.2.3　例示機能

2.1節で「状態」を後項要素とする複合語の比喩表現に言及したが、文末名詞としての「状態」の場合も同様である。「状態」文は当該事態に対する認識を表わすものであり、認識が(45a)(46a)のように比喩の形を取るのは自然なことであろう。

(45) a.　タケオさんは東京出身だが、同郷の方言をふと聞いてグッときたという男性もいた。こうなるともう、上野駅の石川啄木状態である。（アエラ 2005.8.29）

(46) a.　いまの自民党は、お父さんが家にガソリンを撒いて、言うことを聞かないと火をつけるぞと脅している状態だ。（アエラ 2005.8.1）

このような比喩表現を連体部に持つ文末名詞「状態」は、(45a)(46a) がそれぞれ (45b)(46b) に対応していることからも明らかなように助動詞「ようだ」と互換性を持っている。

(45) b. (略) こうなるともう、上野駅の石川啄木のようである。

(46) b. いまの自民党は、お父さんが家にガソリンを撒いて、言うことを聞かないと火をつけるぞと脅しているようだ。

従って連体部と「状態」の間に介在する (47)(48) の「ような」はリダンダントである。また、(49) の陳述副詞「まるで」は「状態」と呼応している。こうした現象は「状態」が機能語的な性質を帯びていることを示している。

(47) 夫は仕事で忙しいので、いつも母子家庭のような状態。

(アエラ 2006.8.28)

(48) 歯磨き粉のチューブを最後まで絞りきってるような状態だった。

(アエラ 2007.8.13)

(49) まるで「時限爆弾」を抱えてどうにもならない状態だった。

(アエラ 2005.2.21)

『アエラ』では「状態」を主節の述語とする文の 25 % までが比喩表現を連体部に持つが、このような比喩表現の例は『太陽』にはなく、『アエラ』の「状態」文における表現の広がりを見ることができる。

4. まとめ

『太陽』と『アエラ』という、約 1 世紀の時を隔てて刊行された 2 種類の総合雑誌を資料に「状態」という名詞の様相を調査・考察した。資料も調査対象年代も限られている上、『太陽』は月刊誌であるのに対し『アエラ』は週刊誌であり、『太陽』のデータの 57 % は文語文という、資料としての性質の異なりもあるため、本章の結果を直ちに一般化することはできないが、両誌の比較を通して見る限り、「状態」は語構成要素として接辞的、文構成要素として機能語的性格を強めていると言える。自立的な語彙項目が歴史の中で文法機能を帯び、付属語となる変化を文法化という。文末名詞としての「状態」は、実質的な意味は保持しつつも、自立性を失って、文に一定の表現性を加味する成分であり、上述のようにある種の文法形式との互換性も有している。その意味で文末名詞「状態」も文法化の周辺に位置づけられるかもしれない。井手（1967）は「一人」「一匹」のような数詞や「こいつ」「これ」「ここ」などの指示語も範疇表現として指摘し、「形式名詞による範疇の表現によって代表せられるような、国語における範疇表現重視の傾向は、国語の表現における一特性とみてよい」（p.46）とし、また「の」「もの」などは使用範囲の拡大に伴って、「意味が希薄化、形式化して一定の範疇を表示しえなくなっている」（p.50）と述べている。文末名詞「状態」は「の」「もの」のように語彙的意味を漂白させてはいないが、形式名詞に連続的であることは明らかである。島田（2003）はありさまや様子そのものを意味する体言を「サマ名詞」と呼び、「通時的サマ名詞論」として「コトをサマで捉え直す表現様式」への転換を示唆している。また、近年日本語に関して、コトを名詞的に把握するという意味での名詞中心性を指摘する論考も散見される。「状態」文の増加も、日本語のそうした特性の一つの現れとも見られる。「状態」は動態に対立する命題の下位範疇を語義として持つ、内包の希薄な名詞であり、連体部に示された命題の範疇表示を専らとしている。「状態」の語彙的、文法的変容はこうした「状態」の語義に加えて、明治以降の近代化の中で抽象的な漢語が汎用されるようになり、定着していったという時代的な背景も与っているのではないだろうか*17。また、文末における「状態」の付加が、ネガティヴな表現性や尋常ではないという表現性に支えられていることも見逃してはならない。本来ニュートラルであるはずの「状態」が述語として働く時に持つ一定の意味合いが定着しつつあるのも語用論的強化（Traugott 1988）を経てのことであろう。

『太陽』との比較における相対的な結果として『アエラ』の「状態」の用法をまとめると、以下のようになる。

① 単純語としての「状態」が減少し、複合語の後項要素となる率が高くなっている。と同時に、前項要素は極めて多様化している。

② 連体部も複合語の前項要素も主名詞「状態」と同格関係にあるものの率が高くなっており、「状態」は前接語句の範疇表示的な要素となっている。

③ 統語的には名詞本来の機能である格成分よりも述語、特に文末名詞として機能するものが増えている。それらは命題表示に必須の成分ではなく、機能語的な性質が強くなっている。

④「状態」を述語とする文は出来事を表わすテクストの中で一定の表現性、特にネガティヴな情報を提供する説明文として機能する傾向が顕著になっている。

＊1 『日本国語大辞典 第2版』の「じょうたい［状態・情態］」の項目には「古活字本毛詩抄（17世紀前）一四「小人が酒をのまぬ時はつつしうて殊勝がををしているが酔たれば情態と云は根本の本姓がみゆるぞ」という例が挙げられており、古くは「情態」の語義が異なっていたことが察せられる。『太陽』にはそのような意味で用いられた例はなかった。

＊2 「状態」が中項である「経営状態悪化」「抑うつ状態調査」（いずれも『アエラ』）の2語もこの中に含めることとする。

＊3 『太陽』に「ガス状態」という複合語が6回使用されていたが、これは同一著者による専門的な文章内のものであるため、考察対象から除外した。

＊4 「お祭りワッショイ状態」の前項要素は名詞「お祭り」＋感動詞「ワッショイ」である。名詞以外の前項を持つこのような複合名詞は増加しているのではなかろうか。同様の現象は、例えば接尾辞「ぽい」が近年「もう時間になったっぽい」「これ腐ってるっぽい」（大学生の発話から採取）のようにかなり自由に様々な表現に後接して用いられるのに似ている。因みに読売新聞のオンライン記事データベース『ヨミダス文書館』で2007年9月1ヶ月分の記事に見られる「状態」の用法を調べたところ、全430例中、臨時一語と見られるユニークな例は「屋根のあるホームレス状態」「作業そっちのけ状態」「ドロドロ状態」「トロトロ状態」などの数例に過ぎなかった。『アエラ』に臨時一語が多いのには、週刊誌という特性に起因するところも大きいであろう。

＊5 『アエラ』において前項要素が「状態」の「属性」を表わす6例はすべて「極限状態」であった。

＊6 比喩表現の場合、前項要素ないし複合語全体が「 」、“”などの符号でマークされているものが多い。

＊7 『太陽』には「状況」が8例しかなく、それらはすべて「名詞＋連体助詞「の」」という連体部を伴っている。

＊8 『太陽』では同格関係の連体部の約60％（77例）が動詞句であった。

＊9　ガ格と認定した中には、格助詞「が」が省略されているものも、係助詞「も」が用いられているものもある。
＊10　述部が「状態」に関する判断や感想を表現している場合、および一文が有題叙述文とみなされる場合の「状態」は主題とした。
＊11　表中「述語略」とあるのは、「地震で玄関のドアが変形し、ノブも取れた状態に。」（アエラ 2005.5.2）のように「〜状態に。」で文が終止しているものである。
＊12『太陽』には「達する」「移る」「止まる」「向かう」「入る」「経過する」「回復する」「低落する」「到達する」「迫る」「挽回する」などが、『アエラ』には「近づく」「入る」「進む」「移行する」「向かう」などが見られる。
＊13　下の例のように「状態」文の英訳に「状態」に対応する部分が見られないのも、「状態」の省略可能性を裏付けている。いずれも読売新聞社説と Daily Yomiuri の対訳による。

・だが、最近は物価、賃金とも改善が足踏み状態だ。
　However, recently prices and wages have not improved as much as expected.（2007.5.18）
・主要漁場は、韓国漁船が我が物顔に占拠し、日本漁船は締め出された状態だ。
　The main fishing ground in the area has been dominated by South Korean fishing boats, which have driven out Japanese fishing boats.（2005.3.17）

ただし多くの場合、「頭の中のハードディスクは常に満杯の状態。」（アエラ 2005.10.24）→「頭の中のハードディスクは常に満杯だ。」、「同親王の将来は宙に浮いた状態だ。」（アエラ 2007.1.1）→「同親王の将来は宙に浮いている。」のように、「状態」を省略すると形態的な調整が必要になる。

文末名詞としての「状態」が省略可能であるのは、それが文末名詞であるためではない。「彼は私の返事を歓迎している様子だ。」の「様子」は文末名詞であるが、省略すると元の意味が正確には伝わらない。また量的には少ないが、文末名詞が「状態」であっても連体部との意味関係によっては省略することができないものがある。例えば「病気というより、少しおかしな心の状態なんでしょうか。」（アエラ 2005.4.11）における「心」と「状態」は素材的な関係で結合しており、「状態」が実質的な意味を付加しているため、省略できない。さらに「売上高を維持し、トントンに持っていこうという状態だ。」（アエラ 1989.10.3）のように連体部が引用形式の場合も「状態」を省略すると内容に齟齬を来たし、文の終止形式としても不適格となるため、省略できない。
＊14「胃かいようで入退院を繰り返している今年、体力不足の大統領は教書の原案ですら、最近やっと読み終わったような状態だ。」（アエラ 1999.3.15）、「商品の通関からデリバリーのフォロー、仕入れ・売り上げの経理処理など、作業量も多く神経を使う仕事です。部長席の秘書的な業務も兼務しているので、1度に 5〜6 コの業務を処理しているような状態。」（アエラ 2007.7.30）のように、連体部と「状態」との間に例示的な「という」「といった」「ような」などを介在させて連体部を特立させると、ネガティヴな表現性が強調される。
＊15『アエラ』では主節、従属節内の述語だけでなく、述語以外の「状態」も約 61 ％がネガティヴな文に用いられている。『太陽』で述語以外の「状態」が

ネガティヴな文に用いられている割合は約21％であった。
＊16 「有様」がネガティヴな意味合いで用いられることについては、第6章で言及した。語の中立的な意味がプラス化あるいはマイナス化することについては、小野（1984・1985a・1985b・2001a・2001b）、新野（2007）など、各論、総論に亘る興味深い研究がある。小野は一連の論考で、体言が形容動詞的に用いられることによって評価的な性質を帯び、本来の中立的な意味がプラス化あるいはマイナス化すると述べているが、これは「状態」における文末名詞用法の獲得とネガティブな意味合いとの関係をも示唆しているように思われる。
＊17 因みに1875年刊行の『文明論之概略』を見てみると、「状態」「情態」の使用は見られず、類義の「有様」が153例使用されている。（インターネット上で公開されている上田修一氏作成のコーパスにより調査　http://web.keio.jp/~uedas/bunmei.html）また、国立国語研究所が1994年発行の月刊雑誌70誌を対象として行った語彙調査によると、全59223語中「状態」の使用頻度は426位、「様」（さま：様子の意）7229位、「有様」13864位となっている。『文明論之概略』と雑誌とでは資料としての性質が異なるため一律に論じることはできないが、「状態」が現代にかけて使用されるようになってきたことを窺わせる。

例文出典

国立国語研究所（2005）『太陽コーパス』国立国語研究所資料集15　博文館新社
『アエラ』（朝日新聞社オンライン記事データベース『聞蔵』による）
福澤諭吉（1875）『文明論之概略』（www.slis.keio.ac.jp/~ueda/ による）
『ヨミダス文書館』（読売新聞オンライン記事データベース）

第14章

類義語「状況」「状態」の統語的分析

コーパスによる数量的比較

1. はじめに

抽象的な意味を持ち、高い類義関係にある語類はその差異を語義記述に反映させることが困難であることが多い。「状況」と「状態」もそうした類語例の一つである。Aは国語辞典、Bは類語辞典による「状況」「状態」の語義記述である*1。

A） 状況：その場の、またはその時のありさま。ある人を取りまく社会的・精神的・自然的なありかたのすべてをいう。様子。情勢。「～が一変する」「～を把握する」
状態：物事のありさま。外面からそれと分かるようす。「混乱した～が続く」「健康～」 （『広辞苑 第六版』）

B） 状況：時間の流れにそって展開する、人・物事にかかわる周囲の物事の様子。「自分の置かれた～を考えてみろ」「経済～の急激な変化についていけなかった」
状態：そのときそのときに認められる、物事のさま。「現在、日本の経済は、最悪の～だ」「目をつぶった～でいてください」「この壷は～が大変よい」健康～・心理～・保存～ （『類語大辞典』）

上記A、Bに基づいて「状況」「状態」の語義の違いを示すと、表1のようになる。比較の便宜上、表中に「プロセス性」「注目対象」「表現対象」という語を用いた。「プロセス性」としたのは両語が時間的な流れを含意しているか否かということであり、「注目対象」としたのは両語が何に注目しているかということであり、「表現対象」としたのは両語が表わすものは何かということである。

表1　「状況」「状態」の語義記述例

	「状況」		「状態」
	『広辞苑』	『類語大辞典』	『広辞苑』／『類語大辞典』
プロセス性	無関心	有り	無関心
注目対象	人	人・物事	物事
表現対象	注目対象の周囲の様子		注目対象自体の様子

プロセス性および注目対象に関しては「状況」の方に両辞典でズレが見られるが、表現対象に関しては「状況」は「注目対象の周囲の様子」、「状態」は「注目対象自体の様子」という認識で両辞典が一致しており、「状況」「状態」の語義の最大の違いはこの点にあるのではないかと思われる。例文（1）の「状況」は「私」の周囲の様子、（2）の「状態」は「私」自身の様子であり、表現対象の違いは表1に叶っている。ただし（2）の注目対象は「物事」ではなく、「人」であり、両辞典の記述とは一致しない。

（1）　私は指の爪の先で前歯を叩きながら、考えを整理した。突破口が必要なのだ。状況が私という存在を完全に呑みこんでしまう前に、少しでもその状況をときほぐしておく必要があるのだ*2。（世界の終りとハードボイルド・ワンダーランド）

（2）　私は疲れきって寒くて眠く体の節々がばらばらに分解してしまいそうでとても音楽を楽しめるような状態ではなかったが、とにかく車に乗せてもらえただけでありがたかった。（世界の終りとハードボイルド・ワンダーランド）

しかし表現対象が表1から逸脱するものもある。（3a）の「状況」は 「雪」の周囲ではなく、「雪」自体の様子を表わしており、（4a）の「状態」は「異なった国々からの広い範囲の植物」を取り巻く周囲の環境を表わしているからである。

（3）a.　加藤は雪の中に一歩を踏みこんだ。一夜の間に新雪の表面が固くなっていた。ぼこんぼこんと靴を飲みこんで、引き上げるときに、固くなりかけた表面に靴が食われた。雪の状況はちっともよくはなってはいなかった。（孤高の人）

(4) a.　ウェリントンの穏やかな気候は異なった国々からの広い範囲の植物を育てるために理想的な状態を提供する。

(k: 写真と文によるマンスフィールド雑記録)

(3a)(4a)はそれぞれ「状況」を「状態」に、「状態」を「状況」に換えて(3b)(4b)のようにしても知的意味に齟齬を生じない。

(3) b.　雪の状態はちっともよくはなってはいなかった。

(4) b.　ウェリントンの穏やかな気候は異なった国々からの広い範囲の植物を育てるために理想的な状況を提供する。

また(5)は「状況」「状態」の両語が同じ事態を指し示している。

(5)　新しい優れたシステムを手に入れた側が勝つんだ。それも決定的に勝つ。実績も何も関係ない。それに今の状況は明らかに不自然だ。まるっきりの独占状態じゃないか。

(世界の終りとハードボイルド・ワンダーランド)

このように「状況」と「状態」の語義の違いは判然としたものではなく、互換性も高い。実際のところ両語はどのように使い分けられているのであろうか。本章では上記のように類義性の高い「状況」「状態」というひと組の名詞について統語的な角度から使用の実態を調べ、その異同を明らかにしたい。

2.「状況」「状態」の使用の実態・分析・考察

「状況」「状態」の語彙的、文法的性質を比較するため、以下の各項目について使用の実態を調査した。①②は主に統語的性質に、③～⑤は主に語彙的意味に関わるものである。

①「状況」「状態」の出現形態

②「状況」「状態」の統語機能

③「状況」「状態」と連体部との意味関係

④「状況」「状態」を後項とする複合語の意味構造

⑤「状況」「状態」と結合する述語の意味範疇

資料として用いたのは『現代日本語書き言葉均衡コーパス』(国立国語研究所 2009)の中の書籍(LB)である。データ総数は「状況」2575、「状態」2672で、両語の数に大きな差はなかった*3。

「状況」には「情況」103例を、「状態」には「情態」2例を含む。

2.1 「状況」「状態」の出現形態

「状況」「状態」の文中での主要な出現形態には、「けれど、状況は今、少しずつ変わりつつあるようだ。」のように連体修飾を受けず単独で用いられているもの、「いつ、何が起きてもおかしくない状態になっていた。」のように被修飾語として用いられているもの*4、「この頃すでに南北対話は、実際のところ手詰まり状況にあった。」のように複合語の後項として用いられているものがある。それぞれの出現形態を「単独」、「被修飾語」、「複合語後項」とする。それぞれの出現数は表2の通りである。表中「その他」としたのは、「状況分析」のように「状況」「状態」が複合語前項になっているもの、「状況的に有利」のように「的」に前接しているものである*5。

表2に見られる通り、「状況」「状態」共に被修飾語が過半数を占めている。単独は少なく、特に「状態」の単独は1.2％に過ぎない。複合語後項は両語共に一定の頻度を示しており、特に「状態」にはかなりの出現が見られる。「状況」の単独の相対的多さ、複合語後項の相対的少なさは「状況」の統語的自立度の相対的な高さを示し、「状態」の単独の少なさ、複合語後項の多さは「状態」の統語的自立度の相対的な低さを示している。

表2 「状況」「状態」の出現形態

	状況	状態
単独	266（ 10.3％）	31（ 1.2％）
被修飾語	1754（ 68.1％）	1693（ 63.4％）
複合語後項	479（ 18.6％）	917（ 34.3％）
その他	76（ 3.0％）	31（ 1.2％）
計	2575（100％）	2672（100％）

2.2 「状況」「状態」の統語機能

表3は「状況」「状態」の統語機能を、主題、格成分、「状況として」「状態において」のように複合辞に前接しているもの、「状況のデータ」「状況の本質」のように連体助詞「の」を介して名詞を修飾しているもの、「非常に厳しい状況でした。」のように述語になっているもの、その他、に分けて調べたものである*6。調査対象には「状況」「状態」を後項とする複合語を含む。

表3 「状況」「状態」の統語機能

	状況	状態
主題	227（ 8.8％）	110（ 4.1％）
格成分	1455（56.5％）	1688（63.2％）
複合辞に前接	183（ 7.1％）	63（ 2.4％）
「の＋名詞」に前接	232（ 9.0％）	93（ 3.5％）
述語	251（ 9.7％）	561（21.0％）
その他	227（ 8.8％）	157（ 5.9％）
計	2575（100％）	2672（100％）

表3から、「状況」「状態」共に格成分としての使用の多いことが分かるが、両語が名詞である以上、これは当然の結果であろう。また「状況」は主題、複合辞への接続、「の」を介しての名詞への接続が相対的に多く、「状態」は格成分および述語になる率が高くなっている。しかしこれらのことが意味するものは必ずしも明らかではない。さらに細かく見てみることにする。

2.2.1 格成分としての「状況」「状態」

表4は「状況」「状態」の格成分としての内訳である。「その他」はカラ格、ヘ格、ト格、マデ格、ヨリ格である。

表4　格成分としての「状況」「状態」の内訳

	状況	状態
ガ格	302（ 20.8 %）	274（ 16.2 %）
ヲ格	573（ 39.4 %）	337（ 20.0 %）
ニ格	361（ 24.8 %）	727（ 43.1 %）
デ格	127（ 8.7 %）	247（ 14.6 %）
その他	92（ 6.3 %）	103（ 6.1 %）
計	1455（100 %）	1688（100 %）

「状況」に、より多く見られるガ格、ヲ格は統語的にはそれぞれ主語＊7、目的語であり、これらは名詞らしい格成分である。これに対し、「状態」に多いニ格には、(6a) のように主体の存在のあり方を表わすもの、(7a) のように主体の変化の結果を表わすもの、(8) のように動作の対象を示すものがあり、前2者は補語というよりも機能的には述語に近い＊8。(6a)(7a) をそれぞれ (6b)(7b) のように言い換えても知的意味に齟齬を生じないこともそのことを裏付けている＊9。

(6) a.　わたしは一昨年の春以来、視力をうしなって、よみかきができない状態にある。　（k: 梅棹忠夫著作集）

b.　わたしは一昨年の春以来、視力をうしなって、よみかきができない状態だ。

(7) a.　日本経済はかつてないほどの混迷状態に陥っています。　（k: 週末起業）

b.　日本経済はかつてないほどの混迷状態です。

(8) あなたね、少しは世界の状況に目を向けてごらんなさいよ。　（k: 彼女は恋を我慢できない）

ニ格のうち、こうした述語性のものは「状況」のニ格の70 %(252例)、「状態」のニ格の92 %（669例）を占めていた。

こうした事情はデ格の場合も同様である。「状態」のデ格の多くは (9)(10) のように存在の様相を表わすものであり、主体（(9) は「履き物」、(10) は「老人」）と意味的な主述関係にあるという意味で述語的である＊10。

(9) もともと、きものの履き物は鼻緒をすげていない状態で売られていました。 (k: 男のきもの達人ノート)

(10) つまり老人の状態は常に変化し安定した状態でいることは難しいのである。 (k: 午後の電話はぼけはじめ)

ガ格、ヲ格という名詞らしい格成分として機能するものは「状況」により多く、述語性を持つニ格、デ格という、格成分としては周辺的なものは「状態」により多いという「状況」「状態」のあり方は、「状況」に主題、複合辞への接続、連体助詞「の」を介しての名詞への接続がより多く、「状態」の述語率がより高いという統語機能全体の傾向と重なる。すなわち、統語機能面から見て、「状況」は「状態」に比べて、より名詞本来の機能で用いられており、「状態」は名詞としてはより周辺的である。

2.2.2 述語としての「状況」「状態」

述語としての「状況」「状態」には（11）のように類別文の述語として機能しているもの、（12）のように指定文の述語として機能しているもの、（13a）（14a）のように論理的に対応する主語ないし主題を持たない文末名詞として機能しているものがある*11。

(11) こういうわば科学者間の無邪気さというのは、俗人たちには窺いしれないような精神状況だ。

(k: 逆境に打ち克つ人間学)

(12) 未熟練工ダヴィッドが移民労働者として厳しい労働に従っている状況が提起しているのは、フランスにおける建設作業員の置かれた状況である。 (k: マルグリット・デュラス)

(13) a. 「セイル、風の女神を呼べ、早く！」エルスフォースが叫ぶ。だが、セイルは声さえ出せない状態だった。

(k: 魔封の大地アンクローゼ)

(14) a. 旧派は、油絵の導入にあたって、わずかな情報を頼りに手探りでやるほかなかった。参考にすべき作品もない状況だった。 (k: 油絵を解剖する)

類別文、指定文の述語は名詞としての実質を要求するが、命題の上位範疇を表わす文末名詞*12 は（13b）（14b）のように省略しても文の知的意味に齟齬はなく、意味的な実質性は希薄である。

(13) b.　だが、セイルは声さえ出せなかった。

(14) b.　参考にすべき作品もなかった。

また、(13a) のような文は、(13c) に加え (13d) の構造を持つ可能性も排除できない。後者の場合、文末名詞の意味上の帰属先は文脈に求めることになる。

(13) c.　セイルは［声さえ出せない状態］だった。

(13) d.　［セイルは声さえ出せない］状態だった。

(13d) は、主題をも包摂した全体が「状態」に相当するという分析である。通常、主題は連体節に収まらないにもかかわらず、こうしたことが可能になるのは文末名詞としてのコト名詞の名詞離れを示すものである。語彙的、実質的な意味を持つ語を「実質語」、実質的な意味を持たず、専ら文法的機能を表わす語を「機能語」と呼べば、文末名詞としてのコト名詞は命題の表わし方に関わる機能語的性質を帯びている。

類別文の述語、指定文の述語、文末名詞の3種の使用度数は表5の通りである。

表5 「状況」「状態」の述語用法

	状況	状態
類別文の述語	21 (　8.4 %)	37 (　6.6 %)
指定文の述語	32 (12.7 %)	4 (　0.7 %)
文末名詞	198 (78.9 %)	520 (92.7 %)
計	251 (100 %)	561 (100 %)

表5の示すように、述語としての「状況」「状態」の多くは文末名詞である。特に「状態」は述語の約92.7 %までを文末名詞が占めている。一方、名詞本来の機能である類別文、指定文の述語の比率は「状況」の方が高い。この結果も、「状況」が、述語としても名詞本来の性質をより多くとどめて実質語的であり、「状態」がより周辺的で、機能語に傾いていることを示している。

また、「状況」には (15a) のように、「A (=動詞句) のがBの状況だ」という構文をとる無題後項指定文が14例あった。

(15) a.　こんな悩みを抱え込んでしまったのが、十六世紀初めころの状況であった。　(k: 日韓中の交流)

(15a) は知的意味を変えることなく、(15b) のように言い換えることができる。

(15) b.　十六世紀初めころ、こんな悩みを抱え込んでしまったのであった。

無標の構文形式である (15b) に比べ、(15a) は情報の焦点として命題をガ格でとりたて、述語「状況」に対応させた形である。「状態」にはこうした実質度の高い用法は見られなかった。

2.3　「状況」「状態」と連体部との意味関係

本節では「状況」「状態」と、両語を被修飾語とする連体部との意味関係を比較する。被修飾語としての「状況」「状態」と連体部との意味関係は以下の5類に分類される*13。

① 内容的結合

(16) (17) のように連体部が「状況」「状態」の内容を表わし、同格関係にあるものを「内容的結合」とする。「状況」「状態」は連体部の上位概念に当たる。

(16) 国民が小渕政権に期待しているという状況を見れば、小渕続投が党内の流れだと思う。　(k: 経世会竹下学)

(17) シャッターや雨戸をおろして閉店したままの状態になっている。　(k: 博多学)

② 素材的結合

(18) の連体部と「状況」、(19) の連体部と「状態」は、事物とそのあり方という意味関係にある。

(18) これまでの審理において、妹の美也子は、婚約者の吉崎をかばうためとはいえ、ヤクザ男が殺害された状況について、偽りの証言をしていたのだから、偽証罪が成立する。

(k: 容疑者は赤かぶ検事夫人)

(19) 医者は診察によって、患者のからだの状態を把握する。

(k: 名医があかす「病気のたどり方」事典)

(18) のように連体部が述語句であれば、「ヤクザ男が（或る）状況［で／において／の中で］殺害された」のように「状況」「状態」が斜格で連体内部に納まる。(19) のように連体部が「名詞＋の」であれば、「患者のからだが（或る）状態にある」のように、連体部名詞と「状況」「状態」とは、「(連体部名詞) が（或る）［状況・状態］にある」と言える統語関係を持つ。連体部と「状況」「状態」のこうした関係を「素材的結合」とする。「状況」「状態」は連体部の表わす事物の一側面であり、両者は広義所属関係にある。

③ 属性的結合

(20) の連体部と「状況」は、連体部が「状況」の性質や評価を表わすもので、両者は「状況は極めて厳しい」と言えるような関係にある。連体部と「状況」「状態」のこうした関係を「属性的結合」とする。

(20) 当初すべて民間主導で住宅が建設されていたが、極めて厳しい状況にあった。 (k: 増税無用論)

④ 関係的結合

(21) 〜 (23) の連体部と「状態」は、事態と、事態を構成する必須要素という意味関係にある。

(21) 看護婦を取り巻く状況はずいぶんよくなった気がします。

(k: 縁あって母娘)

(22) 実際に彼女がおかれた状況は違う。 (k: リアルの倫理)

(23) おいしいものをたくさん食べて、寝て暮らすことが経済学における消費者が理想とする状態なのです。

(k: エコロジカルな経済学)

(21) 〜 (23) の「状況」「状態」は意味的に連体部の項に相当するものであるから、「状況が看護婦を取り巻く」「彼女が（或る）状況におかれた」「消費者が（或る）状態を理想とする」のようにガ格、ニ格、ヲ格で連体内部に納まるという統語関係を持つ*14。連体部と「状況」「状態」のこうした関係を「関係的結合」とする。

⑤ 複合的連体部

(24) ～ (26) の連体部はいずれも上記①～④のいずれかを複数含む複合的なものである。

(24) 一九九六年の秋には、南極上空のオゾンホールが南極大陸の二倍以上の面積を占めるという異常な状況になりました。
(k: 全人的医学へ)

(25) 敷地に余裕がない日本の状況を顧みると、少なくともその外観と同面積になる程度の植栽を、道路側に面している部分に施したい。 (k:「綺麗な家」に住もう)

(26) Arrow［1953、1964］は、不確実性にさらされている世界でも「条件付き債券（contingent claim)」市場が創設されていれば、将来起り得るあらゆる不確実な状態にも対処できるとして、その下でパレート効率的資源配分は達成できると論じた。 (k: 公的規制の経済学)

(24) ～ (26) の下線部は「状況」「状態」とそれぞれ、内容＋属性、内容＋素材、関係＋属性という複合的な意味関係を持つ。それぞれの連体部は「南極上空のオゾンホールが南極大陸の二倍以上の面積を占めるという（異常な状況)」、「敷地に余裕がない（日本の状況)」、「将来起り得る（あらゆる不確実な状態)」のように、階層的な意味関係にある。このような連体部を「複合的連体部」とする。

⑥ その他

上記①～⑤に該当しない次のようなものを「その他」とする。「前記の状況」「以上の状態」のように連体部が前方照応的文脈指示性を持つもの、「個々の状況」「ある状況」「さまざまな状態」のように、連体部が「状況」「状態」に外在的、数量的な指示を与えているもの、連体部が「このような」「そうした」「どんな」のような指示語ないし不定語の場合、および連体部と「状況」「状態」との間に「的」を介するものである。

「状況」「状態」と連体部との意味関係の調査結果は表6の通りである。連体部は「状況」「状態」の内容を表わすものが最も多く、特に「状態」においてその傾向が強い。素材的結合は「状況」の使用率が「状態」の約2倍と高くなっている。

表6 「状況」「状態」と連体部との意味関係

	状況	状態
内容的結合	498（ 28.4 %）	929（ 54.9 %）
素材的結合	432（ 24.6 %）	231（ 13.6 %）
属性的結合	224（ 12.8 %）	197（ 11.6 %）
関係的結合	54（ 3.1 %）	6（ 0.4 %）
複合的連体部	82（ 4.7 %）	47（ 2.8 %）
その他	464（ 26.5 %）	283（ 16.7 %）
計	1754（100 %）	1693（100 %）

「状況」「状態」のように抽象度の高い名詞は、連体部と内容的結合関係にある場合、実質的な意味を連体部に預け、自身は専ら連体部の上位概念として範疇表示的な機能を担う。こうした「状況」「状態」は、(16) と (16')、(17) と (17') のように、取り除いたり、他の文法的な形式に置き換えられたりすることが多い*15。

(16') 国民が小渕政権に期待しているというのを見れば、小渕続投が党内の流れだと思う。

(17') シャッターや雨戸をおろして閉店したままになっている。

一方、素材的結合および関係的結合における「状況」「状態」はその実質的な意味によって連体部と関係を結んでいる。このことから、内容的結合の多い「状態」は「状況」に比べてより形式的、素材的結合の多い「状況」は「状態」に比べてより実質的に用いられていると言える。

さらに、内容的結合の連体部には、

①「気息奄々の状態」「二日酔いの状態」「金縛りの状態」のようなコピュラの連体形

②「ひと目惚れに近い状態」「破綻寸前といってもいい状態」「狼狽にも等しい状態」「地震と同じ状態」のように、「に近い」「といってもいい」「に等しい」「と同じ」など機能的にはコピュラに近い述部

③「乾いた状態」「ぼやけた状態」「歯が抜けた状態」のような性状を表わす動詞の過去形

④「きつい状態」「つらい状態」のような形容詞

などが見られるが、連体部が性状を表わすこうした形式は、表7に見られる通り、いずれも「状態」の方に多い。

表7　内容的結合の接続形式

	状況	状態
①コピュラ	36（ 7.2 %）	244（ 26.3 %）
②コピュラ相当形式	15（ 3.0 %）	41（ 4.4 %）
③性状表現的動詞	8（ 1.6 %）	147（ 15.8 %）
④形容詞	15（ 3.0 %）	58（ 6.2 %）
その他	424（ 85.1 %）	439（ 47.3 %）
計	498（100 %）	929（100 %）

①のコピュラや②のコピュラ的な述部に前接するのは名詞、或いは村木（1998）の「第三形容詞」であり、③の動詞は金田一（1950）の第四種の動詞的なものである。「状況」には直前に位置する動詞の過去形が③のような脱テンス的な用法ではなく（27）のように過去時制を表わすものが17例あり、脱テンス的なものより多い。

(27) ちょうどそれは、ソ連型社会主義が大きく権威を失墜していった状況と軌を一にする。　(k: 社会主義の終焉)

一方、「状態」には過去時制を表わす動詞過去形は僅かに5例であった。「状態」では過去形の大半が性状規定に働いているわけである。

益岡（1987）は叙述を「事象叙述」と「属性叙述」に、「事象叙

述」をさらに「動的事象叙述」と「静的事象叙述」に類型化した。基本的に動的事象叙述は動作動詞を、静的事象叙述は存在・感覚を表わす状態動詞、および感情形容詞を、属性叙述は属性形容詞、および名詞を述語として表わされるものである。これらの類型は連続的で、静的事象叙述は属性叙述に連続するとされる（pp.19–35）。動的事象は一定の時空間で実現し、開始、終結といった過程性のある動きであり、静的事象は過程性がなく時間的な限定を含意しない事態である。今、動的事象を「動態」、静的事象とそれに連続する属性を「静態」と呼ぶことにすると、「状態」の内容を表わす連体部に性状表現がより高頻度で現れるという上記の結果は、「状態」が「状況」よりも静態表現に傾いていることを示している。表7の①〜④は「状態」における内容結合的連体部の52.7％（「状況」の場合は14.9％）を占めることになり、性状表現が「状態」の連体部において内容的結合の突出している一要因となっていることが分かる。

2.4 「状況」「状態」を後項とする複合語の意味構造

複合語の前項と、後項である「状況」「状態」との間には、連体部との間で認められた5類（「その他」を除く）のうち、以下の3類の意味関係が認められた。

① 内容的結合

（28）のような、前項が後項「状況」「状態」の内容を表わすもの。「状況」「状態」は前項の上位概念に当たる。

（28）しかも信じられないことに、ライオンには鎖がついていなかった。放し飼い状態である。（k: ベストセラー殺人事件）

② 素材的結合

（29）のような、前項と後項が素材的なレベルで関係しているもの。前項と後項は「（前項）の（後項）」と言えるような広義所属関係にある。

（29）相手の心理状況をこちらに向けさせる。（k: 決定版！　話す技術）

③ 属性的結合

（30）のような、前項が後項の性質や評価を表わすもの*16。

（30）悲惨さや極限状態は、リアル過ぎるとむしろ喜劇になる。

（k: 囚人狂時代）

④ その他

（31）のような、前項が後項の範囲を指定しているもの。該当するのは「全体状況」のみである。

（31）専門的に思想・社会を考究したからと言って、上空を飛翔して全体状況を概観できるわけではない。

（k: 権力とはどんな力か）

「状況」「状態」を後項とする複合語の意味構造の調査結果は表8の通りである。表8に見られるように、「状況」では素材的結合が突出しており、この点、連体部との意味関係と大きく異なっている。「状態」は内容的結合が最も多く、連体部との意味関係に見られた内容的結合の比率がさらに高くなっている。このように複合語における意味関係は特に「状況」において一部の類型に集中するという際立った結果であり、「状況」がより実質的、「状態」がより形式的に働いていることを示している。「状況」「状態」を後項とする複合語は辞書に立項されていない臨時一語であるが、「状況」には素材的結合を促進する慣用性が働いたものと思われる*17。

表8 「状況」「状態」を後項とする複合語の意味構造

	状況	状態
内容的結合	53（11.3％）	630（69.1％）
素材的結合	395（83.9％）	250（27.4％）
属性的結合	20（4.2％）	32（3.5％）
その他	3（0.6％）	0（0％）
計	471（100％）	912（100％）

2.5 「状況」「状態」と結合する述語の意味範疇

最後に「状況」「状態」と動詞とのコロケーションという角度から両語を比較する。調査の対象としたのは、自動詞の主語または他動詞の目的語としての「状況」「状態」と結合している動詞である＊18。形式的な「ある」「する」「なる」は除く。対象となる動詞は、「状況」と結合しているものが延べ数771、異なり数273、「状態」と結合しているものが延べ数488、異なり数208であった。表9は「状況」と「状態」との使用比率差の大きい1位から10位までを示したものである。

表9には「状況」と「状態」に関して対照的な現象が見られる。それは「状況」に動態を表わす動詞との結合が多く、「状態」に静態を表わす動詞との結合がより多いという点である。表9で突出しているのは（32a）（33a）のような「状態」と「続く」との結合の多さである＊19。

（32）a.　白玉粉は冷たくなっても餅のように硬くなりませんが、それでも何日も柔らかい状態は続きません。

（k: 鬼平料理番日記）

（33）a.　肝腎な時期に、長期間仕事ができない状態が続くのは最悪だった。（k: エッセイスト）

表9 「状況」「状態」と結合している動詞＊20

結合する動詞		状況	状態
1	～が続く（～を続ける＊21）	16（ 2.1 %）	85（ 17.4 %）
2	～が変わる（～を変える＊22）	38（ 4.9 %）	3（ 0.6 %）
3	～を言う（定義付け）	3（ 0.4 %）	19（ 3.9 %）
4	～を把握する	30（ 3.9 %）	4（ 0.8 %）
5	～を見る	48（ 6.2 %）	18（ 3.7 %）
6	～を保つ	1（ 0.1 %）	13（ 2.7 %）
7	～が生まれる	19（ 2.5 %）	1（ 0.2 %）
8	～を聞く	12（ 1.6 %）	0（ 0 %）
9	～を調査する	13（ 1.7 %）	1（ 0.2 %）

10	～を示す	11（　1.4％）	14（　2.9％）
	総数	771（100％）	488（100％）

（32a）（33a）はそれぞれ（32b）（33b）のように言い換えても知的意味に齟齬を来たさないことから、「続く」は動きや変化を表わす動詞一般と異なり、意味的にはむしろコピュラや存在動詞に近いことが分かる。

（32）b.　それでも何日も柔らかい状態ではありません。

（33）b.　肝腎な時期に、長期間仕事ができない［状態なのは／状態にあるのは／状態が存在するのは］最悪だった。

一方、「状況」に最も多いのは（34）（35）のような「状況」と「変わる」との結合である*23。

（34）これまでの日本の常識では、サラリーマンとは終身雇用制や年功序列制に裏付けられた安定性抜群の身分でしたが、米国標準規格に合致したビジネスマンの世界は百八十度状況が変わります。　（k: 正しい会社の辞め方教えます）

（35）グループホームを取り巻く社会状況も随分変わりました。

（k: 介護保険は NPO で）

「状態」に多い「続く」は不変化を、「状況」に多い「変わる」は変化を表わしていて、両者は対照的である。また、「状態」には「保つ」がより多く、「状況」には「生まれる」がより多い。「保つ」は不変化を、「生まれる」は変化を表わすものであり、両語も「続く」「変わる」と同様の対照性を示している。（36）は「保つ」の例、（37）は「生まれる」の例である。

（36）しかし、天然記念物だから、これ以上殺されたり、捕獲されたりすることはない。餌付けは完全にやめてしまったから、頭数も微増傾向にあるがほぼ定常状態を保っている。

（k: 同時代を撃つ）

（37）冷戦が終わった瞬間にいろいろな規制に縛られた日本の生産コストが、相対的に異常に高いという状況が、瞬時にして生まれてしまった。　（k: 大リストラ時代を生き抜く）

表9のそのほかの動詞は、「状況」「状態」の変化／不変化に関わるものではないが、別の意味で「状況」と「状態」の違いを示している。「状態」の方に多い「言う」は、「状態」と結合している場合、すべて（38）のような定義づけの用法であり、「示す」も（39）のような無生物主体に対応し、動作を意味するものではない。

(38)「敷居が高い」という表現は、相手に不義理などをして、その家に行きにくい状態をいう。　(k:「しきり」の文化論)

(39) 図は八六年の原油価格崩落の状態をよく示している。
(k: 石油はいつなくなるのか)

一方「状況」の方に多い「把握する」「見る」「聞く」「調査する」は意志的な動作や知覚行為を表わす。

(40) コンソールにさっと目を走らせて、マイヤースは素早く現在の状況を把握した。　(k: 原潜レッドスター浮上せよ)

(41) その後、MTO設立協定に関する多国間の交渉は、他の分野の交渉の進展状況を見てから戻ることとされ、一時中断された。　(k: ウルグアイ・ラウンド)

(42) 早版の大ゲラが出始めた午前十一時に妻をポケットベルで呼び出して状況を聞いた。
(k: いつか君にダウン症児・愛と死の記録)

(43) 独、仏両国海軍は、ただちに詳細にその状況を調査した。
(k: 福井静夫著作集)

「状態」に多い「続く」「保つ」は静的事象、「言う」「示す」は属性を表わしていて、これらはいずれも静態である。一方「状況」に多い「変わる」「生まれる」「把握する」「見る」「聞く」「調査する」はいずれも動態である。このことは「状況」がより動態表現に、「状態」がより静態表現に用いられることを窺わせる。

3. まとめ

以上、さまざまな角度から「状況」「状態」の文法的、意味的性質を調べた。表10は2.1節から2.5節の主な結果をまとめたものである。

表10 「状況」「状態」の使用の実態：まとめ

<table>
<tr><th colspan="3">調査項目</th><th>関連する事項</th><th>調査結果
（比率の多寡）</th></tr>
<tr><td rowspan="2">① 出現形態</td><td colspan="2">単純語単独</td><td rowspan="2">統語的自立度
／依存度</td><td>「状況」>「状態」</td></tr>
<tr><td colspan="2">複合語後項</td><td>「状況」<「状態」</td></tr>
<tr><td rowspan="4">② 統語機能</td><td colspan="2">主題、ガ格、ヲ格、複合辞への接続、名詞への接続</td><td rowspan="4">名詞らしさ</td><td>「状況」>「状態」</td></tr>
<tr><td colspan="2">ニ格（存在のあり方、変化の結果）、デ格（存在のあり方）</td><td>「状況」<「状態」</td></tr>
<tr><td rowspan="2">述語</td><td>類別文述語、
指定文述語</td><td>「状況」>「状態」</td></tr>
<tr><td>文末名詞</td><td>「状況」<「状態」</td></tr>
<tr><td rowspan="3">③ 連体部との意味関係</td><td colspan="2">内容的結合</td><td rowspan="2">実質語
／機能語</td><td>「状況」<「状態」</td></tr>
<tr><td colspan="2">素材的結合</td><td>「状況」>「状態」</td></tr>
<tr><td>内容的結合
連体部の形式</td><td>名詞述語、性状表現的動詞</td><td>動態
／静態</td><td>「状況」<「状態」</td></tr>
<tr><td rowspan="2">④ 複合語の前項と後項の意味関係</td><td colspan="2">内容的結合</td><td rowspan="2">実質語
／機能語</td><td>「状況」<「状態」</td></tr>
<tr><td colspan="2">素材的結合</td><td>「状況」>「状態」</td></tr>
<tr><td rowspan="2">⑤ 結合する述語の意味範疇</td><td colspan="2">変化、行為</td><td rowspan="2">動態
／静態</td><td>「状況」>「状態」</td></tr>
<tr><td colspan="2">不変化、属性</td><td>「状況」<「状態」</td></tr>
</table>

「状況」に単独形態が多く、「状態」に複合語後項が多いという事実は、「状況」の統語的自立度が相対的に高く、「状態」の統語的自立度が相対的に低いこと、換言すれば、「状況」の統語的依存度が相対的に低く、「状態」の統語的依存度が相対的に高いことを示している。「状況」に補語的な機能が多く、「状態」に述語ないし述語性の機能が多いという事実は、「状況」が「状態」よりも多く名詞本来の性質を保持し、「状態」の名詞的な性質がより希薄であることを示している。また述語としては「状況」に類別文述語、指定文述語が多く、「状態」に文末名詞が多いという事実、さらに、連体部および複合語前項との関係では、「状況」に素材的結合が多く、「状態」に内容的結合が多いという事実も、「状況」の相対的な実質語性、「状態」の相対的な機能語性を示している。

また、「状況」は変化や行為を表わす動詞と結びつき、「状態」は持続や属性を表わす動詞と結びつくという事実、さらに、「状態」と内容関係で結合する連体部に名詞述語、性状表現的動詞が多いという事実も「状況」の動態指向性、「状態」の静態指向性を示している*24。

本章では諸種の調査を試みた。それらの結果は一貫している。いずれも傾向としか言えないものではあるが、機能的には「状況」はより実質語的、「状態」はより機能語的であり、意味的には「状況」は動態指向、「状態」は静態指向であるということである。一連の調査を通じて、「状況」「状態」が意味・機能を高度に重複させながらも、個性的な指向性を持ち、一定の棲み分けをしている実態が明らかになった。

4. おわりに

類義性の高い「状況」「状態」についてその差異をさまざまな角度から観察してきた。両語は意味的な抽象性、上位性のゆえに、実質的な意味を持つものであればどのような語句とも結合することが可能である。また、語彙的にも機能的にも重なるところが多く、互換性が高い。事実、「生活状況」「生活状態」、「経営状況」「経営状態」、「出荷状況」「出荷状態」等々、両語を後項とする複合語には前項を同じくするものが多い。しかし調査の結果、両語の意味・機能に一定の差異が存在することが明らかになった。両語の差異は、例えば「睡眠状況」における「状況」が睡眠時の心拍数、呼吸数、脳波、周囲の環境など、睡眠を構成する要素を含意するのに対し、「睡眠状態」は眠っていること自体を表わし、「状態」の内包は希薄であるという「状況」「状態」の語義の濃淡に端的に示される。素材的結合の「睡眠状況」は「睡眠状況を調査する」のように動作対象としてのヲ格に、内容的結合の「睡眠状態」は「太郎は睡眠状態だ」のように述語に傾く。また、「状態」の機能語性は、「持金、持家ゼロ状態」(k: 帰ってきたアルバイト探偵)、「あちらを立てればこちらが立たず状態」(k: 銀座八丁目探偵社)、「電子火花バチバチ状態」（k: 活字の海に寝ころんで）、「もうどこから攻めていったらいいかわかりません状態」（k: 焚火オペラの夜だった）等々、「状態」に奔放とも見える臨時一語の多いことにも現れている。こうした複合語は「状況」にはない。

「状況」も「状態」も使用頻度の高い語彙である。1994年発行の月刊誌を資料とした国立国語研究所作成の『現代雑誌200万字言語調査語彙表』によると、「状況」は808位、「状態」は426位であるが、現代の『朝日新聞』では「状況」の使用数が「状態」を凌ぐほどになっている*25。しかし、前章で述べたように、国立国語研究所作成の『太陽コーパス』によると、約100年前の雑誌『太陽』（1895年、1901年、1909年分）では、「状態」871例に対して、「状況」は僅かに8例である。また前章で示したように「状態」の用法にも『太陽』と現代の雑誌『アエラ』とで変化が見られた。興味深いことに、本章で明らかになった現代の「状況」の使用実態は、約100年前の『太陽』における「状態」の様相に近似している。「状態」の用法がどのような変遷を経て現代に至ったのかは明らかではないが、100年前の「状態」が現代に至る過程で、現代の「状態」と、古い「状態」の性質を引き継いだ「状況」とに分化してきた可能性も否定できない*26。

---

*1 『類語大辞典』（講談社2002）では両語が「99その他の語群」の中の「9905さま」に収載されている。

*2 下線は筆者による。

*3 同一文が2組あったため、それぞれ1例のみを採った。なお、以下の語句例、文例はすべてデータの中のものである。

*4 「被修飾語」には「社会的状況」「地理的状態」のように「的」を介して2語が結合しているものを含む。

*5 「状態」には「的」に前接するものはなかった。

*6 「その他」は、見出し語や独立語文に含まれるもの、複合語の前項になっているもの、「分布状況データ」のように「状況」を後項とする複合語にさらに別の語が後接して二重に複合語化しているもの、「と（引用辞）」「だけでなく」「のまま」「のように」「ごとに」「こそ」に前接するものである。「状況下」

に格助詞が後接するもので、知的意味において「状況」との差が認められないものは除外せず「状況」と同等の扱いとした。「状況」の「その他」には見出し語や複合語前項が多く、「状態」の「その他」には「のまま」や引用の「と」が後接するものが多いなど、興味深い現象も見られるが、本章では考察の対象としない。なお、「述語」は従属節内のものを含む。

＊7　ガ格の中には対象語（嗜好・感情の対象）が4例あった。

＊8　ニ格のうち、動詞「なる」と結合するニ格が「状況」に73例、「状態」に282例、「ある」または「いる」と結合するニ格が「状況」に88例、「状態」に149例あった。

＊9　奥田（1983）は、「死にはいる」「窮状にたつ」「状態におく」のような抽象名詞と移動動詞・くっつけ動詞との結合によるフレジオロジカルな組み合わせは、動詞「ある」を述語とする「運命にある」「興奮状態にある」のような組み合わせに近いとし、「に格の名詞と動詞とのくみあわせのなかに状態のむすびつきをカテゴリーとしてたてることができるだろうか。しかし、このばあいも、動詞の語彙的な意味はうしないかけていて、この種の単語のくみあわせは陳述的であるといわなければならない。」（p.294）と述べている。また村木（1991）は「誘いをかける」の「かける」や「匂いがする」の「する」のように「実質的な意味を名詞にあずけて、みずからは専ら文法的な機能をはたす動詞」を「機能動詞」と名付けている（p.204）。「状況」「状態」のニ格と結合する「ある」「いる」も機能動詞的である。

＊10　(9)（10）のように主体と意味上主述関係にあるものは、「状況」に45例（デ格の35.4%）、「状態」に213例（デ格の86.2％）あった。

＊11　「状況」「状態」は通常単独では述語にならないが、「惚れるのは状態であり、愛するのは行為である、という言葉にであったことがあった。」（k: 日本の名随筆）という例もあった。次の例は慣用的なものである。「何度いってもわからぬ子供に腹が立つことはあるだろう。けれども、状況が状況ではないか。」（k:「なぜか人に思われる人」の共通点）

＊12　奥津（1974）は、「事実」「実態」「現象」「状況」「有様」「情勢」などの「コト」「サマ」の類を、「叙述文が表現する内容を客観的な事柄、状態としてとらえて名詞化するもの」とし、これらを「客観的同格名詞」と呼んでいる（p.337）。

＊13　前章の「同格」、「属性」はそれぞれ本章の「内容的結合」、「属性的結合」に該当し、前章の「素材」は本章の「素材的結合」と「関係的結合」に該当し、前章の「同格＋属性」、「指示」はそれぞれ本章の「複合的結合」、「その他」に含まれる。

＊14　そのうち約半数はガ格で、（22）のような広義位置を表わすニ格が約30％、ヲ格が約17％であった。

＊15　本章の内容的結合は高橋（1979）の「特殊化のかかわり」に相当する。高橋は「特殊化のかかわりの場合、それをうける名詞が実質的な情報内容をもっていないことは、その名詞をとりのぞいても、その文の通達上の実質的な意味があまりかわらないことによって証明される。（中略）これらの名詞は、それぞれ、実質的内容をうしなって、ただ動詞句を、モノ化、性質化、ようす化するというカテゴリゼーションのはたらきしかもっていないのだといえるだろ

う」と述べている（p.154）。
＊16 属性的結合と内容的結合の区別は必ずしも明確ではなく、課題を残している。
＊17 石井（1993）は「（文章例略：筆者）において、はじめに「年貢の半減」とあったものが、次に「年貢半減」という臨時一語になるという現象は、ある概念が文章の中で固定化していく過程と臨時一語の使用とが対応していることを示している。臨時一語も、また、語である以上、概念の固定化の機能と無縁ではない。」と述べている（p.93）。
＊18 「〜状況を基礎に決定した」のようにガ格・ヲ格が述語と直接結合していないものは除外した。
＊19 状態」には表9に掲げたもの以外にも「持続する」「継続する」「長続きする」「維持する」などの「持続」類22例（「状況」には4例）がある。
＊20 表中の「〜」の部分には「状況」「状態」が入る。
＊21 「続ける」は「状況」に1例、「状態」に6例あった。
＊22 「変える」は「状況」に13例あった。「状態」の3例はいずれも「変える」である。
＊23 「変わる」と結合する「状況」は約74％（28例）までが連体部や前項を伴わない単独での用法である。
＊24 以上のほか、素材関係で結合している前接部を対象として、「状況」「状態」がそれぞれどのような意味範疇の事物を対象としているかを、「人間活動」「社会」「時」「空間」「心身」「モノ」「人間」「その他」の8類に分けて調査したところ、「状況」には「人間活動」「社会」「時」「空間」が多く、「状態」には「心身」「モノ」「人間」が多いという結果が出た。特に複合語前項では「状況」は「人間活動」に、「状態」は「心身」に集中するという際立った現象が見られた。
＊25 『朝日新聞』（オンライン記事データベース『聞蔵』による）で見る限り、1989年から「状況」の使用数の方が「状態」を上回っている。
＊26 本章のデータは書籍に限定されている。その中には多様な文体が混在しているとは言え、ジャンルとしての限界があるのは確かであろう。

例文出典

『朝日新聞』（朝日新聞社オンライン記事データベース『聞蔵』による）
国立国語研究所（2005）『太陽コーパス』国立国語研究所資料集15　博文館新社
国立国語研究所（2006）『現代雑誌200万字言語調査語彙表』公開版（ver.1.0）
国立国語研究所（2009）『現代日本語書き言葉均衡コーパス モニター公開データ』
『広辞苑 第六版』岩波書店（2008）
『類語大辞典』講談社（2002）
『CD-ROM版 新潮文庫の100冊』（新潮社）より「孤高の人」「世界の終りとハードボイルド・ワンダーランド」

第15章

直接引用形式を前項に持つ複合名詞「〜状態」をめぐって

1. はじめに

数年前のことであるが、電車に乗り込んで発車を待っていると、ベルが鳴り響く中、若者が二人駆け込んで来て、そのとき一人が発したことばが（1）であった。

（1） やっと間に合った状態。

イントネーションは「ヤットマニアッタジョウタイ」（圏点が高く発音されるところ）である。最後の句点は感嘆符で表記すべきかもしれない。あまり耳にしない言い方であったため、強く印象に残っている。その後ときどきこのように一息に発音される「〜状態」に出合うようになった。小論はこうした「〜状態」について文法的な観点から改めて観察しようとするものである。以下、文尾に出典記載のない用例はすべて国立国語研究所作成の「現代日本語書き言葉均衡コーパス」で収集した「Yahoo! ブログ」の例である。

2. どのような言語単位か

（2） 私も初めて行った時は「何だコリャ??」状態だったから気持ちは良く分かる*1。

（2）の下線部の「何だコリャ??」は直接引用形式である。直接引用形式が名詞を修飾するためには（3）（4）のように、本来「という」「といった」などの介在語を必要とするはずである。

（3） 途中で手をあげる人がいると停車し、「これ以上どこに入るの」という状態で更に乗客を拾っていく。

（4）「一時期よりは不安は少なくなった。専任のトレーナーがついてくれているし、先生方も見てくれているし」といった状態で試合当日を迎え*2、Aは周囲も驚くほどの成績を残してその大会を終えた。

しかし近年（2）のように本来結合しないはずの表現形式が「状態」を修飾する例が少なくない。以下に類例を挙げる。

（5）昨日まで調子が上がらなかったが、昨日の刺激で調子が上がってくれた。金沢についてアップして「やったね!!!」状態だ。

（6）交通量少なくて助かったのか少ないが故にスピード出す所であぶなくも在ると。1BOXの運転手さんの頭の中は「え??」まさに「どぼちて…」状態。

（7）この数日間の寒さにママンはスパッツにGパンをはき、カイロまで貼って…　身体は、「おばちゃん！」状態でした(;;)

（8）以前も声優さんの迫真の演技にのたうってしまって、どうにも「きゃ〜〜〜」状態から脱することができなくて困ってる、ってそんな初心な記事を書いたのですが、その話をしてたのね。

このほかにも、

「春名愛こと大西けんじで〜す」状態、「あっちむいてほいっ!!」状態、「自分もそうだけど、ちょっと〜中国は？　他の国は？」状態、「こんなに難しかったっけ」状態、「ひでや？　あ？　誰それ？」状態、「みんな私が悪いんだ」状態、「カツオー!!（byサザエさん）」状態、「アタシ悪くないもん」状態、「空き金庫あります」状態、「なんで機嫌悪いの？　そんな君は嫌いだよ！」状態

等々、同様の例は枚挙に暇がない。いずれも直接引用形式が直に「状態」を修飾するものである。これらはどのような言語単位と考えればよいのであろうか。また、どのような機能を持つ表現形式なのであろうか。以下、こうした表現形式を「（直接引用形式）状態」と称して稿を進めることにする。

2.1　複合名詞か

名詞に前接するのは以下のようなものである。

①用言の連体形*3：「動く歩道」「曲がった釘」「青い空」「一年生の*4 太郎」

②連体詞：「いわゆる変人」「あらゆる種類」「あの人」「とある所」

③名詞に後接する「の」「という」「といった」などの接続語句*5：「大学の経営」「花子という女性」「俎の鯉といったありさま」

④複合名詞の前項：「教育改革」「釣り道具」「職人気質」

「（直接引用形式）状態」の前項である直接引用形式は①の用言の連体形でも、②の連体詞でも、③の接続語句でもないから、消去法でいけば、④の複合名詞の前項ということになる。すなわち「（直接引用形式）状態」は直接引用形式を前項とする複合名詞ということである。

2.2　複合名詞の類型

奥津（1975b）は生成文法の観点から複合名詞に以下の5類型を認めている。

① NN型

同一名詞連体修飾節中の名詞と被修飾名詞の組み合わせ。

例：春ニ 吹ク 風 ⇒ 春風（時格＋主語）

付加名詞連体修飾節中の名詞と相対名詞または同格連体名詞との組み合わせ。

例：朝メシヲ 食ウ 前 ⇒ 朝メシ前（目的語＋相対名詞）

② AdvN型…副詞を連体修飾節に含む連体修飾構造から、述部用言を消去。

例：キラキラト 光ル 星 ⇒ キラキラ星

③ AN型…連体修飾節から述語形容詞の時制詞を消去したものと被修飾名詞の組み合わせ。

例：白イ ウサギ ⇒ 白ウサギ

④ VN型…連体修飾節から述語動詞の時制詞を消去したものと被

修飾名詞の組み合わせ。

同一名詞連体修飾節の動詞語幹と被修飾名詞の組み合わせ。
例：枯レタ 草 ⇒ 枯レ草（自動詞＋主語）
付加名詞連体修飾節中の動詞語幹と相対名詞または同格連体名詞との組み合わせ。
例：（何カヲ）食ベタ 残リ ⇒ 食ベ残リ（他動詞＋相対名詞）

⑤ V-AuxN型…述部の助動詞や接辞の時制詞を消去したものと被修飾名詞の組み合わせ。
例：切ラレタ 与三郎 ⇒ 切ラレ与三郎（動詞-受身＋主語）

「（直接引用形式）状態」の前項は奥津（1975）で示された複合名詞の前項、すなわち名詞、副詞、形容詞語幹、動詞語幹、動詞＋助動詞／接辞のいずれにも該当しない。

また、野村（1977）は、複合名詞の構成パターンに以下の6類15種を挙げている。野村はAを体言類、Bを相言類、Cを用言類、Dを副言類の記号として用いている。

第一類：A＋B（身軽）、C＋B（話べた）、A＋C（雨上がり）
第二類：B＋C（早起き）、C＋C（立ち読み）、D＋C（ほろ酔い）
第三類：B＋A（丸顔）、C＋A（打ち傷）
第四類：A＋A（山道）
第五類：A・A（朝晩）、B・B（あまから）、C・C（売り買い）
第六類：A＝A（ひとびと）、B＝B（ながなが）、C＝C（とびとび）

「（直接引用形式）状態」はこれら6類のいずれにも該当しない。「（直接引用形式）状態」は破格の複合名詞という以外にない。

2.3　語彙的複合語と統語的複合語

複合語には語彙的複合語と統語的複合語があるとされる。影山（1993）は、前者は語彙部門で形成され、後者は統語部門で形成されるとする。語彙的複合語は生産性が低く、統語的複合語は生産的である。辞書に登録されるのは語彙的複合語である。第4章で見たように複合語の意味には構成要素の意味から組み立てられる「くみあわせ」的なものと、要素の意味からは引き出すことのできない「ひとまとまり」的なものがあった。「ひとまとまり」性は語彙的複合語に特徴的な性質であるのに対し、統語的複合語の意味は「くみあわせ」的で、透明である。

影山（1993）は語彙的複合語の特徴として、語彙的制限（例：「雨が降る」に対する「雨降り」はあるが、「雪が降る」に対する「雪降り」はない）や形態的緊密性（例：「店じまい」「頭取宅」はあるが、統語的要素は排除されるため、「［はやらない店］じまい」「［銀行の頭取］宅」はない）などを挙げている。統語的複合語には基本的にこうした制限はない。

また、語彙的複合語は「シャインショクドウ（社員食堂）」のようにアクセントも一語化して一息で発音されるが、統語的複合語は「キュウシュウテンキン（九州転勤）」のように通常、アクセントの一語化は起こらない。

では、「（直接引用形式）状態」という複合語は語彙的であろうか、統語的であろうか。語彙的複合語、統語的複合語の諸特徴に照らしてみると、「（直接引用形式）状態」は、

①生産性が高い。

②意味はくみあわせ的で透明である。

③語彙的な結合制限はない。

④前項には文相当の形式も現れる。統語的要素の制約はない。

⑤アクセントは、〈（前項）＋ジョウタイ〉から〈（直接引用形式）＋ジョウタイ〉へと変化し、アクセントの山が一つになっている。

例：ナンダコリャ＋ジョウタイ　→　ナンダコリャジョウタイ

①〜④は統語的複合語の特徴であり、⑤は語彙的複合語の特徴である。すなわち「（直接引用形式）状態」は構造的には統語的、音声的には語彙的ということになる*6。

2.4　臨時一語

林（1982）は、その場限りで作られ、すぐに消えていく単語を「臨時一語」と呼び、「『モデルAに乗って世界一周』ドライブ」

「『マイタウン東京』構想」「“短期決戦”方針」など、名詞を語末に持つさまざまな臨時一語の例を挙げている。また石井（2007）は文章における臨時一語の発生状況を調査するにあたって、臨時一語の認定基準を以下のように設定している（pp.251–253）。

①複数の単語が臨時的に結びついたものである

「臨時的であるかどうかは、その結びつきが辞書類に立項されていないということで間接的に判断するほかない。」

②-1 複合語である

「臨時的に結びついた単語（造語成分）が、その結合部に助詞・助動詞を介入させず、全体として一つの語の形式をとることを原則とする。」

「複数の単語を一語化したといえるのは、その要素がいずれも自立可能な複合語」の場合であるから、臨時的な複合語と接辞とが結びついたものを除いて、派生語は含まない。

②-2 複数の文節連続をその内部要素に持つことがある

例：「［リクルート事件の発覚］直後」

③もとの単語列に復元することができる

林（1982）、石井（2007）の挙げる臨時一語は主名詞の前項が名詞（奥津（1975b）のNN型複合名詞）であり、その意味で一般的な複合名詞の形態を逸脱していない。林（1982）にも石井（2007）にも「（直接引用形式）状態」のような形式は取り上げられていないが、林の基準に照らしても、石井の基準に従っても「（直接引用形式）状態」は臨時一語として差し支えないであろう。しかし、それにしても発話形式を前項とする「（直接引用形式）状態」は形態として異常である。辞書に登録されることもなければ反復して使用されることもない、その意味で典型的な、しかし破格の臨時一語である。

3. 単純語から複合語へ

冒頭に掲げた例、

(1) やっと間に合った状態。

は、「ヤットマニアッタジョウタイ」と発音されていれば、単純語の「状態」が連体修飾を伴った一般的な形となる。本節では、「ヤットマニアッタジョウタイ」という適格な連体構造から「ヤットマニアッタジョウタイ」という破格の複合語へと「状態」の用いられ方が拡張した経緯について考察する。

第13章では「状態」の用法について現代の総合雑誌と約100年前の総合雑誌とを比較し、次のような変化を指摘した。

①単純語としての「状態」が減少し、複合語の後項要素となる率が高くなっている。

②「状態」を後項とする複合語の前項要素は極めて多様化している。

③「状態」の連体修飾部も「状態」を後項とする複合語の前項要素も、主名詞「状態」と素材関係や属性関係にあるものの率が低下し、同格関係にあるものの率が高くなっている。

こうした「状態」の変化を具体例で示してみよう*7。

A. 地面の状態、現下見た状態

B. 健康状態、経済状態（前項と後項は「健康の状態」「経済の状態」のような素材関係）

C. おひとりさま状態、激ヤセ状態、“ダメ人間”状態、「右バブル・ひび割れ」状態、「自滅のもぐらたたき」状態

D. 順番待ち状態、ネタ切れ状態、低価格据え置き状態

E. お祭りワッショイ状態、「一見さんお断り」状態

約100年前は、Aのような単純語、ないし前項と後項が素材関係にあるBのような複合語が大半であったのが、現代では前項と後項が同格関係にあるC、Dのような複合語や、発話に近い形式を前項とするEのような複合語が増えているということである。C〜Eの複合語前項には旧来の用法と比較して以下のような特徴が見られる。

・字数が増加している。

・漢字、平仮名、片仮名と、字種が多様化している。

・漢語、和語、外来語、混種語と、語種が多様化している。

・「　」、『　』、“　”、ナカグロなどが使用され、表記が多様化している。

・オノマトペ、敬語、新語などを取り込んでおり、語彙の使用範囲が広がっている。

第13章で資料とした『アエラ』(2005年1月1日〜2007年9月30日)には、本章で問題にしている「(直接引用形式) 状態」のような例は見られなかったが*8、C〜Eのような自由奔放とも見える「〜状態」と「(直接引用形式) 状態」との間にさほど距離はないように見える。Dの前項はそれぞれ「順番を待つ」「ネタが切れている」「低価格で据え置いている」と置き換えられる命題相当のものであり、Eの前項は発話形式に近い。これらと「(直接引用形式) 状態」とはほとんど紙一重であろう。

「(直接引用形式) 状態」には本来「という」や「といった」などの機能語が介在するはずである。「わけがある」→「わけあり」、「仕方がない」→「仕方ない」、「孤立の状態」→「孤立状態」のように機能語が脱落して句が一語化することは珍しくない。「孤立の状態」から「孤立状態」へという一語化の流れは、「(直接引用形式) という状態」から「(直接引用形式) 状態」への変化を類推させる。が、上記のような「状態」の変遷を見ると、「(直接引用形式) 状態」が果たして「という」や「といった」などの介在語句の脱落によって生じたのかどうかが疑わしくなる。「(直接引用形式) という」から「(直接引用形式)」へと連体のあり方が変容したのであれば、「状況」「事情」「事態」など「状態」の類語にも同様の現象が見られても不思議はないが、「状態」と同様のコーパス調査を行ってもそうした例は全く見られない。真相は詳しい通時的研究に俟たなければならないが、目下のところ、「状態」という名詞が独自の用法拡張を遂げたように思われる。「(直接引用形式) 状態」は「状態」の用法変遷の延長線上に出来したもので、唐突に出現したものではない。

4.「(直接引用形式) 状態」の意味構造

4.1 前項と後項の意味関係

前節で、「状態」を後項とする複合名詞の前項と後項の意味関係について、素材関係、属性関係が減少し、同格関係にあるものが増加していることに触れた。素材関係とは、「心理状態」のように、「状態」が前項の指示対象の一側面であり、「(前項) の状態」と言えるような広義所属関係にあるものである。属性関係とは、「緊急状態」のように、前項が「状態」の性質や「状態」に対する評価を表わすものである。同格関係とは、前項が「状態」の内容を表わすもので、(9) (10) のように前項と後項が意味的に下位一上位の関係にあるもの、または (11) (12) のように前項と後項が具体一抽象の関係にあるものである。

(9) 本当にダイエットを考えられてる方、詳細を見てね!! いつも品薄状態なので興味がある方はお早めに。

(10) 帰宅後はテレビでホークス戦を観戦、既に 12 − 5 でボロ勝ち状態でしたね。

(11) 私は不覚にもツルンと滑り左足を前に右足を後ろに引きつつバレリーナ状態でペタッと転んでしまったのでした (汗)

(12) さぁ富士山が見えてきた! 必死で窓に顔をつけて田舎のおのぼりさん状態 (笑い)

では、「(直接引用形式) 状態」の前項と後項はどのような意味関係にあるであろうか。「(直接引用形式) 状態」における直接引用形式は「状態」の下位概念でも、具体化でもない。両者は、

〈当該事態に直面したときの認識や知覚を言語で表現すれば「(直接引用形式)」となる、そのような言語表現に結びつく状態〉

という、いわばメタ言語関係であり、直接引用形式と「状態」とを結ぶものは、そうした潜在的な結合意である。

林 (1982) は、「『マイタウン東京』構想」「“短期決戦”方針」のような臨時一語における「構想」「方針」などの語は情報を加えるよりも、名詞のかたまりを作るためのものであると述べている (p.19)。「(直接引用形式) 状態」の前項と後項はメタ言語関係であるから、同列に論じることはできないが、「状態」が「情報を加えるよりも、名詞のかたまりを作るため」のものという点では相通じるところがある*9。日本語にはコトを名詞的に把握する傾向が

あるが、「やっと間に合った！」でよいのに、なぜか「やっと間に合った状態！」と「状態」を付加してしまう「(直接引用形式) 状態」も日本語の名詞指向性の一つの現れなのかもしれない。

4.2　引用部発話者の人称

「(直接引用形式) 状態」の前項に引用される発話は現実か非現実かを問わず、また、発話者自身の発話（内言）か否かも問わない。大半は話者自身の発話（または内言）ではあるが、(13)（14）のように他者の発話や、他者に想定される発話の場合もある。(15) は発話者が誰かに無関心な慣用的な発話形式である。発話者の人称に制約がない点にも「(直接引用形式) 状態」使用の自在さが窺える。

(13) 誰に似たのか、頑固な子で、そういわれても謝らない！「アタシ悪くないもん」状態。

(14) そして東川口では583系に出会いました。パパにとっては別に珍しくもないのですが、元輝くんにとっては初めての出会いです。『パパ、前から何かくるよ!!!』状態です。仙台車両で喜多方から舞浜まで運転されたものですね。

(15) ソヌヒョンが韓国に戻ってくる飛行機内で「お医者様はいらっしゃいませんか？」状態が発生し、電動工具で飛行機内緊急オペ、、、応急処置かっ。

なお、「(直接引用形式) 状態」の前項には（16）～（18）のようなものもある。いずれも当事者の心理を表わし、内言に準ずるものである。

(16) 座布団ずらりと並んでた。何と琉球絣の本物！　座れずに立ち、座布団に目が‥状態です。

(17) だから一見、とてもフレンドリーに思われるのですが、親しくなると、気を使わなくなるので、あんまりしゃべらなくなりますねぇ。。。気を使ってる間はスイッチオン!!状態で、親しくなるととたんにオフ!!

(18) ユークン、代休のこと、すっかり忘れてたみたいでミータンに言われてもしばし「???」状態で（苦笑）理解できたと

きの喜びようといったら、もう（笑）*10

5.「（直接引用形式）状態」の表現機能

「（直接引用形式）状態」は対象自体を描写するのではなく、事態に直面した主体の感じ方を通して対象を伝えるという意味で対象との距離は間接的であり、概念化、抽象化や客観的な説明の手間を回避し直接的な吐露の言葉をそのまま利用するという意味で直接的である。ある意味で安易な表現とも言えるが、前項はモダリティを含む直接引用であるから、情景を主体の印象そのままに感じ取ることができるという表現効果を持つ。本章における「（直接引用形式）状態」の出典は「Yahoo! ブログ」であり、執筆者の年代は不明であるが、「「どぼちて…」状態」などの語彙や、(19)（20）に見られるような記号混じりの表記法などから、その書き手は主に若者であろうと思われる*11。

(19) なんと背景が7個も(＞＜)交換システム作って〜状態です^^A;;

(20) 紅葉して〜　落葉....　....(; ´Д`)冬には丸裸で〜〜枯れ木?! 状態で寒そうwwでした....ヾ(・ω・`;)ﾉぁゎゎ

米川（1996）は、若者語のコミュニケーションの機能として、

娯楽機能：会話に笑いを生じさせ、楽しむ機能

会話促進機能：会話を盛り上げたり、テンポを良くしたりする機能

連帯機能：親近感を持たせ、「ウチの人間」という仲間意識を強める機能

イメージ伝達機能：視覚的あるいは聴覚的な単語や表現を用いて瞬間的に物事のイメージを伝える機能

隠蔽機能：既存の一般語を言い換えることで人に聞かれて都合が悪いことを隠す機能

緩衝機能：相手の感情を害したり傷つけたりするのを避けて、相手への印象をやわらげる機能

浄化機能：その語を口にすることで不快な感情を発散させ、浄

化する機能（pp.16–27）

の７点を指摘している＊12。「(直接引用形式) 状態」は娯楽機能、会話促進機能、連帯機能、イメージ伝達機能、また時には緩衝機能も発揮し得るものである。聴覚にも、また書記言語としては視覚にも訴え、具体的でリアリティのある表現形式である。こうした表現が多用される背景には、親しみやすさやくだけた雰囲気を演出すると同時に、感性を共有したいという、若年層のコミュニケーションストラテジーが働いている。「「何だコリャ??」状態」や「「アタシ悪くないもん」状態」は、「「何だコリャ??」と言いたくなるような驚くべき状態」「「アタシ悪くないもん」とふてくされ、開き直った状態」などと説明的に言わなくても、言語文化を共有する者どうしであれば引用句のみでニュアンスは十分に伝わる。「「お医者様はいらっしゃいませんか？」状態」は、「飛行機内で救急患者が出て、乗客の中に医者がいないかを調べるために「お医者様はいらっしゃいませんか？」とアナウンスする、そのような状態」というよりもはるかに効率的な表現形式である。「(直接引用形式) 状態」の前項は、感動、狼狽、驚き、疑問、不満、抗弁などの強い主観性を表わすものが大半であり、そうであればなおさら、直接引用形式が効果的であろう。「(直接引用形式) 状態」のこうした特徴は、新しい表現形式として取り上げられることの多い「(違うんじゃない？) みたいな…。」に通じるところがある。

6. おわりに

「(直接引用形式) 状態」は、前項で発話形式を提示し、そのように表現できるものとして「状態」を表わすというものである。発話形式を修飾部とする連体構造は多いが、それらは基本的に

(21) a.　何だコリャ?? という顔をした。

(22) a.　それが何だという態度であった。

のように介在語「という」を必須とする。今のところこれらが、

(21) b.　何だコリャ?? 顔

(22) b.　それが何だ態度

のように一語化する気配はない。影山（1993）は語形成における句排除の原則について、「句排除の原則が破られる事態が存在することは認めるものの、それはあくまで例外的である」（p.328）と述べている。引用句を前項とする「（直接引用形式）状態」はユニークな新表現である。

ただ、インターネットで検索すると、「（直接引用形式）状態」と同様の破格の連体構造が散見される。

(23) あと、こいつ誰だよ現象ね。書いてる途中でこいつ誰？って思っちゃうと続き書けなくなる。

（http://twitter.com/ht_myk/status/180409536853704704）

(24) 犬だって家族だもんね！運動に賛同致します。

（http://kumakitchen.com/info/105917）

(25)「ニッポンの白騎士」北尾吉孝さん、AIJの二千億年金溶かしちゃった問題を語る。（http://blogos.com/article/32930/）

これらのうち、(24) の「犬だって家族だもんね！運動」や (25) の「二千億年金溶かしちゃった問題」はタイトルやキャッチフレーズとしての慣用表現であり、今のところ用法は限定されている。「ごはんを食べよう国民運動」*13、「地軸を元に戻そうぜ運動」*14、「2000年代半ばのバブルを総括しようぜ問題」*15、「かまくら作ろうぜ！事件」*16、「岡ちゃんゴメンね現象」*17、「アニメ大好きそれ以外どーでもいいぜ!! 生活」*18 等々、類例は多い。写真のタイトルとして掲げてあった「これから走るぜ気分」*19 というのもあった*20。これらが今後タイトルやキャッチフレーズの範囲を超えて用法を拡張させていくのか、いかないのか、観察を続けていきたいと思う。

---

*1 下線はすべて筆者による。
*2 原文は「向かえ」となっている。
*3 通常、名詞に前接するのは常体である。
*4 この「の」はコピュラ「だ」の連体形とされる。

＊5 「の」「という」「といった」などの品詞認定は定まっていない。「の」は格助詞、連体助詞、連体格助詞、「という」「といった」は複合辞、複合助辞などとされる。益岡・田窪（1992）は「の」「という」「といった」をいずれも（従属）接続助詞としている。
＊6 影山（1993）はV-V型複合動詞における統語的複合動詞／語彙的複合動詞の基準として以下のような現象を挙げている（pp.74–177）。①V1の代用形　走り続ける→そうし続ける（統語的）、遊び暮らす→＊そうし暮らす（語彙的）②V1の主語尊敬語　歌い始める→お歌いになり始める（統語的）、書き込む→＊お書きになり込む（語彙的）③V1の受身形　呼び始める→呼ばれ始める（統語的）、書き込む→＊書かれ込む（語彙的）④V1とサ変動詞との互換性　見続ける→見物し続ける（統語的）、貼り付ける→＊接着し付ける（語彙的）　⑤V1の重複　隠し続ける→隠しに隠し続ける（統語的）、探し歩く→＊探しに探し歩く（語彙的）
＊7 A〜Fの用例は第13章からのものである。
＊8 ブログと硬質な総合雑誌というジャンルの違いも大きいであろう。
＊9 第13章で「状態」が前接語句の範疇表示的な性格を強めていることを指摘した。
＊10 「???」は沈黙文（小池1997: 84）の一種であろうか。
＊11 佐竹（1995）は、ニュアンスや口調を文字で表現するために片仮名や記号を利用した若者の表記法を「新言文一致体」のレトリックととらえている。
＊12 米川（1996）は「最近の流行形式」として「空腹状態」「おやじ状態」「星飛雄馬状態」などの「〜状態」という表現があるとし、「なんにでも「状態」が付き、その場だけの語が多い」と述べている。直接引用形式を前項に持つ例は挙げられていない。
＊13 http://www.gohan.gr.jp/Q_A/04_menu/02.html
＊14 http://earthkicker.blog20.fc2.com/
＊15 http://twitter.com/hizirigaoka/statuses/8946104431288320
＊16 http://www34.atwiki.jp/ochiwiki/pages/815.html
＊17 http://ameblo.jp/conan4962/entry-10575242278.html
＊18 http://misaka0118.blog.fc2.com/blog-category-3.html
＊19 http://www.flickr.com/photos/8168931@N04/1451557062/
＊20 ひと頃よく耳にした「なんちゃっておじさん」や、キャッチフレーズの「ゆっくり走ろう神奈川」などもこれらに連続するものであろう。なお、(24)以降の用例は東條和子氏から提供されたものである。

IV　日本語教育と名詞文

第16章
日本語教科書の名詞文

1. はじめに

本章では日本語教科書において名詞文がどのように用いられているかを観察し、日本語教育における名詞文のあり方を考える。

2. 指導項目としての名詞文

まず、代表的な初級の日本語教科書の一つである『みんなの日本語』を見てみよう。(1) は第1課に掲げられた文型である。

(1) わたしはマイク・ミラーです。
　　サントスさんは学生じゃ（では）ありません。
　　ミラーさんは会社員ですか。
　　サントスさんも会社員です。

外国語教育で用いられるシラバスに「機能シラバス」「場面シラバス」などと並んで「文型シラバス」というのがある。初級の教科書に一般的に見られるもので、『みんなの日本語』は代表的な文型シラバスの教科書である*1。文型の基準は、述語の品詞、格フレーム、文末の形式、従属節の形式等、さまざまで、『みんなの日本語』にも多様な基準の「文型」が混在している。(1) はいずれも主体に対する類別や同定の機能を持つ典型的な名詞文であり、『みんなの日本語』第1課の指導目標は名詞文という構文であると考えられる。

今一つ初級の教科書を見てみよう。(2) はコミュニケーションのための初級日本語テキスト『日本語で話そう 1』の第1課の見出しの文である。『日本語で話そう 1』*2 の第1課の学習項目は「〜です」「〜ですか」「これは〜です」「〜じゃありません」で、やはり名詞文の導入を目標としている。

（2） グリーンです。
　　グリーンさんですか。
　　お国はどちらですか。
　　お仕事は何ですか。

このように初級教科書の多くは名詞文で始まるが、それには、

・名詞文は構造が単純である
・無標の名詞文は基本的な題述構造である
・名詞文は語彙としての名詞の導入に便利である
・名詞文は直接法になじむ

等の合理的な理由がある。名詞文は入門期に適した性質を持つため、名詞文（的な構造の文）から始めるのは日本語教育に限らないが、特に名詞文および題述構造が日本語の特質に深く根ざしたものであることを考えると、日本語教育にとって名詞文の導入はさらに根源的な意義を持つと思われる。

ただ、日本語教育において名詞文が自覚的に扱われるのは多くの場合、入門期における（1）（2）のような典型（原型）的なものに限られる。例えば『みんなの日本語』第2課の文型は「これは辞書です。／これはコンピューターの本です。／それはわたしの傘です。／この傘はわたしのです。」、第3課の文型は「ここは食堂です。／電話はあそこです。」となっていて、いずれも名詞文ではあるが、目標は指示語や連体助詞「の」の導入である。第8課の「桜はきれいな花です。／富士山は高い山です。」は形容詞の連体用法の導入であり、第22課の「これはミラーさんが作ったケーキです。」は連体節の導入である。『日本語で話そう』はコミュニケーション能力の育成を念頭においた教科書で、場面・機能に文法を対応させている。自然な話し言葉を志向しており、主題を入れない、無助詞で提示する、会話文にウナギ文を入れるなど、さまざまな工夫が見られる。例文には名詞文が多く用いられているが、名詞文が指導目標になっているのは、1課のみである。このように、名詞文としての指導・学習が1課で終わるのは日本語教育の一般的な姿と言ってよい。本章では、日本語教育において名詞文が入門期にとどまらず重要な

位置を占めていることを、代表的な初級日本語教科書、および自然な日本語の習得を目標とした教科書の調査をもとに論じる。

3. 教科書に見られるさまざまな名詞文

第1章で名詞文に諸種のものがあることを述べた。そのうち、日本語教育で指導項目として扱われるのは（1）（2）のような名詞文のみというケースが通常であるが、日本語教科書には指導項目外のさまざまな名詞文が用いられる。名詞文の下位類型に従って日本語教科書における現れ方を見てみる。資料としたのは以下の4種の日本語教科書である。

・スリーエーネットワーク編（1998）『みんなの日本語』スリーエーネットワーク
・高柳和子、広瀬万里子（1991）『日本語で話そう1』『日本語で話そう2』ELEC
・Tanahashi,A.& Oshima Y.（1998）Sounding Natural in Japanese. The Japan Times
・名古屋大学言語文化部日本語学科編（1988）『現代日本語コース中級Ⅰ』、（1990）『現代日本語コース中級Ⅱ』名古屋大学出版会

“Sounding Natural in Japanese”は自然な日本語の指導を目標とする教科書で、機能に文型を対応させ、70の表現類型が扱われている。文型の配列は体系的ではない。『現代日本語コース中級』は機能シラバスの中級教科書である。

第1章で名詞文の類型として、有題叙述文、同定文、中立叙述文、指定文、間接的指定文（ウナギ文）、無主語文を挙げた。そのうち、上記4種の教科書に現れたのは、有題叙述文、指定文、間接的指定文、無主語文である。有題叙述文を、典型的な名詞文、主語の性状を表わす名詞文、主語の動態を表わす名詞文、文末名詞文に分けて述べる。

3.1　典型的な名詞文

（3）ミラーさんはアメリカ人です。／今日は僕の誕生日だ。
（みんなの日本語）

（4）お仕事は何ですか。／ジョンソンさんの会社はコンピューターの会社ですよね。／トロントはどんな所ですか。／しずかできれいな所ですよ。　（日本語で話そう）

（5）去年は大変な年でした。／その人有名な人。／この赤、いい色ね。／今40代から50代の夫婦は経済の高度成長時代をささえてきた世代で、猛烈社員などといわれてきた人々だ。／その本、どんな本。　（現代日本語コース中級Ⅰ）

典型的な名詞文は、有題叙述文のうち、「鯨は哺乳類だ」のように、述語が主語の指示対象を類別するものである。上述したように、第1課以外で目標文型になっている場合は、形容詞、指示語、連体節など名詞文以外のものを学習項目とする。

3.2　主語の性状を表わす名詞文

（6）いくらですか。／テレサちゃんは9歳です。（みんなの日本語）

（7）いくつですか？／そのラジオはいくらですか。／でも土曜日と日曜日は休みですから。／楽しみです。（日本語で話そう）

（8）この橋、長さはどのぐらいですか。／腹ペコなんだ。／プロ並みですね。／1週間違ったら大違いよ。
（Sounding Natural in Japanese）

（9）まあ、おたがいさまですけどね。／ちょっと吸いすぎだと思います。　（現代日本語コース中級Ⅰ）

（6）～（9）は主語の性質や状態を表わす形容詞的な名詞文である。述語の大半は数量や程度を表わし、数量詞の導入を目標として提示されているものも多い。いずれも典型的な名詞文とは言えない。

3.3　主語の動態を表わす名詞文

（10）吉祥寺は中央線ですから、新宿乗換えです。／買い物ですか。／何時ごろお帰りですか。　（日本語で話そう）

（11）お客様、どういった物をお探しですか。／ダイエットは？

—今日はお休み。／どうせうちの勝ちだよ。／今日は日本料理店でお得意様の接待なんでしょ？／課長、ゴルフですか。　(Sounding Natural in Japanese)

(12) あ、お金は銀行振り込みでしたね。／いよいよお別れね。／さあ、これから、もうひとがんばりだなあ。／実は、今試験中なんです。／まだ仕事ですか。／先生、お急ぎですか。／あのう、ピザのシェイキーズご存じですか。／あ、もうご存じでしたか。　(現代日本語コース中級Ⅰ)

(10)～(12) は述語名詞が主体の動的な事態を表わしている。動詞の持つ、テンス・アスペクト・ヴォイスなどのカテゴリーが文脈上自明で、捨象されたという形である。(12) の「(試験) 中」という形式に関しては『現代日本語コース中級』にも “Sounding Natural in Japanese” にも語彙的な説明がある。「お帰り」「お探し」「お急ぎ」「ご存じ」などの「お／ご＋ (動詞の連用形) ＋だ」はかなり生産性の高い敬語形式である。『みんなの日本語』および “Sounding Natural in Japanese” では特殊な尊敬語として「いらっしゃいます」「めしあがります」などと並んで、「ごぞんじです」だけを提示しており、『現代日本語コース中級Ⅰ』では「お／ご＋ (動詞の連用形) ＋だ」を尊敬表現の規則的な形の一つとして提示している。ただし、名詞文として扱っているわけではない。

3.4　文末名詞文

(13) 立入禁止は入るなという意味です。　(みんなの日本語)

(14) これ、どういう意味かなあ。　(現代日本語コース中級Ⅰ)

(13) (14) は文末名詞文であるが、「わけ」「つもり」などの形式名詞は別として、この種の例はほとんど見られなかった。

3.5　指定文

(15) 私の趣味は映画を見ることです。／私が日本へ来たのは去年の3月です。／あそこにいる人はミラーさんです。　(みんなの日本語)

(16) お仕事は何ですか。　(日本語で話そう)

(17) 私じゃなくて、三田さんです。 (Sounding Natural in Japanese)

(18) 先週ゼミで話したのはだれだった。／だれだ、あそこでお茶飲もうなんて言い出したのは。 (現代日本語コース中級Ⅰ)

(15) ～ (18) は名詞文の前項が前提、述語名詞が情報の焦点という意味構造の指定文である＊3。第10章で資料とした随筆では名詞文の約22％が指定文であったが、教科書にこの種の例は多いとは言えない。ただし、『現代日本語コース中級』の読み物には指定文が多く用いられている。いずれにしても指定文という提出の仕方ではない。

3.6 間接的指定文（ウナギ文）

(19) 電話はあそこです。 (みんなの日本語)

(20) 吉祥寺は何番線ですか。／私はカナダのトロントです。／ラジカセはどこですか。 (日本語で話そう)

(21) お昼はいつもここですか。 (Sounding Natural in Japanese)

(19) ～ (21) は主題と述語名詞の意味関係を文脈に依拠して解釈する文である。早い学習段階から提出されるが、いずれも場所の表現に限定されており、ウナギ文であることに対する意識は高くない。

3.7 無主語名詞文

(22) 今4時5分です。／昨日は雨でした。 (みんなの日本語)

(23) a. あと1ヵ月で夏休みですね。モーターショーを見に行きます。一そうですか。じゃ、バスですね。

b. おいしそうなケーキですね。／いい店ですね。／評判の映画ですよね。 (日本語で話そう)

(24) a. 4時ですね。／ひどい雨ですねえ。

b. もう終わってもいい時間なんですが。／今日はずいぶん小さいコロッケだな。／おばけが出そうな家だね。／なんだか、つまらない人生だなあ。

(Sounding Natural in Japanese)

(25)　そろそろ論文の締切ですね。／この間のお話なんですが…。　（現代日本語コース中級Ⅰ）

地下鉄を出ると雨だった。／もう今日は終わりです。／トンネルを過ぎて、川をひとつ越えれば京都です。

（現代日本語コース中級Ⅱ）

(22)（23a）（24a）（25）は主語を想定できない本来的無主語文であるが、(23b)（24b）は（23c）（24c）のような主語を想定できないわけではない。

(23) c.　これはおいしそうなケーキですね。／この店はいい店ですね。／それは評判の映画ですよね。

(24) c.　今はもう終わってもいい時間なんですが。／？今日はこのコロッケはずいぶん小さいコロッケだな。／この家はおばけが出そうな家だね。／なんだか、僕の人生はつまらない人生だなあ。

主語の省略か本来的無主語かの判断は難しいが、(23b)（24b）はごく自然な日本語で、述語名詞がその連体部に対して論理的な主語と言い得るような関係にある。無主語名詞文は主語性の弱い単肢言語としての日本語らしい構文で、教科書にも多く用いられているが*4、日本語教育においては、無主語名詞文、あるいは述語名詞とその連体部が論理的な主述関係にある無主語名詞文という認識は恐らくなく、学習目標も別のところにある。

無主語文に対する注目がほとんど見られない日本語教科書の中にあって、『現代日本語コース中級Ⅱ』（16課ノート）では話し言葉における文の成立に関する記述の中に無主語名詞文に関する以下のような説明が見られる。

主語がなくても、述部が「名詞＋です／だ／ϕ」だけで文になります。

（例）　1）A：あ、雨だ。　B：あ、本当だ。

2）A：あと15分で東京ですね。　B：そうですね。

3）A：あ、地震。　B：ちがうよ。車が通っただけだよ。

4）海だ。青い海だ。何万年も行き続けてきた海だ。

(p.179)

教科書に現れたのは以上のような名詞文である。学習項目としての名詞文は限定されているが、教科書にもさまざまな名詞文が用いられていることが観察された。特に“Sounding Natural in Japanese”における名詞文は枚挙にいとまがなく、運用を重視する教科書の会話文には多くの多様な名詞文が使用されていることが分かる。実際には、「その時でした。王子様が白馬に乗って現れました。」「職場でのことである。上司が突然奇声を発した。」のような状況を提示する無主語名詞文、「大学で教鞭をとって30年。」「彼から誘いの電話。」のような名詞句独立文、「これは買いだ。」「これはコトだ。」のような慣用的な名詞文等々、さらに多様な名詞文が使用されているわけであるが、教科書における提示に限界が見られるのは、教科書という性質上、当然のことではあろう*5。

4. 日本語教育における名詞文のあり方

初級の日本語教科書には、「私は田中です。」のような基本的な名詞文を初めとして、形容詞文や動詞文に代わる名詞文、形容詞を導入する段階での「桜はきれいな花です。」や連体修飾を導入するときの「この絵は私が描いた絵です。」のような冗長な名詞文、「立入禁止は入るなという意味です。」のような文末名詞を用いた構文、指定文、文末に「つもり」「ところ」「はず」のような形式名詞を用いた構文などが指導される。文型シラバスによる教科書は文型の導入を第一としており、日本語としての表現の自然さが犠牲になっている面もあるが、自然な日本語の習得を目標とする教科書では多くの名詞文が用いられていた。中級教科書における名詞文の現れ方は、運用の実際における名詞文の広がりを暗示していると思われる。

しかし、通常、名詞文が自覚的に扱われるのは入門期の、それも最初に現れる典型的な名詞文のみである。それ以降は個別的な着目は見られても、名詞文という統一的な認識はおそらくなく、従って特段の注意・関心も見られない。さまざまな類型の名詞文が教科書に用いられてはいるが、それらは個別の学習項目に付随して現れていたり、自然な会話文の中にまぎれ込んでいたりするものにすぎない。実際の言語生活で名詞文各類型は多用されており、話し言葉、書き言葉を通じて、名詞文のあり方は日本語の一つの特徴となっている。「お〜です」という尊敬語の形式は形態・アクセントとも単純であり、しかも非常によく用いられる。また、日常会話に頻出するウナギ文、「いいお天気ですね」のように述部に論理的な主述関係を含む性状規定文、指定文、「(〜している) 様子だ／模様だ」のような文末名詞文、「来年卒業だ」「あしたから1週間出張だ」のような動詞性を捨象した名詞文など、いずれも構造が単純で、使用頻度も高い。日本語の名詞は、名詞としては二次的な機能である述部における用法を多岐に発達させている。名詞文はそれぞれの文章に、内容的にも形式的にも起伏を与えている。どのような日本語を教えるべきかは学習者の運用場面、学習者の意識、ニーズに左右されるが、目標言語の特徴が認識できるような教育・学習を理想とするならば、日本語らしさの一つである名詞文が、日本語における名詞文の位置という大局的な見地から自覚的に取り扱われることが望まれる。

教科書に多出する名詞述語の多様なあり方が日本語の「名詞指向性」に起因するものであるという統合的な視点を持つことで、日本語に対する新たな認識が生まれるのではないだろうか。

＊1　何をもって文型とするかは厳密には定義されていないようである。山口(1984) は「「文型」と「文の種類」とは事実上の同義語で、強いて区別すれば、前者は個々の文を相似点によってまとめ上げた結果としての類であり、後者はある基準に照らして全体を分割した結果としての類ともいえようが、普通はそう厳密に使い分けてはいない。」(p.4) と言い、高見澤ほか (1997) は文型とは言語表現の型で、構造文型と表現文型、基本文型と派生文型があるとし、グループ・ジャマシイ編著 (1998) は「文や節の意味・機能・用法にかかわる形式」(はじめに) とする。「文型」とは「文の類型」のことであり、「何らかの観点から文を分類したときに得られる類の名」とおおまかに考えてよいであろう。日本語教育学会編集の『新版日本語教育事典』には「文型」の項目はない。

＊2　『日本語で話そう1』と『日本語で話そう2』がある。

＊3　いずれも有題後項指定文である。

＊4　特に“Sounding Natural in Japanese”に多く見られた。

＊5　ちなみに、①～⑨は『日本語で話そう』における例文とその英訳であるが、訳文はいずれも動詞文になっている。

①何の先生ですか。→ What do you teach?

②どちらの学校ですか。→ Where do you teach?

③新宿乗換えです。→ You have to change trains at Shinjuku.

④ジョンソンさんの会社はコンピューターの会社ですよね。
→ You work for a computer company, don't you?

⑤おでかけですか。→ Are you going out?

⑥（モーターショーを見に行きます。）―そうですか。じゃ、バスですね。
→ Then you are taking the bus, right?

⑦おいしそうなケーキですね。→ That cake looks very good.

⑧何時ごろお帰りですか。→ What time will he be back?

⑨楽しみです。→ I'm looking forward to it.

第17章

応答表現「そうです」の意味と用法

1. はじめに

「そうです」は会話に頻出する言葉であるが、あまりに基本的な表現であるためか、その用法についてはこれまで必ずしも十分な考察が加えられているとは言えない。「そうです」による応答が可能であるのは名詞述語疑問文に限定されるというのが一般的な了解であるが、実態はどうであろうか。本章では「そうです」で応答し得る表現とはどのようなものかを改めて観察しようと思う。本章で対象とする「そうです」は肯定応答用法の場合である。「そう」「そうだ」も「そうです」で代表させることとする*1。

2.「そうです」の用法に関する一般的な説明

「そうです」の用法に関して、例えば庵ほか（2000）は以下のように記述している。否定形式による応答に関する部分は別種の問題を含むため肯定形式に関する部分のみ引用する。

> 真偽疑問文のうち、「はい、そうです。」で答えることができるのは、（1）のように述語が「名詞＋だ」の場合に限られます。（2）のように述語が形容詞の場合や、（3）のように述語が動詞の場合は、「はい、そうです。」は使えず、代わりに、述語を繰り返す必要があります*2。

（1）山田：田中さんは大学生ですか。
　　田中：○はい、そうです。　　○はい、大学生です。

（2）山田：田中さんは忙しいですか。
　　田中：×はい、そうです。　　○はい、忙しいです。

（3）山田：田中さんは朝6時に起きますか。

田中：×はい、そうです。　○はい、起きます*3。

(pp.280–281)

また、(4) が動詞述語であるにもかかわらず「そうです」による応答が可能であるのは、以下のように説明されている。

「のだ」が使われる真偽疑問文に対しては「はい、そうです。」で答えることができます。これは、「のだ」が「の＋だ」に由来し、「の」が形式名詞であるため、「のだ」全体が名詞文に相当する形になっているためです。

(4) 山田：田中さんはかばんを銀座で買ったんですか。

田中：○はい、そうです。(p.287)

以上は「そうです」の用法として一般に行われている説明であるが、「そうです」による応答例の中には、次節で述べるように、上記の記述では説明できない現象もある。

3.「そうです」の一般的な用法説明に関する疑問点

以下の①～③に挙げる「そうです」の使われ方は従来の一般的な説明の範囲を超えているが、いずれの「そうです」も肯定応答表現として同質であると思われる。

① 名詞述語文やノダ文以外の真偽疑問文に「そうです」で応答できる場合がある。(5) ～ (7) はいずれも「そうです」による応答が可能である。

(5) 遅くまで明かりがついてましたか。—*4 そうです。

(6) 奥様がそうおっしゃいましたか。—そうです。

(7) 彼、相変わらず遅刻が多いですか。—そうです。

② 名詞述語文やノダ文の真偽疑問文でも「そうです」による応答が不自然な場合がある。(8) ～ (10) はいずれも「そうです」による応答が不自然である。

(8) ご主人、ご在宅ですか。—* そうです。

(9) 暫く会ってないけど、彼、元気なんですか。—* そうです。

(10) そんな高いものを…今、お金あるんですか。—* そうです。

③「そうです」で応答する対象の多くは (11) ～ (13) のような

非疑問文である。

(11) きれいだなあ。—そうよ。ダイヤモンドだもの。

(12) 彼は真面目なだけに、追い詰められてあせった。—そしてとうとう彼女を殺してしまった。—そうです。

(13) わーい。—そうです。素直に喜ぶのはよろしい。

4. 先行論考

第2節で「そうです」の用法に関する一般的な説明を紹介した。本節ではそうした一般的な見解にとどまらない先行論考を紹介し、検討する。

① Alfonso（1966）

Alfonso（1966）における要点は以下の2点である。

a.「そうです」は名詞に関する情報を要求する質問文にのみ用いられる。「そう」で代用できるのは名詞に対してだけである。したがって、動詞文でも（14）（15）のように質問の焦点が動詞ではなく名詞成分であれば「そうです」による応答が可能である。

(14) スミスさんが字を書きますか？

(15) こんなものは手でできますか？

b.（16）のように直後に質問文への応答が与えられていれば、「そうです」が適格となる。

(16) それは重いですか？　—そうです、重いです。

第1点は第3節における疑問点①の解答となる。第2点も、例文の自然さから、首肯できそうに思える。先の（2）（3）も、それぞれ（2'）（3'）のようにしてみると、確かに不自然さは解消される。

(2') 山田：田中さんは忙しいですか。　田中：そうです、忙しいです。

(3') 山田：田中さんは朝6時に起きますか。　田中：そうです、6時に起きます。

しかし、直後に質問文への応答が与えられると「そうです」がなぜ適格となるのかに関する説明はない。(17) のように「そうです」の直後に実質的な応答が付加されなくても適格となる例がある、(18) (19) のように「そうです」の直後に実質的な応答が付加されても不適格となる例がある、という2点により、Alfonsoの第2点は問題が残る。

(17) それは重いですか？　—そうです。見てないで手伝ってくださいよ。

(18) 痛みますか？　—* そうです、痛みます。

(19) 夕刊、来ましたか？　—* そうです、もう来ました。

② 国立国語研究所 (1989)

国立国語研究所 (1989) は以下の場合に「そうです」が使えるとする。

a. 判定要求表現で、名詞述語文または準体助詞「の」を伴う文に対して。

b.「あなたは留学生でしょう。」のような、話者にとって確かな状態の事柄を相手に問いただし確かめる認定要求の表現に対して。(p.127)

第1点は一般的に行われてきた説明であり、第2点で挙げられている「そうです」の例文も名詞述語文に対するもののみであるため、従来の説明の範囲を出るものとは言い難いが、〈判定要求〉〈認定要求*5〉という表現意図を明確にした点に独自性が認められる。

③ 益岡・田窪 (1992)

益岡・田窪 (1992) は、「そうだ・ちがう」は、自分の判断を持ち、その当否を尋ねている場合の答えに限られるとして (20) (21) の例を挙げている。「そうです」の使用条件を名詞述語文に限定していない点で、包括的な説明となっているが、上例に照らすまでもなく、単純な判定要求表現にも「そうです」は用いられるため、確認要求に限定している点に問題が残る*6。

(20) これはあなたのですか。—(はい、) そうです。

(21) この近くに食堂ありますか。—* はい、そうです。　(p.138)

④ **大島（1995）**

大島（1995）は、「そうです」の機能は「質問文に提示された表現が別の表現や状況に関連するものとしてふさわしいものであるということを表明する」（p.113）ことであるとする。「そうです」で答えられる「表現提示形式」の質問文の典型的なものとして、「のだ」文・名詞述語文・分裂文・ウナギ文などの「ダ型文」を挙げ、周辺的なものとして、相手に確認を求める文・卓立を持つ文・マルチプルチョイス式焦点を持つ文を挙げている。大島は「そうです」による応答はメタレベルのものと言っているようにも思われ、違和感が残る*7。大島（1995）で典型とされるものは「そうです」の一般的な説明に重なり、卓立を持つ質問文、マルチプルチョイス式焦点を持つ質問文はAlfonso（1966）の第1点に重なり、相手に確認を求める文は国立国語研究所（1989）の第2点、益岡・田窪（1992）に重なる。

⑤ **中島（2001）**

中島（2001）は「そう」による応答の条件として、以下の3点を挙げている。

a. 先行文が付加疑問文*8 の場合、「そう」による応答が自然である。

b. 先行文が真偽疑問文の場合、名詞述語および「（の）ですか」疑問文であれば「そう」による応答ができ、事態の存在の有無や意志の有無を問う動詞述語文であれば「そう」による応答が不自然となる。

c. 先行文が要求文*9 および呼びかけの場合、「そう」による応答は不自然である。

中島は「そう」の自然さを左右するものとして表現意図および統語的条件を挙げているが、自然談話を資料とし、考察対象を「はい」「はあ」「ええ」「うん」「そう」のいずれかが出現した場合のみに限定しているため、体系的な記述にはなっていない。

⑥ 定延（2002）

定延（2002）は「そう」を感動詞の「そう」と照応詞の「そう」に分け、照応詞「そう」は（22）のように名詞以外の語句を指す際には自然になりにくいが、（23）のように感動詞の「そう」にはそうした名詞の偏好は見られないとしている。本章の「そうです」は定延の感動詞に当たるが、定延の説明では（24）の不自然さは説明できない*10。

（22） ??これは赤く、あれもそうだ。

（23） その本って、もしかして表紙、青い？ —そう。

（24） その本、面白い？ —*そう。

⑦ 岡本・多門（2002）

岡本・多門（2002）は「そう思います」「そうですね」「そうですか」なども含めた「そうです」型の応答に関する、アンケート調査も取り入れた包括的な論考である。「そうです」型の応答が自然か否かは二分法では捉えられないとし、質問文に対する「そうです」に関しては以下のa〜cの三つの要因が満たされる程度によって使用の自然さが規定されるとしている。

a. 質問の焦点を含んだ繰り返し応答が「〜です」に一致するという形態的対応があること。

b. 質問提示に判断が示されること。

c. その（bの）判断がカテゴリー的であること。

第1点には名詞述語文、ノダ文、焦点項目を有する文などが含まれている。第2点は益岡・田窪（1992）の主張に重なる。第3点は大島（1995）のマルチプルチョイスを持つ文に重なる。また確認文や主張文に対しては、提示が質問から確認、主張へと真偽に関して応答者の情報に依存する度合いが少なくなるほど、提示述語の品詞の制約条件が弱められていくという。岡本・多門（2002）は上述の疑問点を解決するに当たって示唆するところが大きい。ただ、諸要因が複合的に働くとしている点が特徴的でもあり、分かりにくいところでもある*11。

⑧内田（2003）

内田（2003）は「そうです」で答えられる質問文に、a. 相手の発話のくり返し、b.「〜のだ」文、c. 判定詞「だ」で終わる「〜のだ」以外の文、d.「この料理は一人で作りましたか。」のような判定詞「だ」以外で終わる文の4種を挙げ、a、b、d は「用法や文脈によっては「そうです」による答えが可能」（p.44）で、c は常に「そうです」による答えが可能であるという。「そうです」は未定部分に関する仮説（「複数の特定あるいは不特定の候補から質問者が暫定的に選んだ候補」（p.46））の当否に答えるものとされるが、この解釈は「そうです」がマルチプルチョイスの質問文に対応するという先行研究の解釈と重なる。c がなぜ常に「そうです」で応答できるのかも不明である。

次節で非言語情報を含めた包括的な観点から「そうです」使用の原理を考察してみたい。

5.「そうです」で応答し得る表現機能

「そうです」使用の可否は、先行文における述語の品詞のみによるものではない。また、「そうです」で応答できる対象は疑問文に限られるわけでもない。本節では、データに基づいた肯定応答表現「そうです」の包括的な用法分類を試みる。

用いた資料は以下の通りである。（　）内は本章で用いた略号である。

小説：一瞬の夏、女社長に乾杯！、太郎物語、沈黙（以上『CD-ROM 版 新潮文庫の 100 冊』による）、明暗（青空文庫による）

会話資料：名古屋大学会話資料（名大）

国立国語研究所（1960）は、表現意図によって、文を〈詠嘆表現〉〈判叙表現〉〈要求表現〉〈応答表現〉に分け、各類をさらに3段階に下位分類している。これらのうち、基本的に「そうです」による応答の対象となるのは要求表現の下位類である〈肯否要求の表現〉である。肯否要求の表現はさらに〈確認要求の表現〉と〈判定要求の表現〉に分けられる。確認要求の表現とは「話し手が自己の判断について、相手の確認を求めることの明瞭な表現」(p.109)であり、判定要求の表現とは「相手に yes か no かの判定を求める表現であって、話し手が、自己の判断の成立するか否かを、相手の判定にまつもの」(p.112) である。

- 要求表現
  - 質問的表現
    - 肯否要求の表現
      - 確認要求の表現
      - 判定要求の表現
    - 選述要求の表現
      - 選択要求の表現
      - 説明要求の表現
  - 命令的表現
    - 消極的行為要求の表現
    - 積極的行為要求の表現

図1　国立国語研究所（1960）における要求表現の分類

ただし、「そうです」で応答し得る表現は要求表現に留まらない。先に挙げた（11）（13）のような〈詠嘆表現〉もあれば、（12）のような〈判叙表現〉もある。これらを非要求表現とする。さらに、非言語表現に対して発せられる場合もある。また、言語表現の内容ではなく、表現形式に対して発せられる場合もある。図2はそれらの全体図である。

- 非言語表現……①
- 言語表現
  - 言語形式　……②
  - 非要求表現……③
  - 肯否要求表現（真偽疑問文）
    - 確認要求表現……④
    - 判定要求表現……⑤

図2　肯定応答「そうです」の対象となるもの

以下、①〜⑤の用例を挙げる。

① **非言語表現を対象とする「そうです」**

(25) は相手の発話ではなく、相手の動作を肯定している。

(25) 内藤は、再びその手のひらに向かって、ボディ・フックを放った。紙が引き裂かれるような音がして、エディの手が後にはじかれた。「そうよ！」一声叫んで、エディは全身から力を抜いた。「そう、それでいい。オーケーよ」（一瞬の夏）

定延（2002）は感動詞「そう」の用法を、肯定応答（ツバメって、渡り鳥？　―そう。）、疑念（ホオジロって、渡り鳥だよ。―そお～？）、合格点を出す（おい。ピアノ発表会、来週だろ。ちょっと弾いてみろ。［娘がピアノを弾きだす］……そう、……そうそうそうそう、……そ～うそうそう、……そうそう、……違うそこストップ！）、了解（先方様がお見えになりました。―そう（か）。部屋にお通しして。）、気づき（そうそう。田中さんがよろしくとのことでした。）、フィラー（来週の、そう（ねえ）、火曜に来てもらいましょうか。）の6種に分類している。このうち、本章で議論の対象とするのは〈肯定応答〉および〈合格点を出す〉の場合であり、後者が非言語を対象とする「そうです」の場合に当たる。なお、（26）のように、相手（読者）の想定される主観に対して用いる「そうです」もある。特殊な例であるが、ここに含めることにする。

（26）こちらの沈黙に、諦めたように戸をゆさぶる音がやみ、悲しそうに跫音が遠のいていきます。私は戸口に手をかけて外に出ようとしました。そうです。彼等が警吏で、罠をかけたとしても、かまわぬと思いました。（沈黙）

② 言語形式自体を対象とする「そうです」

（27）は発話の内容ではなく、相手の表現形式を肯定している。メタ言語レベルの反応である。内田（2003）の相手の発話をくり返すことによって確かめる質問文に対する「そうです」もこのケースである。

（27）私は彼の意見に反対です。　―そうです。そのくらいはっきり言った方がいい。

③ 非要求表現を対象とする「そうです」

（28）（29）は肯否判定要求を含まない発話に対して「そうです」で応答しているものである。

(28) 何とかしなければ！　―そうだよ。

(29)「津田はわたくしの夫です」「そうです。だから聞きたいでしょう」お延は歯を噛んだ。 (明暗)

④ 確認要求表現に対する「そうです」

(30)～(32)は話し手が自己の判断に対して聞き手に確認を求めており、それに対して「そうです」で応答しているものである。質問者には予期する答えがある。確認要求表現には、相手の発話(の一部)を捉えて、発話内容や発話意図を確認しようとするものが多い。

(30) 初めてでしょ、このお店。　―ああ、そうだよ。(太郎物語)

(31) それじゃ、あなたが純子さんに……　―そうです。あなたが狙われているとお話ししました。 (女社長に乾杯！)

(32) 何かねー。おまけだけ売ってるお店なんですよー。　―おまけなのに売ってる？　―そう、そう、そう。 (名大)

⑤ 判定要求表現に対する「そうです」

(33)～(36)の質問者は予期する明確な答えを持たず、相手に答えを依存している。そうした発話に対する肯定の「そうです」である。

(33) やはり仕事はきつい？　―そう、まだ体が慣れてないからね。 (一瞬の夏)

(34) この調味料は今入れますか。　―そうです。

(テレビの料理番組：資料外)

(35) もしかして、切符をさがしてますか。　―そうです。

(36) お見舞いは控えた方がよろしいでしょうか。　―そうです。まだ手術直後ですから。

6.「そうです」による応答の可否

本節では、「そうです」による応答の可否について、前節までの観察に考察を加えつつまとめることにする。

「そうです」という応答の対象は第一に肯否要求表現である。しかし、判定要求表現の中には（2）（3）（8）（9）（10）（18）（19）（21）（24）のように「そうです」で応答できないものもあった。これらと「そうです」で応答できる判定表現（前節⑤）との違いは何であろうか。

安達（1999）は、「疑問化されている事態の肯否についての見込みのこと」を「傾き（bias)」と呼び（p.24)、否定疑問文は肯定への「傾き」を有していること、否定疑問文の「傾き」は含意といったものではなく、話し手の「判断」の発現としてかなり文法化された存在であることを指摘している。「君、疲れていますか？」には傾きがないのに対し、「君、疲れていませんか？」には肯定の判断への「傾き」があるということである。

「そうです」で応答し得る判定要求と「そうです」で応答し得ない判定要求の違いも傾きの有無にある。ただし、傾きは、否定疑問文形式や（33）の「やはり」、（35）の「もしかして」のように言語形式化されている場合と文脈に依存する場合がある。（33）～（36）は全くの白紙での問いかけではなく、肯定応答に対する傾きを持った判定要求である。（37）～（39）が傾きのない判定要求であれば、「そうです」は不自然である。判定要求表現に対する「そうです」使用の可否を分ける要因は、あらゆる場合の「そうです」の使用の可否を決定する要因でもある。

(37) 諏訪湖は凍りますか。　―* そうです。

(38) チケット、お持ちですか。　―* そうです。

(39) 会社の方はうまく行ってるんですか？　―* そうです。

「そうです」の用法をまとめると以下のようになる。記述の便宜上、「そうです」という言語形式の使用者をX、「そうです」による応答の対象となる言動の主体をYとする。

①「そうです」による応答の対象には言語表現も非言語表現も含まれる。「そうです」は、Yの言動の中に含まれるYの判断ないし判断への傾きに対する肯定を表わすもので、Yの言動に判断（への傾き）を認めた場合、Xは「そうです」を使用することができる。

②「そうです」による応答の対象となる言語表現には肯否を要求するものと肯否を要求しないものがある。肯否を要求する言語表現は確認要求表現と判定要求表現であり、肯否を要求しない言語表現というのは、メタレベルで問題にされるものと、表現に判断が含まれるものである。肯否判定を求められていない場合の「そうです」はXの一方的な発話である。

③「そうです」で応答する要因、すなわちYにおける判断(への傾き)は、言語形式化されている場合と語用論的に認識される場合がある。

④ コピュラ文、ノダ文、否定疑問文、当為疑問文、「そうですか？」「本当ですか？」などの文、「それじゃ」「そうすると」「もしかして」「ひょっとして」「やはり」「実際に」などの副詞句、「さえ」「だけ」などの副助詞、「だろう↑」「ではないか」「って↑」「ね↑」等の文末形式等の共起は当該文に傾きのあることを示す標識となる*12。そうした言語的標識がない場合、Yに判断(への「傾き」)を認めるか否かは語用論的である。

⑤従来問題とされてきたのは判定要求表現に対する「そうです」の用法である。疑問文が名詞述語であれば「そうです」で応答できるというのは、名詞述語文が基本的に判断文であるためである。名詞述語文の中には(40)のような有題叙述文も(41)のような指定文も含まれる。

(40)「君、長男？」太郎は辰彦に尋ねた。「そうです」

(太郎物語)

(41) あのバーへ行ったのは、あなた？　—そうさ。

(女社長に乾杯！)

名詞述語文であっても、(42)(43)のように傾きを持たず事態の存否を問う場合、「そうです」での応答は不自然となる。述語が名詞であるか否かは本質的なことではない。

(42) ご主人、ご在宅ですか。　—* そうです。

(43) 皆様お揃いですか*13。　—* そうです。

⑥ノダ文形式の疑問文が「そうです」で応答し得るのは、ノダ疑問文が基本的に他の事態と関連付けた解釈を提示してその肯否

を問うものであり、その意味で傾きを持つからである。ノダ文であるか否かも本質的なことではない。

7. おわりに

「そうです」の可否を決する要因には構造的なものと語用論的なものがある。「そうです」の対象を名詞述語文とする従来の説はコピュラ文の構造的な意味に関わるものであり、間接受身が構造的に被害の意味を持つように、コピュラ文も構造的に判断を含む文であるためである。また、一般に「そうです」は真偽疑問文に対する応答表現と考えられているが、「そうです」の対象は命題、モダリティ、メタレベル、非言語、と広い範囲に渡っており、真偽疑問文に応じる「そうです」はその一部であるに過ぎない。「そうです」は判断に対する肯定であり、判断が存在することの認定は多くの場合、語用論的である。発話者が肯定応答を全く期待していなくても、そこに何らかの判断を認めた場合、「そうです」で応じる可能性がある。つまるところ、「そうです」の使用は限りなく語用論的なものといえようか。

---

*1 「そうなんです」や「そうなんですね」「そうなんですよ」のように「のだ」が終助詞を伴う形式は用法を異にするため、考察の対象から除く。「そうです」は文代用形式「そう」にコピュラが後接したものであるが、「そうです」で応答詞として扱われる。

*2 用例番号は引用文中か否かを問わず通し番号とする。

*3 質問の焦点が「6時に」の部分であれば、「はい、6時に起きます。」の方が自然であろう。

*4 「―」で話者が交替したことを示す。

*5 以下、本章では〈認定要求〉に代えて〈確認要求〉の語を用いる。

*6 (20) は「自分の判断を持ち、その当否を尋ねている」文であり、(21) はそうではないとする根拠も不明確である。

*7 例えば「それ、面白い本ですか。」に対して、「当該の「本」について、「面白い」という表現が適切か否かを問う」場合は「そうです」で応答でき、

「当該の「本」についての相手の評価を問う」場合は「そうです」は使いにくいと言う（p.113)。後述するようにメタレベルの「そうです」もあるが、それは「そうです」の用法の一部である。

＊8 中島（2001）は、「ね↑」「だろう（でしょう）↑」「じゃない↑」で終止する疑問文を〈付加疑問文〉としている。

＊9 中島（2001）は、依頼、許可求め、誘いかけなどの文を〈要求文〉としている。

＊10 定延（2002）は感動詞「そう」には希薄化した照応詞の意味「先行文脈への言及」が残存していると述べている。

＊11 下表は、先行5論考の各基準を用いた場合、最左列に示した「そうです」の可否が正しく判定されるか否かを示したものである。岡本・多門（2002）に依ればいずれの例も説明可能になると思われる。

表 「そうです」使用の可否に対する説明力（○：説明できる、×：説明できない）

	Alfonso※1	国研、中島※2	益岡・田窪※3	定延※4
降ってるんですか。	○	○	○	○
太郎さん、来ましたか。―*そうです。	○	○	○	×
夕刊、来ましたか？―*そうです。もう来ました。	×	○	○	×
あなたはいつも逗子から乗りますか。―そうです。	○	×	×	○
ひょっとしてもう結婚してます？―そうです。	×	×	○	○
お二人、ご一緒ですか。―そうです。	×	×	×	○
ご主人、ご在宅ですか。―*そうです。	×	×	○	×
じゃ、彼が出入りしていたことも知りませんでしたか？ ―そうです。	×	×	○	○

※1 Alfonso（1966） ※2 国研（1989)、中島（2001） ※3 益岡・田窪（1992） ※4 定延（2002）

＊12 確認要求表現に近いものに同意要求表現がある。同意要求表現に対する応答は「そうですね」であり、「そうです」は不適切である。例：何だか気味が悪いでしょ？／あの子、強くなったと思いません？／涼しいですね。―？そうです。／そうですね。

＊13 ただし、「ご在宅」「お揃い」は典型的な名詞ではない。典型的な名詞述語文は判断文である。

初出一覧

第1章　日本語の述部における名詞の態様
「日本語の述部における名詞の機能」『日本語教育研究論集 ジャーナル CAJLE』5　カナダ日本語教育振興会、2003年
第2章　形容詞述語と名詞述語―その近くて遠い関係―
「形容詞述語と名詞述語―その近くて遠い関係―」『国文学解釈と鑑賞』74-7　至文堂、2009年
第3章　形容詞派生の名詞「〜さ」を述語とする文の性質
「形容詞派生の名詞「〜さ」を述語とする文の性質」『日本語の研究』2–4　日本語学会、2006年
第4章　名詞句の性状規定性に関する一考察
「「長髪」と「長い髪」―性状規定名詞文の成立条件をめぐって―」『日本研究教育年報』17　東京外国語大学日本課程、2013年
第5章　主体尊敬述語形式「お〜だ」をめぐって
「主体尊敬述語形式「お〜だ」をめぐって」『日中言語研究と日本語教育』3　好文出版、2010年
第6章　文末名詞
「'文末名詞'について」『国語学』159　国語学会、1989年
第7章　意味構造から見た平叙文分類の試み
「意味構造から見た平叙文分類の試み」『東京外国語大学日本語学科年報』15　東京外国語大学日本語学科、1994年
第8章　ナル表現の内実
「ナル表現の内実―天声人語とその英訳を資料として―」ヨーロッパ日本研究協会（EAJS）第13回大会において口頭発表、2011年
第9章　日本語の無主語文
「日本語の無主語文をめぐって」『言語教育論叢』9　桜美林大学言語教育研究所、2013年
第10章　随筆の名詞文
「随筆の名詞文」『日本語随筆テクストの諸相』ひつじ書房、2007年
第11章　名詞句独立文をめぐって―意味的な完結性をもたらすもの―
On the Modality of Noun Phrases as Minor Sentences in Japanese. *Japanese Modality: Exploring its scope and interpretation*. London: Palgrave Macmillan. 2009年.
第12章　「という」の介在する連体修飾の意味類型
「研究ノート：「という」の介在する連体修飾の意味類型」『桜美林論集』29　桜美林大学、2002年

第13章　総合雑誌に見る名詞「状態」の用法—約100年を隔てた2誌を比較して—

「総合雑誌に見る名詞「状態」の用法—約100年を隔てた2誌を比較して—」『日本語科学』24　国立国語研究所、2008年

第14章　類義語「状況」「状態」の統語的分析—コーパスによる数量的比較—

「類義語「状況」「状態」の統語的分析 —コーパスによる統計的比較—」『計量国語学』27–5、2010年

第15章　直接引用形式を前項に持つ複合名詞「〜状態」をめぐって

「「状態」を後項に持つ複合名詞をめぐって」『桜美林論考—言語文化研究—』4　桜美林大学言語学系、2013年

第16章　日本語教科書の名詞文

「日本語教育と文型—名詞文をめぐって—」日本文体論学会第89回大会において口頭発表、2006年

第17章　応答表現「そうです」の意味と用法

「応答表現「そうです」の意味と用法」『言語教育研究』3　桜美林大学大学院言語教育研究科、2013年

参考文献

安達太郎（1999）『日本語研究叢書11　日本語疑問文における判断の諸相』くろしお出版
安達太郎（2002）「第5章　質問と疑い」『新日本語文法選書4　モダリティ』くろしお出版
天野みどり（1998）「「前提・焦点」構造からみた「は」と「が」の機能」『日本語科学』3　国立国語研究所
荒木一雄、安井稔編（1992）『現代英文法辞典』三省堂
安藤貞雄（1986）『英語の論理・日本語の論理』大修館書店
飯間浩明（2003）『遊ぶ日本語　不思議な日本語』岩波書店
庵功雄、松岡弘、中西久実子、山田敏弘、高梨信乃（2000）『初級を教える人のための日本語文法ハンドブック上』スリーエーネットワーク
池上嘉彦（1982）「表現構造の比較―〈スル〉的な言語と〈ナル〉的な言語―」『日英語比較講座第4巻　発想と表現』大修館書店
池上嘉彦（1983）「テクストとテクストの構造」『日本語教育指導参考書11 談話の研究と教育Ⅰ』国立国語研究所
池上嘉彦（1995）『〈英文法〉を考える―〈文法〉と〈コミュニケーション〉の間―』ちくま学芸文庫（1991『〈英文法〉を考える―〈文法〉と〈コミュニケーション〉の間―』筑摩書房）
池上嘉彦（2000）『日本語論への招待』講談社
石井正彦（1993）「臨時一語と文章の凝縮」『国語学』173 国語学会
石井正彦（2007）『現代日本語の複合語形成論』ひつじ書房
井手至（1967）「形式名詞とは何か」松村明他編『講座日本語の文法3　品詞各論』明治書院
井上優（2010）「体言締め文と「いい天気だ」構文」『日本語学』29–11 明治書院
井上優、金河守（1998）「名詞述語の動詞性・形容詞性に関する覚え書―日本語と韓国語の場合―」筑波大学東西言語文化の類型論特別プロジェクト研究組織編『筑波大学東西言語文化の類型論特別プロジェクト研究報告書（平成10年度Part Ⅱ）』筑波大学
井上和子（1976）『変形文法と日本語 上』大修館書店
林八龍（1995）「日本語と韓国語における表現構造の対照考察―日本語の名詞表現と韓国語の動詞表現を中心として―」宮地裕敦子先生古稀記念論集刊行会編『宮地裕敦子先生古希記念論集　日本語の研究』明治書院
上原聡（2010）「名詞化と名詞性―その意味と形―」『日本語学』29–11 明治書院

内田安伊子（2003）「「そうです」という答えについて」『日本語教育』119 日本語教育学会
楳垣実（1974）「比較言語学的にみた日本語と英語」『復刻文化庁国語シリーズV　外国語と日本語』教育出版
王亜新（2012）「日本語と中国語における［名詞述語文の使用率に関する数値的統計の試み－日中対訳コーパスの応用例として－」『応用言語学研究論集』5 金沢大学
大島資生（1990）「連体修飾節構造に現れる「という」の機能について」『人文学報』225 東京都立大学（大島資生（2010）『日本語連体修飾節構造の研究』ひつじ研究叢書（言語編）第78巻所収）
大島資生（1995）「応答句の「そうです」の機能について」『日本語研究』15 東京都立大学国語学教室
太田陽子（2000）「「トイウ」を用いた連体修飾表現について」『東京大学留学生センター紀要』10　東京大学留学生センター
大塚望（2004）「「～がある」文の多機能性」『言語研究』125 日本言語学会
大槻文彦（1897）『広日本文典』大槻文彦（復刻版『廣日本文典・同別記』(1980) 勉誠社）
岡本真一郎・多門靖容（2002）「「そうです」型応答詞の使用の規定因」『人間文化』17 愛知学院大学人間文化研究所
奥田靖雄（1983）「に格の名詞と動詞とのくみあわせ」『日本語文法・連語論（資料編）』むぎ書房
奥田靖雄（1985）『ことばの研究・序説』むぎ書房
奥津敬一郎（1974）『生成日本文法論』大修館書店
奥津敬一郎（1975a）「主語とは何か」『言語』4–3 大修館書店
奥津敬一郎（1975b）「複合名詞の生成文法」『国語学』101 国語学会
生越直樹（2002）「日本語・朝鮮語における連体修飾表現の使われ方「きれいな花！」タイプを中心に」『シリーズ言語科学4　対照言語学』東京大学出版会
小野正弘（1984）「「因果」と「果報」の語史－中立的意味のマイナス化とプラス化－」『国語学研究』24「国語学研究」刊行会
小野正弘（1985a）「中立的意味を持つ語の意味変化の方向について－「分限」を中心にして－」『国語学』141 国語学会
小野正弘（1985b）「「天気」の語史－中立的意味のプラス化に言及して－」『国語学研究』25「国語学研究」刊行会
小野正弘（2001a）「意味変化の形態的指標となるもの」国語語彙史研究会編『国語語彙史の研究』20 和泉書院
小野正弘（2001b）「通時的主導による「語彙」「語彙史」」『国語学研究』40「国語学研究」刊行会
影山太郎（1993）『文法と語形成』ひつじ書房
影山太郎（2002）『ケジメのない日本語』岩波書店
影山太郎（2009）「外心構造における意味と形態のミスマッチ」『語彙の意味と文法』くろしお出版
加藤周一（2007）『日本文化における時間と空間』岩波書店

亀井孝、河野六郎、千野栄一編著（1996）『言語学大辞典　術語編』三省堂
ガルニエ，カトリーヌ（細川英雄ほか訳）（1994）『日本語の複文構造』ひつじ書房
川端善明（2004）「文法と意味」『朝倉日本語講座 6 文法Ⅱ』朝倉書店
上林洋二（1988）「措定文と指定文—ハとガの一面—」『文芸言語研究 言語篇』14 筑波大学
菊地康人（1994）『敬語』角川書店（1997 講談社学術文庫）
北原保雄（1975）「日本語の主語」『言語』4–3 大修館書店
金恩愛（2003）「日本語の名詞志向構造（nominal-oriented structure）と韓国語の動詞志向構造（verbal-oriented structure））『朝鮮学報』188 天理：朝鮮学会
金田一春彦（1950）「国語動詞の一分類」『言語研究』15 日本言語学会（金田一春彦（1976）『日本語動詞のアスペクト』むぎ書房所収）
金田一春彦（1957）『日本語』岩波書店
工藤浩（1989）「現代日本語の文の叙法性 序章」『東京外国語大学論集』39：14–33
久野暲（1973）『日本文法研究』大修館書店
久野暲（1978）『談話の文法』大修館書店
窪田富男（1993）「敬語動詞の状態性と動作性—「お〜だ」形式との関連をめぐって」『松田徳一郎教授還暦記念論文集』湯本昭南ほか編 研究社
熊本千明（2000）「指定文と提示文—日・英語の観察から—」『佐賀大学文化教育学部研究論文集』5–1
クワーク，R.、S. グリーンバウム（池上嘉彦訳）（1977）「焦点、主題、強調」『現代英語文法 大学編』紀伊國屋書店
グループ・ジャマシイ編著（1998）『日本語文型辞典』くろしお出版
小池清治（1997）『現代日本語文法入門』筑摩書房
小池清治（2002）「無主語文による表現」『日本語表現・文型事典』朝倉書店
国立国語研究所（1960）『話しことばの文型（1）—対話資料による研究—』国立国語研究所報告 18 秀英出版
国立国語研究所（1963）『話しことばの文型（2）—独話資料による研究—』国立国語研究所報告 23 秀英出版
国立国語研究所（1989）『日本語教育指導参考書 15　談話の研究と教育Ⅱ』国立国語研究所
国立国語研究所（2006）『現代雑誌 200 万字言語調査語彙表』公開版（ver.1.0）
サイデンステッカー，E.G.、安西徹雄（1983）『日本文の翻訳』スタンダード英語講座 2 大修館書店
斎藤倫明（2004）『語彙論的語構成論』ひつじ書房
坂原茂（1990）「役割、ガ・ハ、ウナギ文」日本認知科学会編『認知科学の発展 Vol.3 特集メンタルスペース』講談社
坂原茂（2005）「書評：西山佑司著『日本語名詞句の意味論と語用論—指示的名詞句と非指示的名詞句—』」『日本語の研究』1–2 日本語学会
佐久間鼎（1940）『現代日本語法の研究』厚生閣（1983 年くろしお出版より復刊）

佐久間鼎（1941）『日本語の特質』育英書院（1995年くろしお出版より復刊）
笹井香（2006）「現代語の感動文の構造―「なんと」型感動文の構造をめぐって―」『日本語の研究』2–1 日本語学会
佐竹秀雄（1995）「若者ことばとレトリック」『日本語学』14–12 明治書院
定延利之（2002）「「うん」と「そう」に意味はあるか」『「うん」と「そう」の言語学』ひつじ書房
佐藤里美（1997）「名詞述語文の意味的なタイプ―主語が人名詞の場合―」『ことばの科学 8』むぎ書房
佐藤里美（2001）「テクストにおける名詞述語文の機能―小説の地の文における質・特性表現と〈説明〉―」『ことばの科学　10』むぎ書房
佐藤里美（2004）「モダリティー」『国文学　解釈と鑑賞』69–1 至文堂
佐藤琢三（2003）「「青い目をしている」型構文の分析」『日本語文法』3–1 日本語文法学会
佐藤武義（1977）「敬譲の助動詞」『国語学研究事典』明治書院
澤田浩子（2010）「「彼は親切な性格だ」と「彼は性格が親切だ」―中国語から日本語を考える―」『日本語教育研究への招待』くろしお出版
柴谷方良（1985）「主語プロトタイプ論」『日本語学』4–10 明治書院
島田泰子（2003）「修飾されたサマ名詞による様態の描写と規定をめぐって―総論並びにサマ名詞表現通史への展望として―」『香川大学国文研究』28 香川大学国文学会
ジョンソン由紀（2005）「日英連体修飾節一考察―統語的・意味的観点からみた「という」節に及んで―」『言語教育の新展開』ひつじ書房
進藤咲子（1965）「「…顔」の系譜」『日本文学』25 日本文学協会
新屋映子（1989）「日本語の主観用言における人称制限」『東京外国語大学日本語学科年報』東京外国語大学日本語学科
鈴木重幸（1972）『文法と文法指導』むぎ書房
鈴木重幸（1992）「主語論をめぐって」『ことばの科学 5』むぎ書房
鈴木智美（2012）「ニュース報道およびブログ等に見られる「～です」文の意味・機能―「～を徹底取材です」「～に期待です」「～をよろしくです」―」『東京外国語大学論集』84 東京外国語大学
砂川有里子（1990）「主題の省略と非省略」『文藝言語研究（言語篇）』18 筑波大学
砂川有里子（2005）『文法と談話の接点―日本語の談話における主題展開機能の研究―』くろしお出版
盛文忠（2006）「日本語の主語と中国語の主語はどう違う？」『言語』35–5 大修館書店
高市和久（1987）「形式的な名詞述語文」『国語学研究』27 国語学研究刊行会
高橋太郎（1975）「文中にあらわれる所属関係の種々相」『国語学』103 国語学会
高橋太郎（1979）「連体動詞句と名詞のかかわりあいについての序説」『言語の研究』むぎ書房
高橋太郎（1984）「名詞述語文における主語と述語の意味的な関係」『日本語学』3–12 明治書院

高橋太郎、屋久茂子（1984）「「〜がある」の用法―（あわせて）「人がある」と「人がいる」の違い―」『研究報告集』5　国立国語研究所
高橋美奈子（1994）「名詞修飾表現における「トイウ」の介在可能性について―『内の関係』の名詞修飾表現を中心に―」『待兼山論叢』28 大阪大学
高橋美奈子（2006）「名詞修飾表現の用いられ方について―「修飾節＋主名詞。」という表現の用法―」『四天王寺国際仏教大学紀要』43 四天王寺国際仏教大学
高見澤孟ほか（1997）『はじめての日本語教育　基本用語事典』アスク講談社
田中伊式（2012）「ニュース報道における「名詞＋です」表現について―「イチロー選手が電撃移籍です」「尖閣諸島で新たな動きです」―」『放送研究と調査』NHK 放送文化研究所
塚本秀樹（2006）「日本語から見た韓国語―対照言語学からのアプローチと文法化―」『日本語学』25–3
塚本秀樹（2009）「日本語と朝鮮語における品詞と言語現象のかかわり―対照言語学からのアプローチ」『語彙の意味と文法』くろしお出版
塚本秀樹（2012）『形態論と統語論の相互作用―日本語と韓国語の対照言語学的研究―』ひつじ書房
辻村敏樹（1967）『現代の敬語』共文社
角田太作（1991）『世界の言語と日本語』くろしお出版
角田太作（1996）「体言締め文」『日本語文法の諸問題―高橋太郎先生古希記念論文集―』ひつじ書房
角田太作（2011）「人魚構文―日本語学から一般言語学への貢献―」『国立国語研究所論集』1
坪本篤朗（1998）「第 II 部 文連結の形と意味と語用論 」中右実編『日英語比較選書 3 モダリティと発話行為』研究社出版
寺村秀夫（1975–78）「連体修飾のシンタクスと意味　その 1〜4」『日本語・日本文化』4〜7　大阪外国語大学研究留学生別科
寺村秀夫（1981）『日本語教育指導参考書 5　日本語の文法（下）』国立国語研究所
寺村秀夫（1982）「存在の表現」『日本語のシンタクスと意味 I 』くろしお出版：155–161
土井忠生、森田武（1975）『新訂 国語史要説』修文館
時枝誠記（1954）『日本文法　文語篇』岩波全書 114
戸村佳代（1991）「名詞修飾における「という」の機能（2）」『明治大学教養論集』242 明治大学
戸村佳代（1992）「「トイウ」再考」『明治大学教養論集』251 明治大学
外山滋比古（1973）『日本語の論理』中央公論新社
中右実（1973）「日本語における名詞修飾構造」『言語』2–2 大修館書店
中右実（1994）『認知意味論の原理』大修館書店
中川正之、定延利之（2006）「言語に現れる世間と世界」『シリーズ言語対照〈外から見る日本語〉第 2 巻　言語に現れる「世間」と「世界」』くろしお出版
中島悦子（2001）「自然談話における応答詞「そう」―その機能および条件・

制約—」『ことば』22 現代日本語研究会
永野賢（1985）「文章における主語の連鎖」『日本語教育』56
中畠孝幸（1990）「トイウの機能について」『阪大日本語研究』2 大阪大学文学部
中村明（1991）『日本語レトリックの体系』岩波書店
中村芳久（2004）『シリーズ認知言語学入門（認知文法論Ⅱ）第5巻』大修館書店
新野直哉（2007）「“ていたらく”の《気づかない変化》について—「ていたらくな自分」とは？—」『国語学研究』46「国語学研究」刊行会
西村義樹（2004）「主語をめぐる文法と意味—認知文法の観点から—」『朝倉日本語講座6　文法2』朝倉書店
西山佑司（2003）『日本語名詞句の意味論と語用論—指示的名詞句と非指示的名詞句—』ひつじ書房
西山佑司（2010）「名詞句研究の現状と展望」『日本語学』29–11 明治書院
仁田義雄（2009）『日本語文法著作選 第2巻 日本語のモダリティとその周辺』ひつじ書房
仁田義雄（2010）「日本語の主語をめぐって」『日本語文法著作選 第4巻 日本語文法の記述的研究を求めて』ひつじ書房
日本語記述文法研究会（2003）『現代日本語文法4 モダリティ』くろしお出版
日本語教育学会編（2005）『新版日本語教育事典』大修館書店
丹羽哲也（1993）「引用を表す連体複合辞「トイウ」」『人文研究』45–1 大阪市立大学
丹羽哲也（2004）「主語と題目語」『朝倉日本語講座6 文法2』朝倉書店
丹羽哲也（2012）「連体修飾構造における相対補充と内容補充の関係」『日本語文法』12–2　日本語文法学会
野田時寛（2006）「複文研究メモ（7）—文末名詞をめぐって—『人文研紀要』56　中央大学人文科学研究所
野田尚史（1989）「真性モダリティをもたない文」『日本語のモダリティ』くろしお出版
野田尚史（2004）「見えない主語を捉える」『言語』33–2 大修館書店
野村雅昭（1977）「造語法」『岩波講座 日本語9 語彙と意味』岩波書店
芳賀綏（1962）『日本文法教室』東京堂出版
橋本進吉（1969）『助詞・助動詞の研究』岩波書店
波多野完治（1948）「新聞記事—文章心理学的研究」『新聞協会資料』11 日本新聞協会（『日本の言語学』第1巻 大修館書店（1980）所収）
波多野完治（1953）『文章心理学入門』新潮文庫
林四郎（1982）「臨時一語の構造」『国語学』131 国語学会
林四郎（1993）「仮り陳述論」『国語研究』明治書院
林四郎（1998）『文章論の基礎問題』三省堂
ボウグランド，R. de、ドレスラー，W.（池上嘉彦ほか訳）（1984）『テクスト言語学入門』紀伊國屋書店（1981 *Introduction to text linguistics*. Longman: London.）
堀江薫（2001）「膠着語における文法化の特徴に関する認知言語学的考察—日

本語と韓国語を対象に一」『認知言語学論考No.1』ひつじ書房
堀江薫、プラシャント・パルデシ（2009）『言語のタイポロジー』研究社
益岡隆志（1987）『命題の文法一日本語文法序説』くろしお出版
益岡隆志（1991）『モダリティの文法』くろしお出版
益岡隆志（1994）「名詞修飾節の接続形式」『日本語の名詞修飾表現』くろしお出版
益岡隆志（1995）「連体節の表現と主名詞の主題性」『日本語の主題と取り立て』くろしお出版
益岡隆志（1997）『新日本語文法選書2複文』くろしお出版
益岡隆志（2000）『日本語文法の諸相』くろしお出版
益岡隆志（2004）「日本語の主題一叙述の類型の観点から一」『主題の対照』くろしお出版
益岡隆志（2007）『日本語モダリティ探究』くろしお出版
益岡隆志（2009）「日本語の尊敬構文と内・外の視点」『「内」と「外」の言語学』開拓社
益岡隆志（2012）「属性叙述と主題標識一日本語からのアプローチ一」『属性叙述の世界』くろしお出版
益岡隆志、田窪行則（1992）『基礎日本語文法一改訂版一』くろしお出版
松下大三郎（1930）『改撰標準日本文法』中文館書店
松本克己（1991）「主語について」『言語研究』100日本言語学会
マテジウス,V.（飯島周訳）（1981）『機能言語学』桐原書店
三尾砂（1948）『国語法文章論』三省堂（『三尾砂著作集Ⅰ』（2003）ひつじ書房所収）
三上章（1953）『現代語法序説』刀江書院（1972年くろしお出版より復刊）
三上章（1955）『現代語法新説』刀江書院（1972年くろしお出版より復刊）
三上章（1959）『新訂版現代語法序説一主語は必要か一』刀江書院（1972年『続・現代語法序説　主語廃止論』としてくろしお出版より復刊）
三上章（1970）「10.省略の法則」『文法小論集』くろしお出版
三上章（1975）「述語としての体言」『三上章論文集』くろしお出版（『コトバ』（1968）を収録）
南不二男（1993）『現代日本語文法の輪郭』大修館書店
村木新次郎（1980）「日本語の機能動詞表現をめぐって」『国研報告74研究報告集2』
村木新次郎（1991）『日本語動詞の諸相』ひつじ書房
村木新次郎（1998）「名詞と形容詞の境界」『言語』27–3大修館書店
村木新次郎（2012）『日本語の品詞体系とその周辺』ひつじ書房
メイナード，泉子・K.（1993）『会話分析』くろしお出版
メイナード，泉子・K.（1997）『談話分析の可能性』くろしお出版
メイナード，泉子・K.（2000）『情意の言語学「場交渉論」と日本語表現のパトス』くろしお出版
メイナード，泉子・K.（2004）『談話言語学』くろしお出版
森田良行（1980）『基礎日本語2一意味と使い方一』角川書店
森田良行（1998）『日本人の発想、日本語の表現一「私」の立場がことばを決

めるー』中公新書
守時なぎさ（1998）「トイウの談話語用論的役割」『日本語と日本文学』筑波大学国語国文学会誌
守時なぎさ（2000）「連体修飾節における複合辞」『日本語と日本文学』30 筑波大学国語国文学会誌
森山卓郎（2000）「1 基本叙法と選択関係としてのモダリティ」『日本語の文法 3 モダリティ』岩波書店
ヤコブセン、ウェスリー・M（1989）「他動性とプロトタイプ論」『日本語学の新展開』くろしお出版
柳父章（1979）『比較日本語論』日本翻訳家養成センター
山口光（1984）「文型分類の原理」『日本語学』3–2 明治書院
山田孝雄（1908）『日本文法論』宝文館出版
山田孝雄（1936）『日本文法学概論』宝文館出版
山梨正明（2009）『認知構文論ー文法のゲシュタルト性ー』大修館書店
湯川恭敏（1971）「日本語と「主語」の問題」『言語学の基本問題』大修館書店
湯本久美子（2004）『日英語認知モダリティ論ー連続性の視座』くろしお出版
ゆもとしょうなん（1977）「あわせ名詞の意味記述をめぐって」『東京外国語大学論集』27 東京外国語大学
吉川千鶴子（1995）「描写の視座」『日英比較動詞の文法 発想の違いから見た日本語と英語の構造』くろしお出版
米川明彦（1996）『現代若者ことば考』丸善ライブラリー
Alfonso, Anthony. (1966). *Japanese Language Patterns;: A structural approach*. Sophia University.
Hopper, P.J. and S.A. Thompson. (1980). Transitivity in Grammar and Discourse. *Language*. 56. Linguistic Society of America.
Li, C.N. and S.A. Thompson. (1976). Subject and Topic: A New Typology of Language.In Li, C.N.(ed.). *Subject and topic*. London, New York: Academic Press.
Maynard, S. K. (1993). *Discourse Modality.Subjectivity, Emotion and Voice in the Japanese Language*. Amsterdam: Benjamins.
Terakura, Hiroko. (1984). Noun Modification and the Use of TO YUU. *Journal of the Association of Teachers of Japanese*.18-1.American Association of Teachers of Japanese
Traugott, E. C. (1988). Pragmatic strengthening and grammaticalization. *Proceedings of the Fourteenth Annual Meeting of the Berkeley Linguistic Society*.
Traugott, E. C. (1989). On the rise of epistemic meanings in English: an example of subjectification in semantic change. *Language* 65. Linguistic Society of America.

索　引

あ

い

う

え

お

か

き

く

け

も

ゆ

よ

り

る

れ

新屋映子（しんや　てるこ）

略歴

1967年お茶の水女子大学文教育学部国語国文学専攻卒業。1987年東京外国語大学大学院外国語学研究科日本語学専攻修了。文学修士。現在、桜美林大学リベラルアーツ学群教授。

主な著書

『日本語教師がはまりやすい日本語教科書の落とし穴』（共著、アルク、1999年）、『日本語運用文法—文法は表現する—』（共著、凡人社、2003年）など。

ひつじ研究叢書〈言語編〉第115巻

日本語の名詞指向性の研究

Studies on Noun Orientation of Japanese Language

Teruko Shinya

発行	2014年2月27日　初版1刷
定価	6200円＋税
著者	© 新屋映子
発行者	松本功
ブックデザイン	白井敬尚形成事務所
組版所	株式会社 ディ・トランスポート
印刷・製本所	株式会社 シナノ
発行所	株式会社 ひつじ書房
	〒112-0011　東京都文京区千石2-1-2 大和ビル2階
	Tel: 03-5319-4916　Fax: 03-5319-4917
	郵便振替 00120-8-142852
	toiawase@hituzi.co.jp　http://www.hituzi.co.jp/

ISBN978-4-89476-676-1